U0617386

文化和旅游融合的江苏实践

冯年华　徐子琳　张维亚　等　著

科 学 出 版 社

北　京

内 容 简 介

本书聚焦文化和旅游融合视角下区域旅游发展研究新范式,力图系统厘清文旅融合的相关理论问题,从产业发展、公共服务、物质载体、融合环境等角度出发探索江苏文旅融合具体实践,包括从动因、路径、模式和评价等维度分析文旅产业的融合,从空间、物质、精神、活动和信息等视角分析文旅融合的载体,从体制机制、政策法规、统计指标和金融支持等方面分析文旅融合的环境。本书关注案例实证分析,从市、县、镇、村等不同行政空间维度探索了江苏文旅融合的地域实践,从中华优秀传统文化等不同文化内涵维度讨论了江苏文旅融合的主题实践,从机遇挑战和模式路径等维度对江苏文旅融合型专门人才的培养进行了实践探索。

本书适合旅游学、管理学、地理学和经济学等相关专业的科研和教学人员阅读,也可为相关行政管理部门提供决策依据和智力支持。

图书在版编目(CIP)数据

文化和旅游融合的江苏实践/冯年华等著. —北京:科学出版社,2023.12
ISBN 978-7-03-077783-6

Ⅰ. ①文… Ⅱ. ①冯… Ⅲ. ①旅游文化-旅游业发展-研究-江苏
Ⅳ. ①F592.753

中国国家版本馆 CIP 数据核字(2023)第 253031 号

责任编辑:周 丹 沈 旭 李嘉佳/责任校对:郝璐璐
责任印制:张 伟/封面设计:许 瑞

科 学 出 版 社 出版
北京东黄城根北街 16 号
邮政编码:100717
http://www.sciencep.com

北京厚诚则铭印刷科技有限公司印刷
科学出版社发行 各地新华书店经销

*

2023 年 12 月第 一 版 开本:720×1000 1/16
2023 年 12 月第一次印刷 印张:15 1/4
字数:308 000

定价:**129.00 元**
(如有印装质量问题,我社负责调换)

前　　言

从离开家乡进入大学那一刻起到现在，我与人文地理学已结下了四十余年的缘分。《辞源》和《汉语大辞典》里说，"人文"一词最早指"礼乐教化"，后来便泛指各种文化现象。观察、记录和分析人地关系中的各类文化现象，应是人文地理学的基本功能之一。由于专业背景和个人兴趣的共同驱使，在长期的学习、教学与研究中，我始终对"人文"二字充满情怀，对地理学视域下的各种文化现象抱有浓厚的兴趣，关注和思考这些现象已成为我日常生活中的习惯。

"万里长江呼日出，千年绿岛应潮生"。我的家乡在素有"鱼米之乡，江中明珠"美誉的江苏扬中，一个四面环水的美丽江岛。自儿时起便对"竹外桃花三两枝，春江水暖鸭先知"的早春江景再熟悉不过。虽然扬中在清末民初方形成今天的陆地雏形，但江岛先民奋力开拓，使原本贫瘠的沙洲变成了今天的"江岛明珠"。每次回乡与家人团聚时，老一辈人都对"江天一色"的洲岛文化、战火浸润的红色文化、精致奋勇的民俗文化念念不忘，同辈兄弟则对"四千四万"的创业文化、"河豚"领衔的休闲文化等津津乐道……而我，思乡之时总会想起儿时吟诵的诗句，一幅幅"蒌蒿满地芦芽短，正是河豚欲上时"的乡土风物画卷，一丝丝"美景入眼、美食入口、美意入心"的乡愁，更是让我品不尽文化的魅力。

在南京晓庄学院工作时，我主持省级重点学科"人文地理学"的建设，主要围绕"区域可持续发展"方向开展自己的教学与科研工作。在此期间，我主持和参与了《区域经济与可持续发展》《区域发展与空间结构》《人地协调论》等著作的编撰，在区域经济发展、区域土地资源可持续利用等专题研究中，我就时常思考"文化"与"区域发展"之间的关系，对人地关系的协调与创新、文化与地方经济社会发展互动等问题进行了一些实证案例的调研和理论层面的探索。

2007年，我来到金陵科技学院工作。那时的金陵科技学院是一所以培养应用型人才为主要任务的高校，为地方行业输送了大量的工程师、技术专家和管理人才，但在学科建设特别是学科基础研究方面的积累并不多。在行政工作之余，我继续思考着"人文地理学"理论与方法的应用与拓展，通过与旅游管理、城市规划、建筑设计等几个专业方向的互动交流，我逐渐聚拢了一些年轻的学者，通过一段时间的学科专业交叉与重组，一个崭新的"城乡规划学"学科团队建立了起来。城乡规划学从"十二五"开始连续被遴选为省级重点建设学科，如今，学科方向不断优化，团队力量不断增强，学科整体发展的势头越来越好。

在学科发展的早期，我主动找到了旅游管理专业团队。初见他们时的印象是"队伍年轻，朝气蓬勃"。通过接触，我发现这个团队最大的优点是"活"，氛围活泼，思想活跃，但最大的问题是"散"，力量分散，成果零散。于是，我带着他们进行了多轮的交流和讨论，把自己对文化现象的关注和思考传递给他们。2009 年，我自撰《关于旅游文化创新的思考》《略论旅游文化及其整合》两篇文章，这可算是我选择"旅游问题研究"作为窗口，对自己多年来对文化现象与社会经济发展相互关系的思考进行的初步总结。我把文章交由团队中的几位年轻教师讨论，很快便激起了他们的兴趣，一个"旅游文化"研究小组就这样形成了。

2011 年，我们完成了《乡村旅游文化学》一书，基于学科构建的视角，对乡村旅游文化学研究的对象、内容、特征、方法以及学科建设目标和学科研究主要内容等进行了较为系统的阐述和讨论。自此，文化和旅游研究成为我的主要研究兴趣之一。我们小组在旅游文化领域开展的工作，吸引了更多旅游专业的年轻教师加入，大家围绕着文化和旅游产业中的诸多问题，经常在一起讨论、合作，学科建设的氛围日益浓厚，旅游管理专业团队也逐步走上了"学科专业一体化"的良性发展道路。

在随后完成的《新型城镇化背景下乡村旅游发展研究》《国家战略视角下江苏旅游产业发展研究》等研究成果中，我们紧跟时代前进的步伐，研究视野也日益开阔，对旅游问题的讨论也从"现象""理论"逐步转向"产业""实践"，但我们在研究中始终关注着文化和旅游的关系，不断积累着自己的思索成果。可以这样说，文化和旅游融合已经成为旅游专业团队长期关注和持续研究的内容。

在今天的中国，旅游虽早已不是新鲜的话题，但旅游却永远不缺乏新鲜的话题。旅游自走进人们生活的那一刻起，就因文化的"如影随形"而充满活力。旅游活动的本质是社会文化活动，其实质是文化的一种物化与表现。旅游在宏观和微观两个层面，都彰显着个性成长与共性繁荣，同时也让文化既自然又真切地渗透进社会的各个层面。随着大众旅游的全面发展和度假旅游的悄然兴起，人们见面之后相互询问的话题已经常是"最近旅游了吗？最近准备到哪儿去玩？"而文化作为旅游"活的灵魂"，也凭借着旅游这一"幸福产业""民生产业"的发展，贯穿我们生活的每个角落。旅游，已经成为我们的一种生活方式，文化，则借此影响了我们的生活形态。

习近平总书记在向党的二十大报告中，从国家发展、民族复兴的高度，提出了"推进文化自信自强，铸就社会主义文化新辉煌"的重大任务，就"繁荣发展文化事业和文化产业"作出了具体的部署和安排，为做好新时代文化工作提供了根本遵循、指明了前进方向。

文化是旅游的灵魂，旅游是文化的载体，二者密不可分，有着天然联系。推动文化事业、文化产业和旅游业融合发展，是以习近平同志为核心的党中央立足党和国家事业全局作出的重要战略决策，重塑了文化和旅游工作新格局。

习近平总书记对文化和旅游融合发展作出一系列重要论述，在 2020 年 9 月 22 日教育文化卫生体育领域专家代表座谈会上的讲话中指出"文化产业和旅游产业密不可分，要坚持以文塑旅、以旅彰文，推动文化和旅游融合发展，让人们在领略自然之美中感悟文化之美、陶冶心灵之美"。

2018 年，文化和旅游部组建，各地文化和旅游行政机构的重组和改革也相继完成，这一变革被认为是我国文化和旅游融合发展的新起点。自文化和旅游部正式挂牌以来，文旅融合已成为我国新时代统揽文化事业、文化产业和旅游业的全局性、战略性议题。2020 年，中国脱贫攻坚取得全面胜利，随之而来的是面向未来的现代化建设新阶段。中央办公厅、国务院办公厅印发《"十四五"文化发展规划》，国务院印发《"十四五"旅游业发展规划》等文件，均对推进文旅融合作出了具体部署，"文化和旅游深度融合，建设一批富有文化底蕴的世界级旅游景区和度假区，打造一批文化特色鲜明的国家级旅游休闲城市和街区，红色旅游、乡村旅游等加快发展"，进一步明确了文化和旅游融合发展要求，为"十四五"时期文化和旅游改革发展提供了遵循、指明了方向。

新时代的文化和旅游融合发展，将本着"以文塑旅，以旅彰文"的基本原则全方位推行，在此框架下的"文化和旅游融合"理论及实践必将跳出传统范畴，通过业态融合、产品融合、市场融合、服务融合、交流融合等途径，推动文化和旅游走向全新的、全方位的、深层次的融合，也将孕育和催生出更多、更新的文化和旅游创新成果，文化和旅游融合发展将进一步走深走实、见行见效。我们相信，文化和旅游的市场是巨大的，是充满活力的。正因如此，我们还应对文化和旅游融合问题进行更进一步的思考和研究。

"十三五"时期，江苏的文化事业、文化产业和旅游业发展取得新的进展，发展特色优势日益彰显，动力活力不断迸发，整体实力明显增强，在经济社会发展全局中的地位作用愈加凸显，为高水平全面建成小康社会提供了强有力的支撑。近年来，江苏依托深厚的文化底蕴和丰富的旅游资源，正努力推动文化和旅游融合发展从理念走向实践，致力于"用文化的理念发展旅游，让旅游更有'诗意'；用旅游的载体传播文化，让文化走向'远方'"。作为江苏省重点建设学科"城乡规划学"的建设团队，我们也深感应进一步提高本学科"面向咨询""服务地方"的能力，因此，在文化和旅游融合相关理论研究的基础上，探索适合江苏省情的文旅融合发展道路，为江苏的文旅融合提供智力支持，正是本书撰写的初衷。

本书从文化和旅游融合的历史沿革和背景分析入手，力图系统地厘清文旅融合的内涵、层次、机理和路径等基本问题；并以江苏为研究样本，从产业发展、公共服务、物质载体、融合环境等角度出发探索其文旅融合发展的具体实践，包括从动因、路径、模式和评价等分析文旅产业的融合，从空间、物质、精神、活动和信息等分析文旅融合的载体，从体制机制、政策法规、统计指标和金融支持等分析文旅融合的环境。

与此同时，本书也关注案例实证分析，从市、县、镇、村等不同行政空间维度探索了江苏文旅融合的地域实践，从中华优秀传统文化、革命文化和社会主义先进文化等不同文化内涵维度讨论江苏文旅融合的主题实践，从本科、研究生等不同教学层次维度分析了江苏文旅融合人才培养的实践问题。

本书是江苏省重点建设学科"城乡规划学"研究团队和金陵科技学院国家一流本科专业建设点"旅游管理"专业部分教师集体智慧的结晶，由冯年华主持了前期研究和论证工作，并提出了全书的撰写提纲。本书撰写分工如下：第一章，张维亚、冯年华；第二章，冯年华、汤澍；第三章，顾婷婷；第四章，徐子琳、冯年华；第五章，徐敏；第六章，李娜；第七章，潘鸿雷、冯年华；第八章，潘鸿雷、张娟；第九章，戴欣佚；第十章，陈玲玲、冯年华。冯年华对各章进行了多次修改，并对全书进行统稿和定稿。

在写作过程中，我们查阅和借鉴了许多国内外学者的相关论著和讲座报告等，在此向这些学者表示衷心的感谢！书中的部分内容来自笔者的授课讲稿和读书笔记等，由于资料的日积月累和不断更新，一时的疏于著录使得如今溯源甚难，书中一些观点参考和资料来源等未能详尽准确标出，借此机会，特向这些学者表示深深的歉意和由衷的感谢！

文化和旅游融合是一篇大文章，随着学界和业界理论与实践的不断深入，观点、方法、视角等势必不断推陈出新。受限于笔者的视野和水平，研究难免存在疏漏或争议等问题，不当之处，敬请各位专家、学者和广大读者不吝赐教，以推动文化和旅游融合的理论与实践研究向着"诗和远方"不断前进。

冯年华

二〇二三年二月于金陵方山

目　录

第一章　文化和旅游融合的背景

第一节　文化和旅游的关系

一、文化和旅游的内涵

（一）文化定义与构成

1. 文化定义

"文化"一词伴随人类社会的出现而出现，并从生活领域蔓延到科学领域。直至今日，文化已经成为人文社会科学范畴的重要概念，从哲学、艺术、教育、心理学、历史、人类学、社会学、生态学、生物学、公共管理学和经济学等十余种不同学科角度提出的文化定义多达几十种，每一学科视角下又细分出描述性、规范性、历史性、发生性、结构性等定义。美国人类学家克虏伯和克拉克洪经过统计发现，从 1871 年到 1951 年，学者们提出了 160 多种定义[1]。"什么是文化的定义？这似乎是一个你不说我还明白，你一说我就开始糊涂的话题"[2]。这些文化定义形成了一片浩瀚无际的"概念丛林"，令人心生困顿[3]。

总体来说，文化有三大定义。第一，文化是指智力、精神和美学发展的一般过程。第二，文化是指一群人、一个时期或一个群体的某种特别的生活方式。第三，文化是指智力，尤其是美学所创造的作品和实践[4]。

根据对文化众多的定义综合分析，文化具有下列基本特征：一是文化没有"好"和"不好"之分，这是对文化的科学态度。二是不能使用简单的二分法将文化分为物质文化和精神文化，文化是人类为了适应生存环境而创造出来的行为及其影响的总称。因此，无"精神"不"文化"。三是在文化的概念里没有文明和野蛮之分，文化是地球上的普遍现象，凡是有人的地方一定有文化。四是文化不是静态的，永远在变动之中，有的变化快，有的变化慢。五是价值观是文化构成的必要条件，不同的文化具备不同的价值观念[5]。

2. 文化构成

基于定义本身的不统一，人们对文化内在构成也持不同观点，主要有多层级的"文化洋葱说"、三层次论和两分法的"文化冰山说"。

（1）"文化洋葱说"。"文化洋葱说"是由美国文化学者 G. 霍夫斯泰德（G. Hofstede）在 1980 年提出的，他认为文化像洋葱一样具有层次之分，由表入里，可分为表层文化、中层文化和核心文化。每一层之间不是独立的，是相互影响的[6]。文化的核心是价值观，价值观是影响人的行为的深层次因素。对待同一现象，不同价值观的人会产生不同的心理认知和行为反应。所以，要了解一个人的行为逻辑，需要了解其背后的价值观。

（2）三层次论。三层次论有两个版本。第一个版本把文化分为物质文化、制度文化和精神文化。物质文化位于最外面，包括衣食住行等基本生活需求。制度文化位于中间层，包括社会制度、法律规范等。精神文化位于最里层，包括审美情趣、价值观念、道德规范、宗教信仰和思维方式等。第二个版本是把文化分为物质文化、行为文化和观念文化。第一层次是物质文化，主要包括生产工具、生活用具以及其他各种物质产品。第二层次是行为文化，主要包括行为规范、风俗习惯、生活制度等。第三层次是观念文化，主要包括思维方式、思想观点、价值取向、审美情趣和道德操守等[3]。

（3）"文化冰山说"。"文化冰山说"源于冰山模型。冰山模型是美国著名心理学家麦克利兰于 1973 年提出的。"冰山模型"理论认为人的行为表现可以分为看得见的部分和看不见的部分，看得见的部分像是冰山在水面以上的部分，看不见的部分像是冰山在水面以下的部分[3]。在冰山模型的基础上，"文化冰山说"把冰山模型延伸到文化研究领域，认为文化也分为看得见和看不见两个部分：显性文化和隐性文化。文化的显性部分就像浮在水面之上的冰山可见部分，主要是指人在认识和改造自然的过程中所创造的物质文化实体。文化的隐性部分就像藏在水下的冰山不可见部分，主要指人的内在精神意识，包括思维方式、心理状态、道德水平、审美意识、宗教信仰、社会习俗等。隐性文化对人的行为影响要大于显性文化对人的行为影响。

（二）旅游定义与构成

1. 旅游定义

与文化定义种类繁多一样，旅游的定义也有近百种，影响较大的有综合关系定义、目的动机定义、生活方式定义、文化现象定义、审美体验定义以及时空距离统计定义等[1]。不同学科背景和组织机构给予的旅游定义、内涵各不相同。影响较大的有国际旅游科学专家协会（International Association of Scientific Experts in Tourism，AIEST）提出的"艾斯特"定义和世界旅游组织提出的定义。

（1）"艾斯特"定义。旅游是非定居者的旅行和暂时居住而引起的现象及关系的总和。这些人不会长期定居，也不会从事任何赚钱的活动[7]。

（2）世界旅游组织定义。旅游活动由人们前往外地的旅行活动及其在该地的逗留活动组成。它是人们出于休闲、商务或其他目的，离开自己的惯常环境，前往某地旅行并在该地连续停留不超过一年的访问活动。其中对惯常环境的强调旨在排除人们在自己惯常居住区域之内开展的旅行活动、在居住地点与工作地点之间的经常性的定期旅行活动，以及排除其他具有常规性特点的社区内旅行活动[8]。

2. 旅游构成

关于旅游的构成也有不同的观点，主要有三种影响较大的分类：第一种是将旅游分为"大旅游"和"小旅游"，第二种是从产业角度把旅游分为"狭义旅游"和"泛旅游"，第三种是从构成要素角度把旅游分为"五大支柱"和"新旧六大要素"。

（1）五大支柱。传统三大支柱包括旅行社、旅游饭店和旅游交通。旅游行业的发展，新增了两大支柱，分别是旅游景区和旅游商品。

（2）新旧六要素。传统旅游六大要素是指"吃、住、行、游、购、娱"，后来旅游新业态的出现，增加了六个新要素："商、养、学、闲、情、奇"，形成了两大类不同的六要素。

二、文化对旅游的影响

习近平总书记在党的二十大报告中指出："以社会主义核心价值观为引领，发展社会主义先进文化，弘扬革命文化，传承中华优秀传统文化，满足人民日益增长的精神文化需求，巩固全党全国各族人民团结奋斗的共同思想基础，不断提升国家文化软实力和中华文化影响力。"文化发展具有客观规律，中华文化发展到今天，形成了鲜明特征和累累硕果。"以文塑旅，以旅彰文"，文化时时刻刻影响着旅游的内涵特征和发展方向。只有不断在旅游中注入文化基因，才能开发出群众喜闻乐见的旅游产品，使旅游成为国民文化自信的重要渠道。从活动主体来划分，旅游包括主体、客体和媒介。旅游主体、旅游客体和旅游媒介都受文化的影响。不论是核心文化、中层文化，还是表层文化，都对旅游主体、旅游客体和旅游媒介产生不同程度的影响（图1-1）[3]。由此可见，旅游具有显著的"文化性"特征。

（一）文化对旅游主体的影响

旅游主体既是文化的创造者，也是文化的传播者。旅游主体的动机、行为都受到知识水平、社会习俗、生活环境等文化因素的影响。旅游主体在旅游活动中将客源地的文化传播到目的地，文化通过旅游主体的空间位移产生文化迁移。

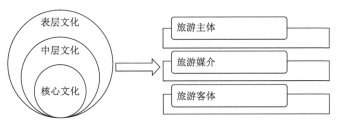

图 1-1　文化对旅游的影响

（二）文化对旅游客体的影响

有文化内涵的旅游客体才能吸引旅游主体。无论是自然旅游资源，还是人文旅游资源，旅游客体都必须挖掘和利用文化要素，形成富含地方文化特色的旅游产品，打造独具地方文化品牌的旅游目的地。

（三）文化对旅游媒介的影响

旅游媒介的文化特质直接决定市场认可度。旅游媒介的产业属性决定了旅游媒介的创新特征。在当今文化消费逐渐成为主流的背景下，餐饮、住宿、交通、游览、购物和娱乐都要围绕文化元素进行创新开发。

三、旅游对文化的影响

旅游从主体、客体和媒介上全方位体现出文化的特性，并且随着全球旅游业发展壮大，影响力增强，旅游对目的地的文化影响越来越显著。我国的旅游业在改革开放后多年的发展中，也从单一的促进经济发展角色，转变为助力大国外交、推动全球文化新秩序和人类命运共同体形成等多重角色。旅游对居民生活习惯、社会道德、风俗民情的表现具有重要推动作用，尤其随着大众旅游的普及，其影响广度和深度不断扩展，方式和途径不断丰富，旅游对文化的影响也愈来愈多样和深入。

（一）旅游对目的地居民的影响

（1）旅游对目的地居民态度的影响。目的地旅游发展程度影响居民旅游感知。目的地旅游资源丰富程度越高，目的地旅游经济占经济总量比重越大，目的地旅游业发展时间越长，旅游对目的地居民态度影响越深。

（2）旅游对目的地居民生活的影响。旅游者的行为对目的地居民具有显著的示范效应。当旅游者来自强势文化客源地的时候，这一现象更为显著。示范效应的影响是复杂的，既有积极的影响，也有消极的影响。相比目的地其他年龄人群，示范效应在目的地青年人身上表现得更为明显，这与青年人渴望接受新事物、新观念有密切关系。

（二）旅游对目的地社会的影响

（1）旅游对目的地社会构成的影响。旅游的发展能够迅速增加目的地就业岗位，从而吸引大量外地人口尤其是农村人口涌入城市，使得目的地社会人口结构在短期内产生明显变化，从长期来看，目的地社会文化也会产生变迁。

（2）旅游对目的地社会风俗的影响。文化风俗是旅游目的地主要吸引物之一。风俗民情的商业化开发是目的地旅游业发展的常见现象。原始的民俗文化对大众旅游者而言旅游体验感较低，从而减少旅游重复率。低级的商业化容易造成地方文化庸俗化，降低旅游吸引力。在文旅融合的背景下，兼顾原真性和商业性是目的地旅游从业者面临的重大课题。

第二节　文化和旅游融合的历程

一、起步阶段

改革开放以后，我国旅游业开始发展。我国旅游业初期阶段重点是发展入境旅游，增加外汇收入，文化是旅游经济发展中的辅助因素[9]。经过十多年的发展，到了 20 世纪 90 年代，国内旅游成为我国旅游业的主力军，国内旅游人次和国内旅游收入在我国总体旅游人次和旅游收入的比重越来越高，加之出境旅游的迅速增加，我国旅游业进入全面发展阶段，旅游的经济功能愈发显著。1993 年，国务院办公厅转发国家旅游局《关于积极发展国内旅游业的意见》，首次明确将旅游业和文化事业联系在一起，指出："国内旅游业的兴起和发展，满足了人民群众日益增长的物质文化需求,增强了人民群众热爱祖国的凝聚力，拓宽了消费渠道，带动了交通、轻工、商业、建筑、园林、饮食等相关行业和文化事业的发展，扩大了就业门路，促进了各地区之间的经济文化交流，繁荣和振兴了地方经济，对社会经济的发展产生了积极作用。"与此同时，文化和旅游的关系也开始得到学界关注。北京旅游学会于 1990 年组织召开了以旅游文化为中心议题的学术座谈会和研讨会，从理论上提出了关于旅游文化的定义、内容和特征，是学界对文旅融合研究的初次尝试。在这个阶段，学者们主要从历史、文学、民俗、美学等角度展开文旅融合研究。

（一）历史和旅游结合

从时间长河中探寻人类旅游活动的心理与观念的演变是旅游文化研究的

核心，也是研究中国旅游文化史的首要课题[10]。研究旅游文化发展历史，探索不同历史阶段旅游文化的特征，不同国家地区旅游文化的特色，不同人种民族旅游文化的特点，有助于促进文化交流、经济发展、民族团结、和平稳定。

（二）文学与旅游结合

旅游文学是以旅游生活为反映对象，抒写旅游者及旅游工作者在整个旅游过程中的思想、情感和审美情趣的文学[11]。我国关于旅游文学的早期描写在上古神话传说里随处可见，见于书本的描述最早可以追溯到《诗经》《楚辞》。旅游文学发生发展经历了萌芽、发展、成熟三个时期，体现了中华民族的传统思维方式、现实主义的基本精神、内向的民族气质，展现了中国山水所独具的"天人合一"特色、贯穿古今的敬畏自然、崇尚自然的传统意识。

（三）民俗与旅游结合

民俗与旅游具有天然的耦合性，民俗旅游在理论研究和行业实践中得到了较早的关注，成果也相对丰富。我国研究者和实践者对民俗旅游的概念内涵、价值与类型、旅游者心理需求、文创产品开发、民俗节庆开发、民宿设计等方面进行了全方位的思考[12]。

（四）美学与旅游结合

学者较早关注了旅游美学中的风景美，从旅游者角度研究风景的美学内涵、景观与诗文楹联的关系、旅游者对于风景的美学认知、情感关联和审美趣味，从建筑学角度研究风景与建筑的关系、旅游者对于景区建筑的赏析，从文学角度研究风景与文学作品的关系、风景文学作品对于旅游者行为的影响等，从审美的角度研究风景美对旅游主体心灵产生的效应。此外，还有学者从旅游景观中的园林入手，详细地阐述了园林的美学问题。

二、发展阶段

进入 21 世纪，我国旅游发展进入全面深化阶段，旅游的综合性特征愈发明显，旅游的文化功能逐渐和经济功能一样，成为政府关注的重点，文化在旅游政策中出现的频率和比重越来越高，内容也越来越细，到后来提出了在具体地域开展文化和旅游联动发展的思想。在文化和旅游部组建之前出台的《国务院办公厅关于促进全域旅游发展的指导意见》中明确提出旅游与文化融合发展，并且将丰富文化内涵作为提升旅游产品品质的重要内容。具体体现在以下四个方面。

（一）旅游发展与社会主义精神文明建设融合

2001年4月，《国务院关于进一步加快旅游业发展的通知》发布，其初步搭建了文化和旅游关系的政策框架，明确提出"把发展旅游与加强社会主义精神文明建设紧密结合起来，通过旅游活动弘扬民族优秀文化，加强爱国主义教育，促进国际经济文化交流"。通知出台后，文旅融合的步伐显著加快，旅游文化内涵从单一的资源开发延伸到旅游经营服务、文化旅游产品、文体旅游活动、文明健康旅游、红色旅游、国家旅游形象等多个方面，文化成为旅游产业融合发展的首要领域。旅游发展与爱国主义教育基地建设紧密结合，旅游场景成为用好红色旅游资源、弘扬培育民族精神和时代精神的重要课堂，旅游行为成为中国公民文明行为的重要组成部分，旅游诚信成为市民信用的重要考量构成。

（二）旅游发展与红色文化发展融合

我国非常重视旅游发展与红色文化发展相结合。2004年12月，中共中央办公厅、国务院办公厅印发《2004—2010年全国红色旅游发展规划纲要》，首次在国家层面倡导发展红色旅游，明确红色旅游的概念，阐明红色旅游的内容和范围，提出红色旅游的目标和任务。与此同时，红色旅游被纳入国家五年规划，与文明旅游行动、建设国家文化公园和文化教育基地一起成为国家文化发展改革规划纲要的重要内容。

（三）旅游发展与中华优秀传统文化保护融合

2012年12月，《国务院关于进一步做好旅游等开发建设活动中文物保护工作的意见》出台，强调"国家高度重视在旅游等开发建设活动中的文物保护工作"。此后国务院多次围绕文物保护利用出台文件，要求文化、文物和旅游等部门和单位联合建立行政执法联动机制，一方面发挥好文物资源在促进旅游业发展中的重要作用，形成文物旅游高品质品牌，另一方面积极培育以文物保护单位、博物馆为主体的体验旅游、研学旅行和乡村旅游线路。政府和市场推动文化文物单位文化创意产品开发，引导开发市场反响好的传统和数字文创旅游纪念品，形成文化资源与创意设计、旅游等相关产业跨界融合局面，开发具有地域特色、民族风情、文化品位的旅游商品和纪念品。乡村文化振兴是旅游发展与中华优秀传统文化保护融合的重要路径。乡村文化振兴的关键是乡村人才振兴。乡村旅游目的地依托乡村旅游创客示范基地和返乡下乡人员创业创新培训园区（基地），推动传统工艺品的生产、设计等和发展乡村旅游有机结合，推动传统工艺与旅游市场的结合，举办非物质文化遗产、旅游等相关节会，将传统工艺展示、传习基础设施建设纳入文化旅游提升工程。

（四）旅游发展与现代市民休闲度假文化融合

随着居民收入的稳步提升，休闲度假旅游和观光旅游成为旅游的两大类型。休闲文化旅游成为文旅融合的一个重要组成部分。《国民旅游休闲纲要》是我国从国家层面对休闲发展进行部署的政策文件。《国民旅游休闲发展纲要（2022—2030 年）》提出"优化全国年节和法定节假日时间分布格局、规划建设环城市休闲度假带、以社区为中心打造休闲生活圈、完善休闲服务设施、发展新兴休闲业态、实施旅游休闲高品质服务行动、开发数字化文旅消费新场景等一系列具体举措，进一步激发旅游休闲发展内生动力"。在乡村旅游领域，政府和市场积极挖掘特色农业发展潜力，用文化创意和设计提升乡村旅游和休闲农业发展水平。

三、深化阶段

在文化和旅游分属不同政府部门的背景下，文化和旅游在政策制定和执行方面各有各的思考角度和行动指南，关注的焦点是本部门重点工作，文化和旅游很难真正实现深度融合。随着旅游业的纵深发展，旅游的功能逐渐从经济作用向综合性作用全面升级，尤其是文化功能日益突出，文化和旅游在政府管理上进行融合成为大势所趋。2018 年 2 月，党的十九届三中全会通过了《中共中央关于深化党和国家机构改革的决定》和《深化党和国家机构改革方案》，决定组建文化和旅游部，统筹文化事业、文化产业发展和旅游资源开发，推动文化事业、文化产业和旅游业融合发展。文化和旅游自此进入深度融合阶段。

以中国知网为数据来源，以"文旅融合"为检索词，检索字段设置为"主题"，通过检索发现，2012 年发表第一篇文旅融合主题论文。2012～2018 年发表数量一直在个位数徘徊。文化部、国家旅游局的职责整合后，研究文献数量迅速增加，2019 年文献 63 篇，比 2018 年增加近 6 倍，2022 年达到 1281 篇。从研究主题来看，第一主题是"文旅融合"，共有 277 篇，比第二名多出 222篇。排名前十的主题分别为"文旅融合""公共图书馆""图书馆""乡村振兴""博物馆""发展路径""文旅产业""研学旅行""高质量发展""乡村旅游"。从研究者学科背景分析，比重最高的是旅游，占比 35.24%。排名前十的学科分别是旅游、文化、图书情报与数字图书馆、文化经济、农业经济、档案及博物馆、戏剧电影与电视艺术、新闻与传媒、贸易经济和中等教育。从研究内容来看，主要从产品、业态和市场三个层次开展融合研究。

（一）文旅产品融合

产品融合是文化和旅游融合发展的第一层次，也是文化和旅游在融合深度上的重要表征。文化和旅游产品的融合早期阶段关注文化符号，把代表性的文化标识直接移植到旅游产品的外观设计上。地方文化内涵通过旅游产品体现，继而形成功能上和价值上的双重融合，是文旅产品深度融合的关键[13]。产品融合的趋势表现在文化和旅游融合型产品的生产、营销和消费三个方面。在数字技术的加持下，文化和旅游产品的边界消失并趋于一体化。技术创新对于文化和旅游产品的影响是全链条的，也就是说，技术的进步通过对文化和旅游产品的生产、营销和消费三阶段全过程影响，促进了文旅产品的深度融合。

（二）文旅业态融合

业态融合是文化和旅游融合的第二层次。文化与旅游融合的发展模式是当下文化产业和旅游业转型升级和经济高质量发展新的突破点[14]。业态融合是产业之间跨越原有边界后进行的行业融合以及在此基础上实现的业态重构。从文化和旅游业态融合的典型案例来看，主要有康养业态融合、研学业态融合、交通业态融合、乡村业态融合等。文旅业态融合初级阶段主要体现为传统业态更新迭代，从其他产业中吸取元素，直接嫁接到自身物理结构中，相当于新产品开发。文旅业态融合的深入阶段不再是业态的简单叠加，而是在传统业态的基础上，不同产业通过技术创新、观念创新和市场创新，孵化全新业态，这一全新业态在形态、结构、产品、市场上完全不同于传统业态，比传统业态更有生命力，更有市场影响力。

（三）文旅市场融合

市场融合是文化和旅游融合的第三层次。市场融合是不同产业之间在各自产业链终端的会合。文化产业的历史积淀必将成为本地旅游经济发展的重要支点，在区域旅游经济发展的过程中，应重视文化产业和旅游产业的融合[15]。不同产业，其消费市场的社会统计特征不同，消费偏好不同，消费观念不同。文化产业的消费市场相对文化程度较高、消费频率稳定、消费开支较大、消费标准较严，旅游产业的消费市场相对文化程度较低、消费频率不稳定、消费支出差异较大、消费标准主观性较强。随着文化产业的旅游属性和旅游产业的文化属性越来越显著，文化和旅游在产品设计、流通渠道、表现形式、受众群体等方面共同性越来越强，使两者在市场层面深度融合成为现实，红色旅游、流行音乐、地方烹饪、影视旅游、遗产旅游等都成为文化旅游重要主题。

第三节　文化和旅游融合的意义

一、为高质量发展提供转型活力

党的十九大报告中提出"我国经济已由高速增长阶段转向高质量发展阶段，正处在转变发展方式、优化经济结构、转换增长动力的攻关期"，迫切需要新的增长点为经济增长添薪续力，而文旅融合可以为经济转型提供新的增长点[16]。推进旅游为民，发挥旅游带动作用，紧紧扭住旅游业供给侧结构性改革，同时注重需求侧管理，发展大众旅游、智慧旅游、绿色旅游，推动红色旅游、乡村旅游提质升级，更好满足人民旅游需求，不断增强人民群众获得感、幸福感、安全感。坚持以文塑旅、以旅彰文，推动文化和旅游在更广范围、更深层次、更高水平上融合发展。

（一）文化与旅游融合有利于经济增长方式的转变

长期以来，我国经济增长主要依靠资本和能源等要素投入，其高能耗、高污染、高成本导致我国经济发展中的不平衡和不可持续的矛盾日渐突出，基于此，必须实现经济发展方式由粗放型向集约型转变[17]。文化和旅游在资源层面进行融合，可以丰富资源的构成和提升资源的品质，从结构上改变旅游业资源型开发模式，转变为生态型发展模式，实现经济增长与环境保护双赢的局面。

（二）文化与旅游融合有利于经济结构的优化

目前我国经济发展模式是消费、投资和出口协同发展。文化和旅游融合，一方面可以扩大文旅消费市场，进一步刺激文旅及相关消费，产生新的消费市场；另一方面，可以通过新型文旅业态带动新兴产业，尤其是大数据、人工智能、区块链、元宇宙等新技术新理念的更新迭代，促进产学研一体化发展，加快在文化与旅游及相关行业各领域推进"互联网+"，促进平台经济、共享经济健康成长。

（三）文化与旅游融合有利于产业结构的提升

文化产业和旅游产业都属于第三产业，文化和旅游融合，使得文化产业和旅游产业得到了扩张的机会，从而进一步推动经济发展向第三产业倾斜，促进经济发展从粗放式向精细化快速转型。文化和旅游本质上具有互补的特点，一方面，旅游能够彰显文化，为文化带来更多的流量；另一方面，文化能够塑造旅游，为旅游提供更深的内涵。从产业结构角度来看，文化和旅游融合能够带动第一产业和第二产业的转型发展，特别是在新能源、新材料等行业，可以创造低碳的旅游交通工具、旅游产品和旅游模式等，通过共同发展，优化产业结构。

（四）文化与旅游融合有利于增长动力的转换

经济活动包括生产、分配、交换和消费等环节。文化与旅游融合对文旅产品设计、分配渠道、交换成本和消费习惯都会产生影响。借助技术进步，文化和旅游融合之后将会产生智慧景区、智慧酒店、智慧交通、智慧导览、智能会展等新的文旅业态，拓宽文化资源与旅游产业的发展空间乃至整个经济的发展空间，成为重要的经济增长点。

二、为旅游产业提供发展动力

当前，我国经济持续健康发展，改革开放力度加大，居民消费提档升级，出游意愿持续高涨。《中华人民共和国文化和旅游部 2021 年文化和旅游发展统计公报》数据显示，截至 2021 年末，全年国内旅游总人次 32.46 亿，同比增长12.8%；国内旅游收入（旅游总消费）2.92 万亿元，同比增长 31.0%。全年接待观众 84590.57 万人次，比上年增长 37.3%。随着文化和旅游深度融合，我国旅游产业将会很快迎来快速上升期，通过在局部地区产生新的增长极，继而带动整个地区社会和经济的发展[18]。

（一）文旅融合推动二三线旅游城市成为新的经济增长点

我国当前旅游特大和大城市发展进入成熟期，文旅资源开发非常充分，旅游经济增长速度缓慢。二三线旅游城市文旅资源尚未充分挖掘，消费市场存在不少空白，文旅融合可以极大地推动二三线旅游城市文旅设施提升、旅游环境改善、文旅业态创新、文旅产品升级。文旅融合能够为城市发展带来新活力，成为推动二三线城市成为旅游产业新的地域增长极的重要力量。

（二）文旅融合促进旅游产业成为文化创新的新增长点

文旅融合为旅游产业提供内容增长极。旅游是一种经济活动，也是一种文化行为，旅游的目的是在经济消费中开阔视野，满足求知欲望与审美需求等。因此，旅游产业是一个将文化与经济融合创新、不断满足消费者精神需求的过程。旅游产业作为一个包容性强的产业，文化是最好的内容，只有不断创造出新的文化内涵，才能吸引并满足素质不断提高的游客的精神需求。随着我国人民消费需求变化加快，旅游产业需要不断创造出新的适应时代和人民需要的文化内容，创新旅游产业的文化增长极。

（三）文旅融合加快旅游行业为目的地提供新的产品增长点

从现有研究看，"我国旅游产业收入主要依靠基础性收入如门票收入、餐饮收入、交通收入等，非基础性收入如旅游娱乐收入、商品收入、游览收入等占产业收入极低，且增长速度较慢"[19]。文旅融合之前，旅游行业利润较低，恶性价格竞争，企业产品研发投入少，产品创新动力不足。文旅融合之后，旅游目的地更加注重文化引领旅游，改善旅游产业结构，加强旅游产品创新，促进目的地产业旅游结构升级，成为一流旅游目的地。

三、为文化自信提供创新活力

"文化兴国运兴，文化强民族强。没有高度的文化自信，没有文化的繁荣兴盛，就没有中华民族伟大复兴。""旅游是不同国家、不同文化交流互鉴的重要渠道"，也是交流文化、增进感情、认识美好事物和未知世界的重要方式[20]。旅游是彰显优秀文化的重要载体，是实现文化高品质传播的必要途径，对传承中华优秀传统文化、弘扬革命文化、发展社会主义先进文化具有重要意义。

（一）文旅融合有利于传承中华优秀传统文化

中华优秀传统文化是重要的旅游资源，具有巨大的旅游开发价值。同时，旅游也是保护和传承好中华优秀传统文化的重要路径，是树立文化自信的有效方法。文旅融合也将促进文化在满足人民精神需求的过程中，在市场机制激励下不断发展创新，促进文化产业的市场化和高质量发展，不断生产出人民喜爱的文化产品，实现文化保护、传播和创新的有机统一[20]。中华优秀传统文化资源是我国旅游发展的主要内容之一，以传统文化旅游为主题的旅游产品及纪念品设计、文艺演出、博物馆文创产品开发，有助于提升旅游产品的内涵，丰富旅游产品的内容，繁荣旅游产品市场，带动文化市场繁荣[16]。

（二）文旅融合有助于弘扬中国革命文化

在尊重历史的基础上，以社会主义核心价值观为内核，通过旅游载体，开发红色研学旅游产品，有利于推动革命文化的传播[21]。当前，我国以红色文化为主题的旅游目的地正在不断发展，研学旅行产品正在不断丰富，江西井冈山、河北西柏坡、南京雨花台、江西瑞金、山东微山湖等革命圣地的游客井喷式增长。红色文化通过旅游平台潜移默化地帮助游客更好地认识和传承红色基因和优良革命传统，实现更大文化及经济效益，提升中华文化、中国精神的影响力与传播力[16]。

（三）文旅融合有助于发展和传播社会主义先进文化

在旅游过程中，通过欣赏文化表演、参与文艺活动，游览文化胜地、购买文创商品，加深游客对社会主义核心价值观的认知，引导游客树立真正的文化自信，真心自发宣传社会主义先进文化。中国特色社会主义进入新时代，随着文旅融合深入，人民对日益增长的美好生活需求导致其愿意在文化产品、文化活动上花费更多的时间和费用。文旅产业将会利用丰富的自然和人文资源打造文化旅游项目，为游客提供能够体验当地自然风光、民俗文化、生产生活方式的互动式旅游服务，更好地满足人民日益增长的文化旅游消费的美好生活需要，而且能给当地带来良好的经济效益和社会效益[21]。

四、为美好生活提供实现路径

"仓廪实而知礼节，衣食足而知荣辱"。随着经济的发展，收入的增长，闲暇时间的延长，交通的便利，生态环境的改善，人们对于美好生活的要求越来越高，对于文化消费和旅游度假的需求越来越强烈。进入新时代，只有始终坚持文化与旅游深度融合发展的理念，才能使人民群众在文化旅游中拥有更多的幸福感、更好的生活及更舒适的环境体验。

（一）文旅融合有利于增强人民群众幸福感

文化和旅游的生命力源自人民群众的需要。不断满足人民群众对美好生活的向往，增强人民群众的幸福感，是我国文旅融合发展的根本目标[22]。幸福感是指人类意识到自己需要得到满足及理想得到实现时产生的一种积极情绪状态。文旅融合的一大特征是针对不同人群，提供特色不同的旅游目的地、各具魅力的景观、个性化的旅游线路、定制化的文旅产品，从而极大提升人们的获得感、满足度，获得更好的精神享受。

（二）文旅融合有利于提升人民群众生活质量

文旅融合不仅可以促使游客及当地群众体验自然风景，还可以陶冶他们的情操，并给国家或当地群众带来良好的经济效益和社会效益，使人民群众拥有更好的生活[16]。文旅融合促进旅游目的地新型业态的产生，发展具有地域特色的民俗旅游、乡村旅游、红色旅游、遗产旅游、研学旅游、科技旅游等，创造新的就业岗位，加快科技应用，改善年龄结构，改善居住环境，促进乡村振兴，提升人民生活质量。中国的欠发达地区和广阔的农村地区有着大量尚未充分开发的文旅资源，通过文旅深度融合，能够推进我国新型城镇化进程，促进产业转型升级，促进农村剩余劳动力向非农产业转移，促进脱贫地区的乡村振兴，为经济发展提供新的强大动力[20]。

（三）文旅融合有利于美化人民群众居住环境

文旅融合可以把旅游公共设施、文旅产品更多更好地面向当地居民，让目的地居民与游客一样，充分享受舒适的旅游和文化环境。全域旅游是我国文化与旅游融合发展的方式之一，是帮助人民群众获得更舒适的环境体验的重要保障[16]。通过改善区域生活环境、带动旅游相关就业，全域旅游可以实现区域内的游客活动的景点、住宿、餐饮与交通与居民活动的市政设施、公共文化场所、生活小区等一体化发展，使居民和游客共享舒适的生态环境。

五、为乡村振兴提供发展助力

2021 年以来，在全面推进乡村振兴作为"三农"工作重心的背景下，文旅融合发展成为乡村振兴的重要抓手。2021 年中央一号文件从乡村振兴视角提出了文旅融合发展若干重点举措，包括"开发休闲农业和乡村旅游精品线路""发展工程""开发休闲农业和乡村旅游精品线路，完善配套设施"，为乡村文化振兴、乡村旅游发展提供了指引方向。据乡村旅游监测中心测算，2021 年第一季度全国乡村旅游总人次近 10 亿，总收入 3898 亿。截至 2021 年底，文化和旅游部和国家发改委联合公布了 100 个全国乡村旅游重点镇（乡）、1199 个全国乡村旅游重点村，江苏一共有江苏省南京市江宁区谷里街道等 4 个全国乡村旅游重点镇（乡）、徐州市贾汪区潘安湖街道马庄村等 46 个全国乡村旅游重点村入选。乡村文旅融合为乡村振兴提供重要的实践路径，能有效引导和理性整合多元社会价值观念，确保乡村产业融合发展，实现乡村文化振兴。

（一）文旅融合有助于创新乡村振兴实践模式

文旅融合在乡村振兴中发挥的作用既包含文化振兴，又包括产业振兴。2021 年 8 月 5 日，国家乡村振兴局发布《关于开展"万企兴万村"行动的实施意见》，提出乡村振兴包含产业振兴、生态振兴、文化振兴、人才振兴和组织振兴 5 个维度。随着《中华人民共和国乡村振兴促进法》的出台，我国乡村旅游重点村、乡村旅游重点镇（乡）的评选，乡村民宿高质量发展指导意见的提出，使文旅融合在乡村振兴实践中迅速走出了一条证明有效的发展模式：坚持生态优先、坚持文化为根、坚持以人为本、坚持融合发展、坚持规范有序。在乡村旅游开发中，应尊重历史文化风貌，合理利用自然环境，打造人文景观，挖掘历史文化，保护文物建筑，突出乡村地方特色，将农耕文化、传统工艺、民俗礼仪、风土人情等融入乡村旅游建设。

（二）文旅融合有助于规范乡村振兴实践行为

我国乡村在经济、交通、旅游、公共文化等方面发展水平并不均衡，乡村文化和旅游融合的程度不一，在推进乡村文旅融合过程中，通过因地制宜、有的放矢、粗中有细、实事求是的探索，总结出乡村文化旅游融合发展的地方经验。在乡村振兴实践中，文旅融合立足地方"乡愁"，保留特色风情，彰显传统习俗，传承非遗文化。乡村文旅融合发展实践经验能够引导乡村振兴主题认清形势，把握自我，留足空间，丰富知识，积累经验，拓展能力，继而规范乡村振兴实践行为，提升融合手段多样性和实效性，切实增加内容与环境融合可能，在文旅融合发展中接触并掌握更多的知识，允许地方政府根据经验在实践中自我表达，在交互中分享各自对于文旅融合发展方面的体会[23]。

（三）文旅融合有助于提升乡村振兴文明意识

《关于推动文化产业赋能乡村振兴的意见》提出，"文化和旅游部会同相关部门，综合考虑现阶段乡村经济社会发展需要、文化资源禀赋，将主要从创意设计、演出产业、音乐产业、美术产业、手工艺、数字文化、其他文化产业和文旅融合8个重点领域赋能乡村振兴"。在此意见指引下，我国乡村文旅融合将底色落实为新田园主义和乡土美学。通过文旅融合发展，加强对乡村本土文化人才的培育和支持，切实调动农民的积极性、主动性、创造性，培养农民全新的认知理念、审美能力、创造能力、产业嗅觉，剖析美的事物，陶冶美的情操，树立正确审美观，涵养审美情趣和道德情操。以社会主义核心价值观为引领，统筹优秀传统乡土文化保护传承和创新发展，传承发展农耕文明，深化优秀农耕文化的传承、保护和利用，充分发挥文化铸魂、文化赋能作用，推动文化产业资源要素融入乡村经济社会发展，挖掘提升乡村人文价值，继而实现整体乡村文明程度的提升。

参 考 文 献

[1] 宋瑞. 文化和旅游：多视角的透视[J]. 旅游学刊, 2019, 34（4）: 1-3.

[2] 陆扬, 王毅. 文化研究导论[M]. 上海：复旦大学出版社, 2015.

[3] 宋瑞. 如何真正实现文化与旅游的融合发展[J]. 学术前沿, 2019（6）: 24-35.

[4] 斯道雷 J. 文化理论与大众文化导论[M]. 常江, 译. 北京：北京大学出版社, 2019.

[5] 殷海光. 中国文化的展望[M]. 2 版. 上海: 上海三联书店, 2009.

[6] 王静静. 基于文化洋葱模型的中美文化对比[J]. 青年文学家, 2017(20): 160-161.

[7] 李良玉. 关于旅游学研究的几个问题[J]. 江苏大学学报(社会科学版), 2009, 11(2): 58-67.

[8] 格德纳 C R, 里奇 J R B. 旅游学[M]. 李天元, 徐虹, 黄晶, 译. 北京: 中国人民大学出版社, 2008.

[9] 宋子千. 从国家政策看文化和旅游的关系[J]. 旅游学刊, 2019, 34(4): 5-7.

[10] 王冠韬. 我国旅游文化相关研究文献综述[J]. 农家参谋, 2018(20): 295-296.

[11] 冯乃康. 再谈旅游文学的特征[J]. 旅游学刊, 1988, 3(4): 60-63.

[12] 何学威. 旅游民俗学: 极富魅力的应用科学[J]. 民俗研究, 1989(2): 33-36.

[13] 王秀伟. 从交互到共生: 文旅融合的结构维度、演进逻辑和发展趋势[J]. 西南民族大学学报(人文社会科学版), 2021, 42(5): 29-36.

[14] 张苏秋, 顾江, 王英杰. 文化旅游融合发展研究知识图谱分析: 基于知网CSSCI(1998—2019)数据[J]. 南京社会科学, 2020(4): 142-149.

[15] 张建, 吴文智. 文化产业驱动旅游经济的模式与国际经验[J]. 旅游学刊, 2015, 30(8): 4-6.

[16] 燕连福. 新时代文旅融合发展: 一个新的增长极[J]. 人民论坛·学术前沿, 2019(11): 71-79.

[17] 白俊红, 吕晓红. FDI 质量与中国经济发展方式转变[J]. 金融研究, 2017(5): 47-62.

[18] 徐露. 基于增长极理论的乡村旅游资源深度利用研究[J]. 农业经济, 2017(8): 88-90.

[19] 刘焰. 广东省旅游产业结构与绩效分析[J]. 暨南学报(哲学社会科学版), 2010(2): 58-62.

[20] 刘治彦. 文旅融合发展: 理论、实践与未来方向[J]. 人民论坛·学术前沿, 2019(8): 92-97.

[21] 黄永林. 文旅融合发展的文化阐释与旅游实践[J]. 人民论坛·学术前沿, 2019(11): 16-23.

[22] 徐金海. 文化和旅游关系刍论: 幸福的视角[J]. 旅游学刊, 2019, 34(4): 3-5.

[23] 韩荣鹏. 新时代乡村振兴战略下城乡文旅融合发展[J]. 社会科学家, 2021(12): 70-75.

第二章　文化和旅游融合的理论基础

第一节　文化和旅游融合的内涵

　　衡量文化产业发展质量和水平，最重要的不是看经济效益，而是看能不能提供更多既能满足人民文化需求、又能增强人民精神力量的文化产品。要坚持把社会效益放在首位、社会效益和经济效益相统一，深化文化体制改革，完善文化产业规划和政策，不断扩大优质文化产品供给。要顺应数字产业化和产业数字化发展趋势，加快发展新型文化业态，改造提升传统文化业态，提高质量效益和核心竞争力。要围绕国家重大区域发展战略，把握文化产业发展特点规律和资源要素条件，促进形成文化产业发展新格局。文化产业和旅游产业密不可分，要坚持以文塑旅、以旅彰文，推动文化和旅游融合发展，让人们在领略自然之美中感悟文化之美、陶冶心灵之美。

——习近平 2020 年 9 月 22 日在教育文化卫生体育领域专家代表
座谈会上的讲话

　　2018 年，国家组建了文化和旅游部，各地文化和旅游行政机构的重组和改革也相继完成，这一变革被认为是我国文化和旅游融合发展的新起点。自文化和旅游部正式挂牌以来，文旅融合已成为我国新时代统揽文化事业、文化产业和旅游业的全局性、战略性议题。根据文化和旅游部的精神，新时代的文化和旅游融合发展，将本着"宜融则融，能融尽融"的基本原则全方位推行，在此框架下的"文旅融合"理论及实践必将跳出传统产业融合的范畴，将会成为一次全新的、全方位的、深层次的融合，也将孕育和催生出更多、更新的文化和旅游业态。

一、文化和旅游融合的内容

（一）文化和旅游融合的概念表达

　　目前，尚没有官方文件对文化和旅游融合的学术概念进行具体表述，来自学界和业界的专家们从不同的视角和理论出发，对"文旅融合"的概念进行了讨论。

中国社会科学院旅游研究中心特约研究员高舜礼认为：文旅融合是一种客观实在，存在于两大产业之间，现实中已时刻进行着。在文旅融合的实践中，各地对文旅融合实践有许多生动的描述。这些表述未必十分准确，但通俗易懂，可作为理解上的参考借鉴：①"文化旅游化"就是要通过发挥旅游载体的作用，把无形的文化形象化，零散的文化聚焦化，深奥的文化通俗化，专业的文化大众化；②"旅游文化化"就是无论是旅游目的地规划、旅游吸引物的开发，还是旅游接待设施的建设、服务环节的保障等，都要注入文化与精神，让文化丰富旅游内涵、彰显旅游品位、提升服务人文；③把僵硬的活化起来，就是要借助旅游的诸多载体，最大限度地将文化文物资源中的"隐性""内敛""专业"的内涵，转化、活化与提升为显性的优势与特征，以通俗易懂、赏心悦目、当代语言的方式让游客接受[1]。

北京创行合一旅游规划设计院执行院长汤俊提出：文旅融合是指文化、旅游产业及相关要素之间相互渗透、交叉汇合重组，逐步突破原有的产业边界或要素领域，彼此交融而形成新的共生体的现象与过程[2]。

（二）文化和旅游融合的基本内容

近年来，文化和旅游部和一些地方文旅行政部门，出台了一系列的政策和文件，对全国和各地的文化和旅游融合发展的内容进行了指引，可以视为从实践层面对文旅融合具体内容的回答。但是，从理论和学术层面对"文化和旅游融合的基本内容"进行系统性研究和回答的研究成果还不多见。一些学者从"融合领域""融合实践""融合诉求""融合层面"等不同的视角，提出了对"文旅融合基本内容"的讨论，其中具有一定代表性的观点主要包括：

范周认为，文旅融合不是文化和旅游产业的简单组合，其深层次融合的内容应包括理念、职能、资源、产业和技术领域五个方面[3]。

宋瑞则认为，在实践中，应从本源、机理、管理、发展、支撑、效果等不同层面来理解和推动文化和旅游的融合发展[4]。

燕连福提出，新时代我国文旅融合也面临新的问题和挑战：理念需要进一步创新，职能定位需要进一步明确，市场需要进一步开放，公共服务需要进一步完善。面对新的时代诉求和新的挑战，我们需要进一步推动文旅融合深度发展，不断创新理念，实现目标融合；明确职能定位，实现职能融合；扩大市场开放，实现市场融合；完善公共服务，推动服务融合[5]。

汤俊认为，文化和旅游具有多元交叉的关系属性，文旅融合也是系统的、多方的融合。既包括文旅思想理念融合、体制机制融合、规划技术融合、资源产品融合、产业业态融合、功能效用融合、空间载体融合、服务管理融合等方面的全方位融合，还包括由文旅产业内部融合、产业之间相互融合和产业外部跨界融合构成的广角度融合[2]。

综合上述观点，笔者认为，从系统视角和实践需要出发，"文旅融合的基本内容"应至少包括理念、产业和职能等主要内容，同时还需要强调公共服务、科技支撑、效果评价等协同机制共同参与其中，从而形成"文旅融合基本体系"。

1. 理念融合

对文化和旅游融合理念的理解，既不是对文化资源实施单纯的旅游产业化利用与开发，也不是在旅游开发中简单地添加一些文化元素，更不是文化和旅游两个产业间的"消融解构、此消彼长"。文旅融合，更多的是一种新的产业发展思维、一种新的融合发展理念，它更多强调的是文化事业、文化产业和旅游业之间的共生共赢、互惠互利，理解文旅融合理念的基础，应当是完整、准确地确立一种融合共生、融通发展的基本意识。

应当树立这样一种理念，文旅融合是具有互补效应的产业价值创新过程。在这个过程中，文化和旅游可以实现优势互补，在融合和融通中实现功能重组和价值创新，从而形成能够体现文化和旅游产业核心特征的新型产业价值链条，并实现"1+1＞2"的叠加融合效应。在这样的新型产业价值链中，文化对旅游内涵的丰富、旅游层次的提高和旅游价值的提升都应有所助力，而旅游则可以更多承载促进文化交流、繁荣文化市场、提升文化产业的功能。由此而产生的价值链创新，将重新塑造出具有时代特征的文旅产业体系，为新时期文化和旅游产业的转型发展提供动力，并最终促进文旅产业的高质量发展，从而更好满足大众旅游时代日益增长的高品质的文化和旅游需要。

2. 产业融合

基于产业及其要素的视角，文化和旅游的融合应当表现为要素资源的重新整合。隶属于文化和旅游领域的各类要素结合后，通过相互渗透和重新组合，能够对原先的产业领域实现突破，使得原先的产业边界发生融合、交叉、消亡等变化，在互利共赢的基础上，催生具有创新意义的业态或产品体系。

一般而言，从资源要素的角度来看，文化体验是旅游活动的重要主题，而文化资源的独特性和原真性是文化旅游资源的核心。对文化旅游资源的利用和开发，在于发掘其资源潜在价值，从而形成具有吸引力的价值优势。对文化资源的产业化和商品化开发过程是将文化资源转变为可供人们体验的文化资本的过程，这就是人们平时所说的"文化产业的旅游化开发"和"旅游产业的文化化开发"。

从产业体系的视角出发，实现文化和旅游融合发展的关键在于文化和旅游产业价值链之间的相互融通。从传统的单一产业视角来看，文化事业、文化产业和旅游业都有着各自的"产业边界"和内生的产业发展规律：文化类产业普遍具有高附加值、强变现能力和融合功能明显等特点，而旅游业则具有消费性强、产业关联度高和经济作用显著等特征。文旅融合在产业层面上就是要充分利用文化和旅游产业的价值特征，找到二者之间的融合点，通过新业态或新产业的孕育，提升产业体系对社会经济发展的推动作用。此外，新业态的培育和发展，也可以成为促进文化旅游产业顺应社会经济新时代发展要求的重要举措。

3. 职能融合

要顺利实现文化和旅游的融合发展，就需要以相关职能机构的重组和融合作为推动产业融合的前提与保障。推动文化和旅游融合发展是党中央做出的重要决策。原国家文化事业管理部门和旅游行政管理单位的重组与职能融合，为国家层面的文化和旅游融合发展建立了制度基础，然而，新机构的建立和队伍的建成是第一步，真正实现职能的协同和体制机制的顺畅，才是实现职能融合的实际内容。

推动文化旅游发展、促进文化与旅游在发展中结合，一直是我国倡导的旅游发展战略之一，从 2000 年以后，政府连续出台了多项政策支持文化和旅游产业的协同发展，对我国的文化和旅游产业的整合与融通发展起到了一定促进作用。然而，由于对文化和旅游事务进行管理的行政机构林立、职能分散等原因，文化和旅游产业的融合大都还是停留在"部门协作"的层面，并没有能够真正实现"融通与合作"，因此，文化和旅游的融合向纵深化发展的局面也未能形成。

2018 年，随着文化和旅游部的组建，之前主管文化和旅游业务的部门职能已经完全实现了形式上的"统一"，这一变革给文旅融合中的"职能融合"奠定了良好的基础。

二、文化和旅游融合的价值

文化和旅游融合发展是以习近平同志为核心的党中央立足党和国家事业全局、把握文化和旅游发展规律作出的战略决策，是贯彻习近平总书记关于文化和旅游工作重要论述的重大实践。党的十九届五中全会通过的《中共中央关于制定国民经济和社会发展第十四个五年规划和二○三五年远景目标的建议》明确提出，"推动文化和旅游融合发展，建设一批富有文化底蕴的世界级旅游景区和度假区，打造一批文化特色鲜明的国家级旅游休闲城市和街区，发展红色旅游和乡村旅游"，进一步明确了文化和旅游融合发展要求，为"十四五"时期文化和旅游改革发展提供了遵循、指明了方向[6]。

（一）融合是文化建设和旅游发展的必然要求

历史发展的经验和中西方的产业实践，都为文化和旅游融合发展提供了许多可供学习和借鉴的成功案例，20世纪80年代以来，随着旅游产业的不断发展，我国在倡导和推动文化和旅游融合方面做了许多理论探索与案例实践，取得了不少成效。党的十八大以来，以习近平同志为核心的党中央更加关注和重视我国文化事业、文化产业和旅游业的协调发展，对文化和旅游融合发展问题进行了深入调研并作出了许多重大决策和重要部署，尤其是提出组建文化和旅游部，以便更好地推动我国的文化事业、文化产业和旅游业实现高质量发展。党的十九届五中全会又明确提出了要"推动文化和旅游融合发展"的战略要求，这就为新时代我国文化和旅游的融合纵深发展指明了方向。在新时代，肩负产业发展重任的"文旅人"，应当自觉深化认识，充分理解文化和旅游融合发展的现实性和重要性，树立时代感和责任感，深刻理解融合发展的内在要求，在推进文化和旅游高质量发展进程中努力实现"繁荣兴盛社会主义文化"的目标，为顺利实现中华民族伟大复兴的中国梦努力作出自己应有的新贡献。

1. 文化和旅游融合有助于提升旅游发展品质

对旅游资源进行科学的利用和开发，是发展旅游的基本遵循，人文资源、文化资源无疑是旅游资源谱系中的重要组成部分。自然环境是承载旅游活动的第一地理环境，但人类长久以来对自然的适应、利用和改造过程则造就了丰富的人文旅游资源，包括文化遗产、历史遗迹、文化习俗、民族风情、文学传说、活动旧址等多种类型，特别是还包括我们党领导人民在革命、建设、改革中取得的伟大成就等。因此，包括人文旅游资源和社会经济科技成就等在内的文化资源，是旅游资源不可缺少的组成部分，也是多样性旅游资源中极富价值的部分。以自然力为主导形成的各色自然资源，如山水、江河、湖泊、泉林等，也都在各自的发生与发展中或多或少地与人类的生产生活相联系，许多资源都蕴含了丰富的人文要素，文化印记明显。我国自古就有"山不在高，有仙则名；水不在深，有龙则灵"的说法，人文色彩是给自然旅游资源赋予更多价值底色的重要因素。近年来，随着社会经济的蓬勃发展，人民物质和文化生活水平不断提高，我国在"十三五"时期已全面进入大众旅游发展的新时代，人们对旅游活动的期待已不再是以单纯的观光为目标了，以"求新、求奇、求知、求乐"为目的的"度假游、休闲游、生态游、亲子游、研学游、文博游"等多种休闲旅游活动方式越来越得到人们的追捧。满足这一需求的快速发展，就必然要求我们以优秀的文化资源为依托，深入发掘资源价值，把中华优秀历史文化、现代社会文明成果等更好地融入旅游产业发展，培育和打造一批能够彰显文化内涵、孕育人文精神的新时代旅游精品，提升旅游产品供给的品质。

2. 文化和旅游融合有助于弘扬中华优秀文化

旅游资源的开发和旅游业的发展，是彰显精神文明建设成效的重要载体，旅游活动的开展和普及，对国家优秀文化的弘扬、民族意志的凝聚等都具有重要的现实意义。从本质上看，旅游是一种社会文化活动，人们在旅游过程中不免会参与一系列的精神文化活动，体验性强，互动性高。我国自古以来就有"读万卷书、行万里路"的传统，认为文人士子在读书之余也应通过旅行的方式了解国情民情，从而养成文士精神、提高文化修养。人们在旅途中通过饱览河山、文化交流等方式，可以增长见闻、拓宽视野、做到知行合一。我国古代很多流传至今的名篇佳作，也都是作者在游历、旅行中写就的。同时，旅游也是国家和文明之间交流、互鉴的渠道，承担着文明传播、文化交融、增进互信等作用。东西方之间著名的商道丝绸之路和海上丝路，在承载商品贸易转运互通功能的同时，也是文化交流、文明互联的通路。在当前，我们也应该充分认识到旅游活动在中华文化孕育与传播中的重要作用，无论是国内旅游者在祖国各地之间的流动交往，还是国际旅游者在不同文明之间的交流互动，都是我国优秀文化传播的渠道，是有力宣传我国历史文明和伟大建设成就的重要阵地，也是现代科技和文化交往的重要窗口。

3. 文化和旅游融合有助于满足美好生活需要

要满足人民对美好生活的向往和期待，就必须实现优秀精神食粮的高质量供给。随着我国经济社会的长足进步，人们对丰富、健康、高质量的文化产品供给提出了明确的要求。旅游活动，由于能够满足人们对文化消费和文化体验的新需求，已经在新时代被赋予了"幸福产业""民生产业"等时代内涵。文化建设和旅游发展的目标就是要通过融合发展，更好满足人民对美好生活的期待，帮助人们获得更高质量的"获得感"、"满足感"和"幸福感"。

旅游业是十分典型的综合性产业，也是现代服务业的重要组成部分。文化产业和旅游业存在天然联系，随着二者在诸多层面上的相交相通，其互动关联效应日益显现，融合发展趋势也愈加显著。联合国教育、科学及文化组织（简称联合国教科文组织），世界旅游组织等机构曾经做过研究，在全世界范围内，有四成左右的旅游业市场份额是以文化为主要驱动因素的[6]。同时，中国旅游研究院（文化和旅游部数据中心）的相关调查数据也显示，2020年国庆中秋长假期间，有85.0%的游客参与了各类文化休闲活动，其中参观历史文化街区、博物馆、美术馆的游客比例分别为41.8%、40.5%和27.1%[7]。由此可见，文化和旅游产业的融合发展不仅是世界潮流，在我国也已经孕育了巨大的市场潜力。我们应当更加科学细致地厘清文化和旅游发展的内在要求，更好地顺应文化和旅游融合发展趋势，加快形成产业融合优势，不断拓展产业延伸空间，让人们实现在高质量的文化和旅游享受中体验美好生活带来的幸福感。

（二）融合是文化建设和旅游发展的理论创新

习近平总书记关于文化和旅游融合发展重要论述是在正确认识文化和旅游发展规律基础上的重大理论创新，必须准确理解核心要义、落实工作要求、形成基本思路，坚持宜融则融、能融尽融，推动文化和旅游深度融合，为文化建设和旅游发展提供新引擎新动力[6]。

1. 坚持以人民为中心的发展思想

习近平总书记关于文化和旅游融合发展重要论述蕴含的一个基本观点，就是必须坚持把更好满足人民群众精神文化需求作为工作的出发点和落脚点[6]。中国特色社会主义进入新时代，社会主要矛盾发生变化，从"人民日益增长的物质文化需要"到"人民日益增长的美好生活需要"，体现出人民需要已经从保基本的"有没有""缺不缺"向求品质的"好不好""精不精"转变，由"生存需求"型向"精神需求"型转变，可以说美好生活需求更强、要求更高。文化和旅游融合发展的实现，也必须顺应这一社会主要矛盾的变化，通过为人们提供更多优质的文化产品、旅游产品、公共服务产品等，满足人们新时代的精神需求，为提升人们的获得感和幸福感贡献"文化和旅游力量"。

2. 坚持高质量发展的工作导向

习近平总书记关于文化和旅游融合发展的重要论述深刻阐述了文化和旅游的相互促进作用。文化和旅游的融合发展，不能只是文化和旅游的简单叠加，必须要充分发挥两者各自的优势，寻求产生变革性的"化学反应"、培育出新的产业发展动力，从而实现"互促互进、相辅相成"的融合局面，提高文化和旅游产业的发展质量和效益。在文化和旅游管理体制改革的同时，要进一步加大资源整合利用的力度，不断优化产业发展的政策、法规和工作环境，以体制机制创新为文化和旅游发展提供新的动力。要继续深化文化和旅游领域的供给侧结构性改革，加快产业转型升级，以深度融合促进理念创新、机制创新、业态创新、模式创新，努力实现高质量、高效率、可持续的产业发展目标。

3. 坚持增强国家文化软实力的战略目标

增强国家文化软实力和中华文化影响力，是党和国家工作的一项重大战略任务，关系到"两个一百年"奋斗目标和中华民族伟大复兴中国梦的实现。文化和旅游都是促进文明交流、民心相通的重要桥梁，是讲好中国故事、传播中国声音、展示中国形象的重要渠道，是增强国家文化软实力和中华文化影响力的重要源泉。推动文化和旅游融合发展，必须对标对表党和国家工作大局、服从服务国家整体战略，既要用好文化渠道，也要用好旅游途径，更要以文化和旅游之合力，全方位、多领域推进文化和旅游国际交流合作，传播和弘扬中华文化的当代价值、世界价值，塑造负责任、现代化的大国形象，夯实构建人类命运共同体的民意基础。

第二节　文化和旅游融合的机理

一、文化和旅游融合的基础

（一）基于身份认同的视角

学者张朝枝认为，旅游者个体或者民族与国家集体寻找文化身份认同是旅游与文化关系的起源，而文化变成旅游者的身份符号则是旅游与文化关系的强化，但人们身份角色差异引起的价值理解差异也有可能引起旅游与文化的矛盾冲突，因此调整角色、培育文化自信、增进相互理解和合作非常必要[8]。

从身份认同的视角来看，文化与旅游融合主要表现在以下三个方面。首先，从二者关系的缘起来看，由于游客在旅游过程中对文化身份的认同需求，旅游被文化赋予了身份标签的内涵，文化由此也具有了"吸引力"这一旅游资源的根本属性。文化和旅游在身份认同层面的这种关系不仅表现在个人层面，一些旅游活动也承载了人们对国家、民族、集体等身份认同的构建需要。其次，从二者间关系互动来看，文化已逐步成为游客的某种身份符号。基于需求角度，游客的消费行为已经被打上了符号化的文化烙印，文化元素、文化倾向已成为旅游消费的某种象征；从供给层面看，旅游资源的利用和开发本质上也是一种符号化的过程，旅游地形象构建等的实质就是通过旅游地的符号建设来有效发掘旅游地的符号价值，进而寻找和发挥文化的符号价值。最后，从二者关系中的矛盾来看，文化和旅游也表现出一定的冲突，"利用还是保护""开发还是保护"成为这种冲突的最直接表现。但这种冲突从本质上可以从二者的"身份认同差异"来理解，各利益相关方都需要从身份认同的视角出发，充分理解文化和旅游的诉求和矛盾，对文化创造性的认同以及传统文化生命力的尊重，可以为二者的利益诉求构建一个平衡点。

（二）基于"幸福"的视角

学者宋瑞提出，就融合目的而言，不管是从个体幸福还是社会幸福的角度来看，旅游和文化都是重要的内容和方式，且其融合发展具有进一步提升幸福的作用[4]。文化和幸福之间的关系至少表现在两个方面：第一，人的社会性具有鲜明的历史文化性，人们的生活必然置身于特定的社会组织、价值体系和文化模式之中，人们对幸福的感知和体验也必然受到社会和文化因素的影响和制约，因此，学者从旅游角度对人们幸福感的研究大都是基于"主观幸福感"这一视角，"客观"必然不能为幸福提供统一的衡量尺度；第二，大量的旅游和"主观幸福感"的实证研究告诉我们，参与旅游活动对促进人的幸福感知有明确的正向作用。亢雄和马耀峰就曾经提出，旅游的本质是为追求幸福体验而产生的一种人类行为[9]。阿兰·德波顿则更是指出，"假如生活的意义在于对幸福的追求，那么除了旅行，很少有其他的行为能够呈现出人们对幸福追求中的热情与矛盾"[10]。对此，学者徐金海有所总结，追寻人生幸福是文化和旅游关系的本源，体验文化幸福是文化和旅游关系的变迁，实现社会幸福是文化和旅游关系的归途[11]。

二、文化和旅游融合发展的机理

（一）文化和旅游的内涵具有内在的特征一致性

从大文化角度审视，旅游作为当代人的一种生存方式，是文化的有机组成部分。从产业属性和产业发展的市场角度审视，二者相互渗透交融，本为一体[12]。具体而言，主要体现在以下几个方面。

1. 旅游活动具有天然的文化功能

旅行和旅游活动是伴随着人类社会的发展不断演进的。我国西汉时期的张骞通西域，是人类旅行史上的壮举，被誉为"凿空"之旅，不仅开辟了直到今天仍有深远影响意义的"丝绸之路"，更是实现了中华文明的传播和西域文化的引入，极大地促进了民族地域之间的文化交流与融合。唐代高僧玄奘法师远赴南亚次大陆修行佛法的旅行，有力促进了汉传佛教的发展，著名的《大唐西域记》记述了玄奘西行求法过程中经历的100多个国家的山川地理和风俗物产等情况，为促进中原和中亚、西亚、南亚等地区的文明交流做出了重要贡献。

长久以来，文化交流一直是人类旅行和旅游活动的重要功能之一，无论是商旅之行、宗教旅行还是公务之旅，都在客观上为文化探寻、风物记述、民族交流等做出了重要贡献。由此可见，文化交往是实现不同文明之间交流互鉴、融合发展的重要途径，而旅行和旅游活动的发展则为这种交流提供了重要的舞台。随着大众旅游的兴起和发展，旅游活动已不再是社会精英阶层的特权，其所承载的文化交流也广泛地深入到一切社会群体和全部社会生活之中，极大地促进了客源地和目的地之间全方位的文化交流与碰撞，文化效应十分明显。

2. 旅游活动的主体具有明确的文化属性

作为对旅游学研究对象的解释，著名的"艾斯特"定义指出："旅游是非定居者的旅行和暂时居留而引起的现象及关系的总和。这些人不会永久居留，并且主要不从事赚钱的活动。"在这个定义中，强调了旅游者不应将旅游活动作为直接赚取收入的行为，并且将"移民"从旅游活动的直接目的中排除，提出旅游学应研究的范畴是由人的旅游活动而引发的一系列"现象"和"关系"的总和。可以看出，通过长期的观察和研究，学者们都认同，旅游活动会引发各种社会行为并由此产生复杂的社会现象、文化现象和社会关系，而这种社会文化性恰是旅游的本质属性之一。

现代旅游学普遍认为，旅游活动本质上是一种能够满足个体文化需求的活动。在著名心理学家马斯洛所提出的需要层次理论中，对人的需要特点进行了系统描述，认为人的需要是有层次的，只有在基本的生存和物质需要得到满足后，人们才会产生社交、受尊重及自我实现的较高层次的精神需要，而旅游动机的产生就是为了满足这种更高层次的精神层面的愉悦需要。正是基于这样的理论，旅游可以被理解为是一种以寻求精神满足为主要目的、短时离开惯常环境而前往异地旅行和停留的一种行为，是在特定社会条件下产生的一种社会文化活动。

根据需要层次理论和行为动机理论，旅游动机的形成是基于文化层面的需要，旅游动机的激发是基于文化需求的内驱力。旅游活动的主体是具有特定社会文化背景的人，旅游活动本身也是人类社会文化活动发展的产物，文化因素是驱使人们产生旅游动机的主要因素。从现象解释的角度来说，人们对外部世界普遍存在着好奇心，对异质文化有着了解和体验的朴素渴望，探新求异是旅游动机产生的积极动因。另外，随着现代社会生活的快节奏，在纾解心理压力、缓解社会焦虑等原因的驱使下，逃避紧张现实成为人们旅游动机激发的消极动因。然而，无论是基于积极的渴望，还是消极的逃避，社会文化动因都是旅游动机激发的最直接原因。

此外，旅游活动也是一种比较特殊的文化学习过程，许多游客也会将旅游活动视为接受文化教育、习得社会经验、提升个人修为的途径。旅游活动必然包含着主体的审美行为，审美对象由自然、艺术、文化、社会等多种类型的事物集合体构成，旅游主体在审美过程中会不自觉地进行思考和加工，从而创造出不同的认知和体验结果。从这个角度来看，旅游活动也是一种文化体验的创造。

3. 旅游活动的客体具有普遍的文化属性

大量的研究表明，人们对旅游活动，特别是休闲旅游活动的需求，从其根源上讲是一种文化需求，因此，能够吸引和承载人们旅游活动的客体（资源或产品）也必然具有能够满足这一文化需求的特征，这是旅游活动的客体具有普遍文化属性的根本逻辑。一般来说，旅游产品的吸引力大小与由其所蕴含的文化内涵直接相关，旅游产品的文化属性越鲜明、文化品位越高级，其市场吸引力就越大，也就越容易得到游客的追捧。

人文旅游资源的文化属性则是显见的，无论是有形的遗址遗存、文物古迹，还是无形的社会传统、民俗风情等，都是人类生活和生产活动的产物，是人类发展的文化宝藏。而自然旅游资源是以自然动力和因素为主要成因的旅游资源，其产生和塑造的过程是自然的，但是，人类对自然旅游资源的认知和审美却完全是"文化的、社会的"过程。人类对自然界的观察、了解和认知，这本身就是一个"从自然到文化"的过程；人类对自然的审美，更是要在历史、社会、经验、情感等诸多文化因素的约束下来进行；审美的产物更是形成一种文化认知和文化观念，可以进行进一步的鉴赏、传播或交流等。在这样的过程里，自然旅游资源固有的自然特性会与欣赏主体的认知和情感等产生共融共生，在主体的思维中形成对其的审美形象和价值体验。自然旅游资源的美，必然投射于欣赏主体的大脑中，这种审美意趣具有了一定的社会普遍性，就决定了自然旅游资源的文化价值。特定的审美形象和认知判断为大众所接受，就实现了自然旅游资源价值的提升，因此，其文化属性也是价值体系中的必然一环。

4. 旅游产业具有鲜明的文化属性

作为一种经济形态，旅游业被称为"无烟工业"。旅游产业是基于共同的服务对象而界定的，其服务对象是特定的旅游者群体，是以满足社会文化需要和精神需求为主要特征的消费者群体。为满足旅游消费者群体的文化需求，旅游产业就必须通过相互联系从而实现文化体验产品的生产，而这样的"生产"过程就决定了旅游业必然具有文化属性。

为了更好地彰显旅游产品的文化特性，旅游企业在资源开发过程中，会着力发掘资源本身所蕴含的文化因素和文化内涵，并从地方文化传承与创新等途径入手，对资源的文化价值进行多维度的塑造。同时，为了使得旅游产品的开发更加适销对路，旅游企业必然将产品营销作为重要的手段，因此对客源市场的调查与研究也是重要的工作内容。在对客源市场进行开拓时，对客群文化特质的分析和研判是必由路径之一，对产品的设计和开发过程，也必然会反映出特定地区居民的文化积淀和创造能力，与其说它是一种"有情怀"的经济活动，还不如说它就是一种特殊的文化活动。

旅游产业的文化属性还表现在其下众多的行业部门中。例如，景区部门的运营与发展是围绕旅游吸引物的开发和利用的，其产业组织过程必然带有特定的文化特性。此外，饭店住宿业、旅游交通业等为游客旅游活动提供便利和服务的部门，其经营管理也带有明显的文化特色。在现代经济运行中，饭店已不仅仅承载住宿和膳食功能，它是人们社会生活、社交娱乐不可或缺的场所，其布置、摆设、宣传等环节中都必须渗透进大量的文化元素，既要能够满足游客的物质需求，还需要满足其社会和文化层面的需要。近年来，随着我国进入大众旅游蓬勃发展的新时代，"微度假、亲子游、研学游"等新型旅游活动类型日益受到人们的欢迎，在这些旅游产品的设计和供给中，也都不可或缺地需要引入和体现出精致的文化元素，文化品位已经成为这一类产品核心竞争力的来源。而以"休闲体验、网红打卡、夜间经济"等为标签，以长沙、重庆等为典型代表的城市型旅游目的地的建设与宣传，其实质就是一种文化环境塑造、传播与变现的过程。

（二）文化和旅游的发展具有内在的逻辑统一性

文化可以认为是一定区域人类精神活动与行为方式的总和，具有历史累积性、地域差异性等特征。现代交通技术的发展为人们旅游创造了更好的条件，也为异地之间的文化交流提供了便利。随着人们生活水平提高和出行条件改善，文化和旅游消费成为重要的需求领域；文化与旅游之间呈现出相互促进、融合发展的趋势。随着文化与旅游的深度融合，文化已成为重要的旅游资源，文化旅游则将无意识的文化传播逐渐变化为有意识的文化呈现和游客主动的文化认识，这必然会拓宽文化传播的渠道，客观上进一步促进文化的传播和接纳[13]。

文化产业与旅游业具有可互相利用的资源和"满足人们需求"的功能，具备了融合发展的条件[14]。文化产业满足的是人们的精神需求，其产品的产生与发展是以一定的社会和历史条件为背景的，文化产业的产品能够带给人们文化体验和审美体验等。必须承认，社会历史基础是文化产业进行产品供给的前提条件，不同时代背景下的文化产品必然会带有那个时代的鲜明烙印；不同地区生产的文化产品也必然带有这个区域的文化特点。

旅游资源是旅游产业发展的基础，是人们旅游活动时进行审美和体验的主要对象。常见的旅游资源分类遵循"二元分类法"，包括自然旅游资源和人文旅游资源两大类。虽然自然综合体是一切旅游资源产生与发展的第一环境，但是，人们对旅游资源的审美、感受和体验却无法脱离人的精神世界，无法脱离个体的文化背景。实践证明，自然旅游资源的开发中必须要重视文化元素的发掘或引入，能够给游客带来高质量旅游体验的产品，往往是自然和文化韵味俱佳的高品位的旅游资源。从这一层面上来看，文化与旅游有着相同的目标，即给人们带去良好的精神体验。与此同时，文化和旅游还表现出很明显的"相互依附性"，文化精神往往不是独立存在的，而是依托某一具体的旅游资源实体而表现出来的，如地文景观、旅游购品、文创产品等，而旅游资源也会因地方文化特色的加持而更具市场吸引力。

（三）融合是文化和旅游高质量发展的必由之路

随着后工业时代的来临，精神和文化层面的美好追求已成为人民大众对生活的期待和主要诉求，这就必然对我国的文化和旅游产业的发展提出更高的要求。可以说，满足人民的精神和文化需求，已经成为文化和旅游实现高质量发展的首要目标，而文化和旅游的深度融合和协同发展则是实现这一目标的必由之路。

旅游活动如果无法带来丰富的文化体验或品位不高时，就只能停留在较低层级的观光游览阶段，难以满足人们更高层次的精神需要；而没有旅游传播和创新加持的文化产品，其影响力和体验性也无法得到发挥，难以帮助更多的人群实现其文化需求。因此，从深度和广度两个维度来看，文化和旅游都应该有机结合、深度融合，形成互促互利、互惠互益的"共生"关系，这样才有利于推动二者的高质量发展。

文化和旅游融合是实现文化产业高质量发展的现实途径。将文化作为旅游资源，对其进行科学开发和利用，会让文化更具"有形化"特点，有利于文化更加贴近时代需求和人民需要，有利于中华优秀传统文化、先进文化的传播，有利于文化自信的广泛树立。同时，文旅融合也可以催生更多的文化传承、保护与创新实践，让更多社会主体在产业利益的驱使下参与文化产业的市场化运营。

文化和旅游融合是旅游业实现高质量发展必由之路。文化是旅游活动的灵魂，随着人们的文化审美情趣日益提高，没有文化内涵的旅游产品、旅游地、旅游活动等将被愈加边缘化，其发展空间日渐狭窄。向市场投放更多高品位的文化类旅游产品已经成为众多旅游目的地、旅游服务商、旅游运营商的共同心愿。在策划、规划、生产、运营等环节中科学引入更多包括地方文化、历史传承、非遗元素等在内的优秀文化元素，已成为旅游目的地的建设和发展的内生需求。

第三节　文化和旅游融合的路径

一、文化和旅游融合的基本遵循

"十三五"时期，在习近平总书记关于文化和旅游工作的重要论述精神指引下，文化建设和旅游发展稳中有进、繁荣向好，在满足人民文化需求、凝聚人民精神力量、增强国家文化软实力方面发挥了积极作用，为全面建成小康社会提供了有力支撑。

　　党的十九届五中全会确立了到 2035 年建成文化强国的远景目标，为文化和旅游发展擘画了蓝图、明确了路径。"十四五"时期，文化和旅游系统必须坚持以习近平新时代中国特色社会主义思想为指导，深入学习贯彻习近平总书记关于文化和旅游工作的系列重要论述，把握新发展阶段、贯彻新发展理念、构建新发展格局，以推动文化和旅游高质量发展为主题，以改革创新为根本动力，以满足人民日益增长的美好生活需要为根本目的，加快发展文化事业、文化产业和旅游业，推进文化铸魂、实施文化赋能，推进旅游为民、实施旅游带动，推进文旅融合、实施创新发展，力争把"十四五"各项目标和任务落到实处，不断推动文化和旅游发展迈上新台阶，提高国家文化软实力，为建设社会主义文化强国作出积极贡献[15]。新时期，要深刻把握习近平总书记关于文化和旅游工作的重要指示精神，根据以下几个根本遵循推进文化和旅游融合发展。深刻把握文化建设的使命任务。2020 年 9 月 22 日，习近平总书记在教育文化卫生体育领域专家代表座谈会上的讲话中强调："要坚定文化自信，推动中华优秀传统文化创造性转化、创新性发展，继承革命文化，发展社会主义先进文化，不断铸就中华文化新辉煌，建设社会主义文化强国。统筹推进'五位一体'总体布局、协调推进'四个全面'战略布局，文化是重要内容；推动高质量发展，文化是重要支点；满足人民日益增长的美好生活需要，文化是重要因素；战胜前进道路上各种风险挑战，文化是重要力量源泉。"习近平总书记将文化建设的地位和作用提升到前所未有的新高度，我们必须提高政治站位，不断坚定文化自信。

　　深刻把握建设社会主义文化强国的宏伟目标。2020 年 9 月 22 日，习近平总书记在教育文化卫生体育领域专家代表座谈会上的讲话中指出："中国特色社会主义是全面发展、全面进步的伟大事业，没有社会主义文化繁荣发展，就没有社会主义现代化。"党的二十大报告提出"发展面向现代化、面向世界、面向未来的，民族的科学的大众的社会主义文化，激发全民族文化创新创造活力，增强实现中华民族伟大复兴的精神力量。"这些重要论述明确了文化建设的目标任务。我们要瞄准到 2035 年建成社会主义文化强国的宏伟目标，努力推动国民素质和社会文明达到新高度，不断提高国家文化软实力。

　　深刻把握繁荣发展文化事业和文化产业的目标要求。2020 年 9 月 22 日，习近平总书记在教育文化卫生体育领域专家代表座谈会上的讲话中指出："要坚持为人民服务、为社会主义服务的方向，坚持百花齐放、百家争鸣的方针，全面繁荣新闻出版、广播影视、文学艺术、哲学社会科学事业，着力提升公共文化服务水平，让人民享有更加充实、更为丰富、更高质量的精神文化生活。""衡量文化产业发展质量和水平，最重要的不是看经济效益，而是看能不能提供更多既能满足人民文化需求、又能增强人民精神力量的文化产品。"习近平总书记提出了繁荣发展文化事业和文化产业的目标要求、实现路径，我们必须深刻领会、全面把握，贯彻落实到工作各方面。

　　深刻把握旅游业高质量发展的本质内涵。2017年，习近平总书记在参加党的十九大贵州省代表团讨论时提出"要抓住乡村旅游兴起的时机，把资源变资产，实践好绿水青山就是金山银山的理念"。2020年，习近平总书记在西溪国家湿地公园考察时提出"原生态是旅游的资本，发展旅游不能牺牲生态环境"。2020年，习近平总书记在山西考察时强调"发展旅游要以保护为前提，不能过度商业化"。这些重要论述科学回答了新时代旅游业发展的根本性、方向性问题。我们必须充分认识旅游的社会属性和功能，着力推动旅游业高质量发展。

　　深刻把握文化和旅游融合发展的战略部署。2020年9月22日，习近平总书记在教育文化卫生体育领域专家代表座谈会上的讲话中指出："文化产业和旅游产业密不可分，要坚持以文塑旅、以旅彰文，推动文化和旅游融合发展，让人们在领略自然之美中感悟文化之美、陶冶心灵之美。"习近平总书记深刻阐明了文化和旅游融合发展的基本遵循，要求我们着力推进文化和旅游深度融合，实现相互促进、相得益彰。

二、文化和旅游融合的基本要求

（一）推动文化和旅游融合发展的基本思路

　　推动文化和旅游融合发展，既是时代大课题，又是发展新任务，必须坚持实事求是、从实际出发的原则，做到科学融合、有序融合。尊重客观规律，既看到文化和旅游有能够融合的一面，又看到它们各自相对独立的一面；既努力做到你中有我、我中有你，又做到你还是你、我还是我，坚持宜融则融、能融尽融原则，避免片面强调特殊性和抹杀特殊性两种错误倾向。坚持因地制宜，立足区位特点、依据资源禀赋，走特色化、差异化发展道路，不搞"一刀切"、不能"一窝蜂"，防止照搬照抄、简单模仿。坚持稳中求进，做到稳扎稳打、久久为功，既不能一味观望等待，又不能指望一蹴而就；既反对保守、不作为，又防止冒进、乱作为。

（二）推动文化和旅游融合发展的具体要求

　　党的十九届五中全会对推动文化和旅游融合发展作出新部署、提出新要求。我们要全面贯彻落实党的十九届五中全会精神，学习贯彻习近平总书记关于文化和旅游融合发展重要论述精神，坚定文化自信、增强文化自觉，推动文化和旅游融合发展要求落地落实、取得实效，助力社会主义文化强国和旅游强国建设。

1. 加强顶层设计，完善体制机制

健全文化和旅游融合发展的体制机制，为文化和旅游深度融合、创新发展提供制度保障。强化政策法规引领，研究制定有关扶持政策和举措，特别是在财政、金融、用地和人才保障等方面拿出真招实招，为文化和旅游融合发展提供政策支撑。结合"十四五"时期经济社会发展规划，将推动文化和旅游融合发展纳入有关文化发展改革规划和旅游发展规划，谋划设计一批重要工程、重点项目、重大举措。积极搭建融合发展平台和载体，营造良好环境，让一切有利于文化和旅游融合发展的创造源泉充分涌流。

2. 整合优势资源，推进业态融合

整合高品质文化和旅游资源，以融合创新手段推动文旅业态转型升级，大力实施"文化+""旅游+""+旅游"等战略，推动文化和旅游产业与相关产业的融合、渗透与重组，特别是推动文化和旅游产业深度融合，着力培育兼具文化和旅游特色的新业态、新主体、新模式。依托文化资源、突出文化元素，大力发展研学旅游、展演旅游、康养旅游等新型文化旅游业态。推进长城、大运河、长征、黄河等国家文化公园建设，创立一批文化主题鲜明、文化要素完备的特色旅游目的地。

3. 突出创新创意，推进产品融合

发挥文化产业创新创意优势，推动更多文化资源转化为高品质旅游产品，扩大产品和服务有效供给，满足人民群众多样化多层次需求。加大文化资源和旅游资源普查、梳理、挖掘、阐发力度，推出一批文化旅游精品线路和项目，丰富文化创意产品和旅游商品市场，加强产品宣传展示。在加强保护的基础上，盘活用好各类文物资源，推动有条件的文博场馆改扩建、提高展陈水平，推动将更多文物资源纳入旅游线路、融入景区景点。加强革命文物保护利用，推出一批承载革命文化内涵、群众喜闻乐见的红色旅游产品。发掘乡村人文资源，提供更具文化内涵的乡村旅游产品，提升乡村旅游智慧供给和服务水平，推动高质量发展。深入挖掘地域文化特色，把更多文化内容注入景区景点，使文化成为景区景点金字招牌。

4. 优化资源配置，推进市场融合

深入推进"放管服"改革，优化营商环境，促进各类资源要素合理流动、高效配置，积极培育文化和旅游市场主体、提升活力竞争力。鼓励文化界和旅游界的重点企业和机构等积极对接合作，努力培育一批适应文化和旅游产业发展趋势、能够引领产业未来发展方向的企业，带动文化和旅游产业的深度融合发展。促进文化和旅游市场监管融合，加强对新主体新业态新群体的引导、管理和服务，更新监管理念，建设信用体系，推进行业标准建设和行风建设。坚持把社会效益放在首位，弘扬正确历史观、民族观、国家观、文化观，加强对旅游场所、项目、活动监管，加强对旅行社和导游规范管理，确保旅游市场高扬主旋律、充满正能量。

5. 发挥综合效益，推进服务融合

协同推进公共文化服务和旅游公共服务、为居民服务和为游客服务，形成宜居宜业宜游的服务网络。统筹公共服务设施建设、管理、使用，建设、改造一批文化和旅游综合服务设施，提高公共服务覆盖面和适用性。统筹公共服务机构功能设置，在旅游公共服务设施修建、改造中，增加文化内涵，彰显中国特色、中华元素、地方特点，充满文化味。推动文化和旅游惠民工程整合资源、转型升级、创新机制，精准对接需求，提高服务效能，为百姓提供更精准、更有效的服务。推动公共文化服务进入旅游景区、旅游度假区，在游客聚集区积极引入影院、剧场、书店等文化设施，构建主客共享的文化和旅游新空间。

6. 统筹文旅渠道，推进交流融合

把握入境游客旅游需求和接受习惯，设计有针对性的文化旅游线路和项目，展示好真实、立体、全面的中国。引导出境游客文明旅游，引导游客遵守境外法律法规、尊重当地风俗习惯，使亿万游客成为中国形象体现者、中国故事讲述者和中华文明传播者。

三、文化和旅游融合的实施路径

（一）文化和旅游融合的基本路径

2019 年全国文化和旅游厅局长会议上，文化和旅游部部长雒树刚就文化和旅游融合提出了六大路径，分别是"理念融合、职能融合、产业融合、市场融合、服务融合、交流融合"。作为从国家层面提出的具体要求，这六大路径无疑成为目前推进和实施文旅融合的顶层设计方案。

1. 理念融合

一是要树立以文促旅的理念。要深刻认识到，文化需求是旅游活动的重要动因，文化资源是旅游发展的核心资源，文化创意是提升旅游产品质量的重要途径，文化的生产、传播和消费与旅游活动密切相关。思想道德观念的提升、文化资源的利用、文化创意的引入，能够提升旅游品位、丰富旅游业态、增强产品吸引力，拓展旅游发展的空间。公共文化机构、对外文化交流等平台的使用，能够促进旅游推广、为游客提供更加丰富的服务。二是要树立以旅彰文的理念。要深刻认识到，旅游是文化建设的重要动力，是文化传播的重要载体，是文化交流的重要纽带。发挥旅游的产业化、市场化优势，能够丰富文化产品供给方式、供给渠道、供给类型，带动文化产业发展、文化市场繁荣。发挥旅游公众参与多、传播范围广等优势，能够扩大文化产品和服务的受众群体和覆盖面，对内更好传播中国特色社会主义文化、弘扬社会主义核心价值观，对外增强国家文化软实力、提升中华文化影响力。三是要树立和合共生的理念。要深刻认识到，文化是旅游的灵魂，旅游是文化的载体，二者相辅相成、互相促进。文化和旅游相互支撑、优势互补、协同共进，才能形成新的发展优势、新的增长点，才能开创文化创造活力持续迸发、旅游发展质量持续提升、优秀文化产品和优质旅游产品持续涌现的新局面，才能更好满足人民美好生活新期待、促进经济社会发展、增强国家文化软实力和中华文化影响力。

2. 职能融合

一是要编制好落实好"三定"规定。"三定"规定是部门履行职责的法定依据。已经发布"三定"规定的单位，要将各项职能落到实处，并在工作中进一步细化、完善。尚未完成"三定"规定编制的单位，在编制"三定"规定时要充分体现融合发展要求，打破文化和旅游行业边界，设计好内设部门职能，确保履职到位。二是要加强顶层设计，规划好方向和目标。"十四五"规划即将开始编制，要以此为契机，提前准备、及早谋划，开展充分、深入的调查研究，总结已有经验，研究融合发展新思路，制定体现融合发展、有前瞻性的发展规划和针对性政策。三是要整合好已有工作抓手。加强文化和旅游领域政策、法规、规划、标准的清理、对接、修订等工作，确保相互兼容、不留空白和死角。积极推进资源、平台、工程、项目、活动等融合，坚持从实际出发，该清理的清理、该合并的合并、该扩大的扩大，确保其发挥最佳效益。

3. 产业融合

积极寻找文化和旅游产业链条各环节的对接点，发挥各自优势、形成新增长点。一是促进业态融合。实施"文化+""旅游+"战略，推动文化、旅游及相关产业融合发展，不断培育新业态。深入实施"互联网+"战略，推动文化、旅游与科技融合发展。统筹推进文化生态保护区和全域旅游发展，推动传统技艺、表演艺术等门类非遗项目进重点旅游景区、旅游度假区。推进红色旅游、旅游演艺、文化遗产旅游、主题公园、文化主题酒店等已有融合发展业态提质升级。二是促进产品融合。加大文化资源和旅游资源普查、梳理、挖掘力度，以文化创意为依托，推动更多资源转化为旅游产品。推出一批具有文化内涵的旅游商品。建立一批文化主题鲜明、文化要素完善的特色旅游目的地。支持开发集文化创意、度假休闲、康体养生等主题于一体的文化旅游综合体。推出更多研学、寻根、文化遗产等专题文化旅游线路和项目。三是持续释放大众文化和旅游需求。建立促进文化和旅游消费的长效机制，顺应居民消费升级趋势，积极培育网络消费、定制消费、体验消费、智能消费、时尚消费等消费新热点，完善行业标准体系、服务质量评价体系和消费反馈处理体系。

4. 市场融合

统一有序、供给有效、富有活力的市场是文化和旅游融合发展的重要基础。一是促进市场主体融合。鼓励文化机构和旅游企业对接合作，支持文化和旅游跨业企业做优做强，推动形成一批以文化和旅游为主业、以融合发展为特色、具有较强竞争力的领军企业、骨干企业。优化营商环境，促进创新创业平台和众创空间服务升级，为文化和旅游领域小微企业、民营企业融合发展营造良好政策环境。二是促进市场监管融合。对融合发展的新业态，要及时加强关注、引导，不断更新监管理念。建设信用体系，实施各类专项整治、专项保障活动，开展重大案件评选、举报投诉受理、证件管理等工作，要将文化市场、旅游市场统一考虑，一并研究。三是全力推动文化市场综合执法队伍整合组建。要深入推动《关于进一步深化文化市场综合执法改革的意见》贯彻落实，抓紧建立文化和旅游市场执法改革制度框架，按照中央确定的时间表、任务书推动执法队伍整合到位。

5. 服务融合

协同推进公共文化服务和旅游公共服务、为居民服务和为游客服务，发挥好综合效益，是深化文化和旅游融合发展的重要内容。一是要统筹公共服务设施建设管理。探索建设、改造一批文化和旅游综合服务设施，推动公共文化设施和旅游景区的厕所同标准规划、建设、管理。二是统筹公共服务机构功能设置。在旅游公共服务设施修建、改造中，增加文化内涵、彰显地方特色。利用公共文化机构平台，加大文明旅游宣传力度。三是统筹公共服务资源配置。推动公共服务进旅游景区、旅游度假区。构建主客共享的文化和旅游新空间。在游客聚集区积极引入影院、剧场、书店等文化设施。统筹实施一批文化和旅游服务惠民项目。

6. 交流融合

文化和旅游都是推动文明交流互鉴、传播先进文化、增进人民友谊的桥梁，是讲好中国故事、传播好中国声音的重要渠道。文化和旅游融合发展必须在交流融合方面下大力气、作大文章。一是在工作层面，要进一步整合对外和对港澳台文化和旅游交流工作力量，整合海外文化和旅游工作机构，统筹安排交流项目和活动，同步推进文化传播和旅游推广。二是在渠道方面，要发挥好博物馆、美术馆等文化机构和旅游景区景点、旅行社、旅游饭店在传播中国特色社会主义文化方面的重要作用，引导各类导游、讲解员和亿万游客成为中国故事的生动讲述者、自觉传播者。三是在载体方面，要综合发挥文化和旅游各自优势，推动更多优秀文化产品、优质旅游产品走向海外，进入主流市场、影响主流人群，把中华优秀传统文化精神标识展示好，把当代中国发展进步和中国人精彩生活表达好，为提高国家文化软实力和中华文化影响力作出贡献。

（二）文化和旅游深度融合发展思路

2021年2月，文化和旅游部部长胡和平于《人民日报》撰文提出，推动文化和旅游深度融合发展的主要思路包括：坚定文化自信，推进文化铸魂，发挥文化赋能作用；坚持高质量发展，推进旅游为民，发挥旅游带动作用；构建新发展格局，推进文旅融合，努力实现创新发展[15]。

具体而言，推动文化和旅游深度融合发展的主要做法包括：

培育和弘扬社会主义核心价值观。以社会主义核心价值观引领文化和旅游工作，将其贯穿文化产品创作生产传播全过程、融入文化和旅游工作各环节各方面，更好构筑中国精神、中国价值、中国力量。发挥好公共文化机构、旅游景区景点等平台和阵地作用，发挥其弘扬社会主义核心价值观职能，积极推进文明旅游宣传教育。

努力丰富人民精神世界、增强人民精神力量。坚持以人民为中心的发展思想，推出更多优秀文艺作品、文化产品，为人民群众提供更加丰富、更有营养的精神食粮。旗帜鲜明弘扬主旋律、传递真善美，推出更多反映时代新气象、讴歌人民新创造的精品力作，激发全体人民的精神力量。持续推进公共文化服务标准化均等化建设，创新实施文化惠民工程，切实保障好人民基本文化权益。推动文化产业持续健康发展，更好满足人民群众多层次、分众化文化需求，让人民享有更加充实、更高质量的精神文化生活。

保护好传承好弘扬好中华优秀传统文化。加大考古发掘、研究工作力度，用更加丰富的考古成果实证中华民族历史、构建中国文化基因理念体系。加强文物、古籍、非物质文化遗产等保护工作，加强研究阐释利用文化遗产背后蕴含的哲学思想、人文精神、价值观念、道德规范。创新文物展示方式，提升博物馆展陈水平，让文物活起来。

传承革命文化、发展社会主义先进文化。统筹推进革命文物保护利用和红色旅游发展，讲好中国共产党的故事，弘扬红船精神、井冈山精神、长征精神、延安精神、"两弹一星"精神、伟大抗疫精神等，让红色基因在中华民族扎根延续。做好新中国史、改革开放史上重要标识地开发展示，展示好社会主义建设重大成就。

丰富优质旅游产品供给。优化旅游发展布局，整合跨区域资源要素，促进城乡、区域协调发展。优化旅游产品结构，构建类型多样、特色鲜明、品质优良、适销对路的旅游产品供给体系。坚持精益求精，着力打造精品旅游目的地、旅游线路，提升中国旅游品牌形象。

着力满足大众旅游特色化、多层次需求。坚持标准化和个性化相统一，针对不同群体、不同层次需求，推出更多定制化旅游产品、旅游线路，开发体验性、互动性强的旅游项目。完善旅游公共设施，增加旅游惠民措施，加大旅游公共服务力度。完善灵活休假、带薪休假等制度，推动大众旅游深入发展。

加快推进以数字化、网络化、智能化为特征的智慧旅游。把握新型基础设施建设和数字社会、数字政府建设机遇，加强旅游信息基础设施建设，提升产品服务、企业治理等智慧化水平。深化"互联网+旅游"，加快建设智慧景区，支持旅游景区、度假区等开发建设智能化旅游服务系统，推进预约、错峰、限量常态化，提高管理效能。

推进"旅游+""+旅游"。推进旅游与其他产业跨界融合、协同发展，催生新业态、延伸产业链、创造新价值。促进旅游与一二产业和生产生活性服务业融合发展，发展乡村旅游、工业旅游等。依托博物馆、国家公园、世界遗产地、红色旅游景区等资源发展研学旅游，拓展旅游新市场。在具备条件的地区发展乡村旅游、红色旅游，巩固脱贫攻坚成果，助力乡村振兴。

培育形成强大国内市场。积极服务扩大内需战略，努力改善国内文化和旅游供给品质、规范市场秩序、提升服务质量，以优质供给提高人民消费意愿和水平。优化文化和旅游投资环境，吸引全社会投资。适应消费结构升级趋势，创新消费场景、消费模式，培育新型消费形态，持续形成新的消费增长点、增长极。

统筹国内国际两个市场。坚持壮大国内文化市场和扩大对外文化贸易并举、高水平走出去和高质量引进来并重，推动文化产业国际合作。统筹推进入境旅游和出境旅游发展。借鉴入境旅游发达国家有益经验，推出更多国际化程度高、中国特色鲜明、符合境外游客需求的优质旅游产品，增强中国旅游品牌吸引力。统筹政府和市场力量，加大对外旅游宣传推广力度，提升入境旅游便利化程度和涉外旅游接待服务水平。

深入实施创新驱动发展战略。以科技创新和数字化变革催生新的发展动能，加快推进文化和旅游发展理念创新、业态创新、服务创新、模式创新、管理方式创新。推进"智慧+"、数字文化等战略，推动线上线下融合、演出演播并举。积极利用新材料、新工艺、新装备提高文化产品、旅游产品技术含量，谋划实施一批文化和旅游领域重大科技攻关项目。

深化重点领域和关键环节改革。推进文化和旅游领域"放管服"改革，放宽市场准入，促进公平竞争，保护知识产权，营造市场化、法治化、国际化营商环境，激发文化和旅游市场主体创新创造活力。

推进文化和旅游深度融合。把提高服务品质与改善文化体验结合起来，建设一批富有文化底蕴的世界级旅游景区和度假区，打造一批文化特色鲜明的国家级旅游休闲城市和街区。积极推进文化和旅游业态融合、产品融合、市场融合，促进优势互补，形成发展合力。

参 考 文 献

[1] 高舜礼. 文旅融合的通俗表述与实践探索[EB/OL]. http://travel.china.com.cn/txt/2018-10/27/content_68474766.htm. [2022-10-30].

[2] 汤俊. 文旅融合的内涵[EB/OL]. https://www.sohu.com/a/414992753_443684. [2022-10-30].

[3] 范周. 文旅融合的理论与实践[J]. 人民论坛·学术前沿, 2019(11): 43-49.

[4] 宋瑞. 如何真正实现文化与旅游的融合发展[J]. 人民论坛·学术前沿, 2019(11): 24-35.

[5] 燕连福. 新时代文旅融合发展: 一个新的增长极[J]. 人民论坛·学术前沿, 2019(11): 71-79.

[6] 雒树刚. 推动文化和旅游融合发展[N]. 光明日报. 2020-12-14(06).

[7] 伍策, 一丁. 解读: 2020国庆、中秋假期旅游市场数据[EB/OL]. http://travel.china.com.cn/txt/2020-10/09/content_76788233.html. [2022-10-30].

[8] 张朝枝. 文化与旅游何以融合: 基于身份认同的视角[J]. 南京社会科学, 2018(12): 162-166.

[9] 亢雄, 马耀峰. 旅游如何成为人的幸福: 兼论幸福的旅游何以可能[J]. 哲学动态, 2010(5): 61-64.

[10] 邓安庆. 跟阿兰·德波顿学旅行:《旅行的艺术》阅读札记[J]. 书城, 2015(12): 118-121.

[11] 徐金海. 文化和旅游关系刍论: 幸福的视角[J]. 旅游学刊, 2019, 34(4): 3-5.

[12] 李炎. 现代性驱动: 文化与旅游融合的根本逻辑[J]. 人民论坛·学术前沿, 2019(11): 80-88.

[13] 刘治彦. 文旅融合发展: 理论、实践与未来方向[J]. 人民论坛·学术前沿, 2019(16): 94-99.

[14] 周建标. 文化产业与旅游业的产业链融合机制探究[J]. 新疆社科论坛, 2017(5): 54-57.

[15] 胡和平. 不断推动文化和旅游发展迈上新台阶[N]. 中国旅游报, 2021-02-09(001).

第三章　江苏文化和旅游融合发展评价

第一节　江苏文化和旅游融合的内涵与机制

一、旅游产业的概念及分类

（一）旅游产业的概念

长期以来学术界对旅游产业是否具备产业属性存在不同的观点，如Leiper[1]、Wilson[2]等认为旅游不能称为产业，因为它没有独立的旅游市场，而且产品的开发和提供主要依靠相关产业的支持。但随着旅游活动对全球和各国经济发展的影响日益提升，旅游业逐渐被视为一项非常重要的产业；特别是2009年我国将旅游业界定为国民经济发展的战略性支柱产业，以及能够让人民更加满意的现代服务业，进一步明确了旅游业的产业属性。

虽然旅游业的产业属性得到了肯定，但是理论界对旅游产业的概念尚未达成一致的共识，存在不同的表述，如谢彦君认为旅游产业是一门综合性的产业，它包含了多个因素，其中主要元素是为游客提供各种服务的企业和相关产品[3]；余洁认为旅游产业是一个综合产业群，是由来自三大产业中的多种行业和部门融合在一起所形成的[4]；张凌云认为旅游产业是生产或提供满足旅游者吃住行游购娱等需求的产品或服务的所有产业的集合[5]；罗旦认为旅游产业是以旅游活动为中心，以旅游设施为基础，以旅游资源为依托，能够为游客提供各种所需的旅游产品和相关服务的综合性产业[6]。

可以看出，虽然学者们对旅游产业的表述各不相同，但是从各个旅游产业的概念中不难发现，旅游产业是一个综合性产业，它以提供旅游产品和服务为核心，囊括了第一产业、第二产业和第三产业的众多行业和部门，这些行业和部门可以进一步划分为旅游核心部门、旅游依托部门和旅游相关部门。

（二）旅游产业的分类

国家统计局 2018 年出台的《国家旅游及相关产业统计分类》规定，旅游业和相关产业分为三层：第一层为大类，第二层为中类，第三层为小类。整个旅游行业分为 9 个大类、27 个中类和 65 个小类；小类的划分则以《国民经济行业分类》（GB/T 4754—2017）为依据。旅游产业的具体分类如表 3-1 所示。

表 3-1　旅游及相关产业统计分类表

分类	类别名称
旅游业	旅游出行
	旅游住宿
	旅游餐饮
	旅游游览
	旅游购物
	旅游娱乐
	旅游综合服务
旅游相关产业	旅游辅助服务
	政府旅游管理服务

资料来源：国家统计局《国家旅游及相关产业统计分类（2018）》

二、文化产业的概念及分类

（一）文化产业的概念

"文化产业"一词出现在 20 世纪中期，由德国学者阿多诺和霍克海默在 1947 年出版的《启蒙辩证法》一书中首次提出。由于文化产业本身是一种独特的文化形态和经济形态，因此不同国家和学者从不同视角对文化产业有着不同的解读。

联合国教科文组织将其定义为：按照相关行业标准生产、复制、储存和分配文化产品和服务的一系列活动；尼古拉斯·加汉姆（Nicholas Garnham）认为文化产业就是那些使用同类生产和组织模式如工业化的大企业的社会机构，这些机构生产和传播文化产品和文化服务。例如，报纸、期刊和书籍的出版部门、影像公司、音乐出版部门、商业性体育机构等[7]。

我国 2003 年印发的《文化部关于支持和促进文化产业发展的若干意见》中将文化产业定义为，是进行文化产品生产和文化服务提供的经营性行业，后来国家统计局在《文化及相关产业分类（2012）》中将其重新定义为，为社会公众提供文化产品和文化相关产品的生产活动的集合。

虽然文化产业的概念表述不一，但文化产业的核心是一致的，即都是生产、分配和销售文化产品和服务的活动。

（二）文化产业的分类

我国国家统计局在《文化及相关产业分类（2012）》中将文化产业分为 10 个大类和 50 个中类，具体包括新闻出版发行服务、广播电视电影服务、文化艺术服务、文化信息传输服务、文化创意和设计服务、文化休闲娱乐服务、工艺美术品的生产、文化产品生产的辅助生产、文化用品的生产以及文化专用设备的生产。2018 年，出于产业发展的考虑，重新修订并发布了《文化及相关产业分类（2018）》，将文化及相关产业分为三层：第一层 9 个大类，第二层 43 个中类，第三层 146 个小类。考虑到当时文化产业发展的现状，此次分类还新增加了互联网文化娱乐平台、观光游览航空服务、娱乐用智能无人飞行器制造、可穿戴智能文化设备制造和其他智能文化消费设备制造等新文化业态，弥补了之前行业覆盖不全面的问题[6]。

三、融合的内涵与动力机制

（一）融合的内涵

1. 产业融合的定义和类型

（1）定义。美国学者 Rosenberg 在对美国机械设备业演化的研究中发现了技术融合现象，并提出了产业融合的思想，这一思想得到了理论界的广泛关注。早期产业融合主要表现为技术融合，特别是信息技术（数字技术）的融合，因此产业融合的定义也主要从数字技术驱动的角度进行界定，如美国学者 Yoffie 认为产业融合是采用数字技术后原本各自独立的产品的整合[8]；Rajan 和 Zingales 认为产业融合是指数字技术允许传统的和新的通信服务（无论是声音、数据或图片）通过许多不同的网络共同传送的现象[9]；Lind 以 IT、电信、媒体和消费电子业融合成一个大产业为例，指出产业融合就是以前各自分离的市场的合并以及跨产业进入壁垒的消除[10]。后来有学者从产业结构变化的角度进行研究，并以此来界定产业融合，如澳大利亚政府信息办公室认为产业融合是由数字化驱动的服务部门结构调整，这一概念指出产业融合可能发生在整个知识和交易密集型服务部门，且融合的驱动力来自对商业利益的追求，其中最显著的变化是产业结构的变化[11]。还有学者从产业演化的角度定义产业融合，如 Malhotra 认为产业融合就是"两个或两个以上过去各自独立的产业，当它们的企业成为直接竞争对手时就发生了融合"[12]。

在国外研究的基础上，国内学者分别从技术融合、产业系统、价值模块、分工内部化等视角对产业融合进行了界定，如蒋自强和史晋川认为产业融合是指由于技术进步和放松管制，发生在产业边界和交叉处的技术融合[13]；周宇和惠宁认为产业融合是以传统产业为基础，是传统产业边界趋于模糊化甚至消失的过程，是在信息化进程中出现的一种新的产业范式[14]；岳芳敏和黄守丕从耦合理论出发将产业融合定义为两种产业基于人力、信息、技术等资源的交换与渗透，在产业生态整合的过程中形成良性的共振互生关系[15]。

可以看出，虽然国内外学者由于研究的角度不同，对产业融合的定义也各不相同，但究其本质仍然是一致的，即都认为产业融合是不同产业之间相互影响、相互作用而使产业边界逐渐模糊甚至消失，形成一个新的产业的过程。

（2）类型。Greenstein 和 Khanna 将产业融合分为替代性融合和互补性融合，所谓替代性融合是指一项技术能替代另一项技术时发生的融合；互补性融合则是指当两种技术共同使用比各自单独使用更好时的融合[16]；Pennings 和 Puranam 在此基础上引入需求、供给的概念，将其进一步划分为需求替代性融合、需求互补性融合、供给替代性融合和供给互补性融合[17]；Stieglitz 将产业融合分为技术融合和产品融合，技术融合是指用相似的技术生产不同的产品和服务，产品融合是指通过使用不同的技术提供替代性或互补性的产品[18]，并在此基础上，将产业融合分为四种基本类型，分别为技术替代性融合、技术互补性融合、产品替代性融合和产品互补性融合。

此外，还有学者根据产业融合的过程将其划分为功能融合和机构融合[19]，当顾客认为两个产业的产品具有替代性或互补性时即发生功能融合；而当企业认为两个产业的产品之间存在联系而生产或销售这两个产业的产品时即发生机构融合；在此基础上 Malhotra 将产业融合程度分为三种不同类型，即功能和机构的高度融合、高功能和低机构融合、低功能和高机构融合[12]。Hacklin 等根据融合技术的新奇程度将产业融合分为应用融合、横向融合和潜在融合[20]。

国内学者对产业融合的分类问题也提出了各自的独特见解，如厉无畏将产业融合划分为高新技术的渗透融合、产业间的延伸融合和产业内部的重组融合[21]。胡汉辉和邢华将产业融合划分为产业渗透、产业交叉和产业重组[22]；李美云将产业融合划分为价值链纵向延伸、价值链横向拓展、价值链活动虚拟及价值网式融合[23]。吴义杰将产业融合划分为交叉融合、渗透融合和产业重组[24]。胡金星认为产业融合可以分为微观层次的标准融合和宏观层次的制度融合两类[25]。马健根据产业融合的程度和市场效果，将产业融合分为完全融合、部分融合和虚假融合[26]。胡永佳从产业融合的方向上，将其分为横向融合、纵向融合和混合融合。从产业融合的结果上，将其分为吸收型融合和扩展型融合[27]。周宇和惠宁认为从产业边界的视角，产业融合可分为技术融合、业务融合、运作融合和市场融合；从产业演进视角，产业融合包括高新技术之间相互渗透融合、传统产业之间延伸融合、传统产业内部的重组融合[14]，等等。

可以看出，国外学者对产业融合的划分更多的是基于技术和产品视角，而国内学者则更多的是基于产业和价值链视角。

2. 旅游产业融合的定义

旅游产业融合是旅游企业为满足人们日益增长的多样化旅游消费需求，在追求效益最大的驱动、技术创新的推动和产业政策的促进下，通过与其他产业之间的相互渗透、交叉、重组等融合发展，从而形成旅游新产品、新业态、新产业集群的发展过程[28]。

3. 文旅产业融合的定义

研究认为文化产业与旅游产业之间具有天然耦合性，文化是旅游的根与灵魂，旅游是文化的重要载体，因此提出文旅产业融合的重要思想。所谓文旅产业融合是指文化产业与旅游产业相互渗透、相互交叉，逐渐形成新业态、新产品的过程[29]，具体包括技术、资本、创新、人才、市场、政策等多方面的融合，其目的是更好地推进旅游产业结构转型[30]，因此它本质上是文旅产业之间的要素融合。

文旅产业融合的形式一般表现为旅游演艺、影视旅游、节庆旅游等旅游产业与某单一类型文化产业融合而形成的具体业态，这种融合一方面有利于丰富旅游产业的内涵和外延，提高产业效益，利用深刻的文化要素塑造新的旅游产业与服务的供给；另一方面有利于为文化产业提供广阔的市场，拓展文化产品开发的新渠道，有利于推动文化资源要素的传播，壮大文化市场规模，推动文化产品的延伸与创新。

4. 文旅产业融合的意义

文旅产业融合对旅游产业和文化产业的发展有三方面的积极意义。

第一，有利于保护和传承地方文化。文旅融合有利于深化旅游过程中的文化内涵，推动旅游目的地挖掘、重视当地本土文化，以保护和传承地方文化。

第二，有利于推动旅游产业优化升级。文旅融合实现了用文化支撑、包装和指导旅游，促使旅游产品具有更高的文化创意附加值，实现更大的利润空间，进而完善旅游产业功能，促进旅游产业结构优化升级。

第三，有利于带动相关产业发展，提高旅游产业的乘数效应。文旅融合有利于丰富和提高旅游产品的内容和品质，优化游客的旅游体验质量，吸引更多的旅游者前往消费，进而带动旅游目的地交通、餐饮、住宿、购物和娱乐等旅游相关产业和部门发展，提高旅游产业的乘数效应。

（二）融合的动力机制

1. 动因研究

（1）产业融合发展的动因研究。关于产业融合发展的动因问题，学者们有不同的观点，部分学者认为技术是驱动产业融合的主要驱动力，如 Lei 认为产业间拥有的共同技术基础是产业融合发生的前提条件[31]；但还有部分学者认为产业融合是由多因素驱动的，如 Gillwald 认为产业融合的动因有技术动因、经济动因、垄断的传统理论和管制被削弱、全球化的数字通信网络[32]；Wirtz 认为驱动产业融合的因素有技术因素、管制放松和用户偏好的变化[33]。单元媛和赵玉林认为虽然国外学者对产业融合的驱动力观点不一，但在放松管制、技术创新和扩散、商业模式创新三方面达成了共识[34]。

在国外研究的基础上，国内学者也提出了各自的观点，如周宇和惠宁认为技术创新是产业融合的内在驱动力，市场需求是产业的原始动力，放松管制是产业融合的客观条件，企业追求经济效益是产业融合的力量源泉[14]；陈柳钦认为产业间的关联性和对效益最大化的追求是产业融合的内在动力[35]；沈桂龙认为导致产业融合的根本原因是信息技术的发展，信息技术不仅使得许多产品能够以相同的数字形式出现，而且能够使企业的多种业务基于共同的平台[36]。

（2）文旅产业融合发展的动因研究。邹泉认为湖南省旅游与文化创意产业融合的动因包括环境引导力、需求拉动力和动机推动力[37]。王龙飞和殷小翠认为体育产业与健康产业融合的动因包括需求拉动、技术创新、管理创新和政府管制放松等[38]。侯兵等认为文化和旅游产业深度融合的内部动因有生产互融、技术支持和产业升级，外部动因则有消费需求、体系共享、创意经济、体制与政策五个方面[39]。孟霏和付金路认为文旅产业融合发展的动因包括政策支持、地方经济发展、游客需求、技术创新与基础设施完善[40]。辛欣认为文旅产业融合的动因分为外在驱动力和内在驱动力两大方面[41]。张海燕和王忠云认为文旅产业融合的动因包括企业行为、旅游者需求、政府引导、中介机构发展和市场机制五个方面[42]。

可以看出，虽然现有研究对产业融合动因的阐述各不相同，但动因一般包括内源力、拉动力、推动力、引导力和支持力五个方面。

2. 动力机制

根据产业融合和文旅产业融合动因方面的现有研究，本章构建文旅产业融合的动力机制如图 3-1 所示。

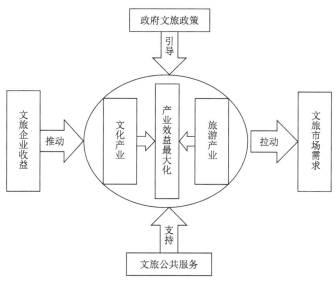

图 3-1　文旅产业融合的动力机制

（1）文旅产业融合的内源力——文旅产业效益最大化。文旅产业融合的内部原动力来自于文化产业和旅游产业之间的内部关联性，以及它们对产业效益最大化的追求。文化产业和旅游产业有着天然的内部联系，旅游是文化传播的载体，文化是旅游的本质灵魂，缺少文化交流的旅游活动是不完整的，两大产业之间的密切关系为文旅产业融合提供了可能性。

产业效益最大化是所有产业发展的目标，而产业创新是提升产业效益的重要途径，它可以通过技术创新和产业结构优化来实现。当新的创新技术在文化产业和旅游产业中运用时，它不仅推动了两大产业的产品创新，还会在两大产业之间产生技术融合，技术融合使它们形成了共同的技术基础，进而使它们之间的边界趋于模糊，最终促使文旅产业融合的实现。

（2）文旅产业融合的拉动力——文旅市场需求。旅游消费者对异地文化的好奇驱使他在旅游过程中会更加关注当地的风俗习惯、人文风情和传统文化，并产生对各种文化产品的需求，这种需求是拉动文旅产业融合的重要动力。为了满足旅游消费者的文化产品需求，刺激当地旅游产业的发展，旅游目的地企业会不断开发、创新文化旅游产品，如举办各类节庆、进行各类演艺活动、开发各种文化创意产品等，最终拉动文旅产业的融合。

（3）文旅产业融合的推动力——文旅企业收益。文旅企业对收益的追逐是推动文旅产业融合的重要动力。文旅企业为了在激烈的市场竞争中获胜，获取最大收益，它们一方面研究文旅市场的旅游需求，并在此基础上开发、创新文旅产品，满足市场需求；另一方面探索文旅企业的跨界战略合作，共同开发市场和产品，同时优化组织结构，推动管理创新，减少交易成本、提高交易效率，实现企业收益最大化。文旅企业对收益的不断追逐促使文化和旅游产业的边界日益模糊，推动文旅产业融合的实现。

（4）文旅产业融合的引导力——政府文旅政策。首先，政府通过颁布文旅产业相关的政策来引导文旅产业的融合，如 2009 年 8 月我国出台了第一份关于促进文化与旅游融合发展的政策性文件——《文化部 国家旅游局关于促进文化和旅游结合发展的指导意见》，文件中提出"加强文化和旅游的深度结合，有助于推进文化体制改革，加快文化产业发展，促进旅游产业转型升级，满足人民群众的消费需求"。党的十八大之后，文旅产业融合的政策引导力度进一步加强，如国务院发布的《"十四五"旅游业发展规划》提出推进"加强文化和旅游业态融合、产品融合、市场融合、服务融合，促进优势互补、形成发展合力"；文化和旅游部发布的《"十四五"文化产业发展规划》中提出"坚持以文塑旅、以旅彰文，推动文化产业和旅游产业深度融合发展"。在文旅产业各项政策的引导下，文化产业和旅游产业在产品、渠道等各个方面进行合作，进一步模糊了两个产业的边界，推动文旅产业的融合。其次，为了更深入地支持引导文旅产业融合，2018 年文化和旅游部正式挂牌，从体制、机制上将文化和旅游两大产业整合到一起，进一步推动文旅产业的真正融合。

（5）文旅产业融合的支持力——文旅公共服务体系。完善的文旅公共服务体系为文旅产业的融合发展提供环境支持。文旅公共服务体系一般包括文旅公共信息服务体系、文旅公共交通基础设施服务体系、文旅安全保障服务体系、文旅公共环境服务体系和文旅公共行政服务体系五个方面。其中，文旅公共信息服务体系主要是为旅游者提供旅游过程中所需要的各种文旅公共信息（如旅游指南、旅游攻略、旅游标识等），它一般包括文旅信息咨询中心、文旅公共服务平台、文旅信息网络服务等；文旅公共交通基础设施服务体系一般包括各类旅游交通服务（包括公路、铁路、水路、航空等）、旅游集散服务、旅游风景道、旅游公共特色交通节点（高速公路服务区等）；文旅安全保障服务体系的主要目的是保障旅游者在旅游过程中的人身、财产安全等，一般包括旅游安全保险、旅游安全预警监控、旅游安全应急救援体系等；文旅公共环境服务体系一般包括文旅环境卫生管理服务、文旅环境质量监测服务等；文旅公共行政服务体系一般包括文旅政策法规、教育培训、服务监督中心、行业标准化服务、便民惠民服务等。

便捷完善的文旅公共服务体系既能发挥旅游公共服务设施的文化传播功能，又能发挥公共文化设施的旅游服务功能，推动文化和旅游公共服务资源的充分融合，进而提高文旅产业的融合效率。

第二节　江苏文化和旅游融合的路径和模式

一、文化和旅游融合发展的路径

（一）文化和旅游融合发展的路径研究

1. 产业融合发展的路径研究

纵观国外学者的相关研究，发现产业融合发展的路径主要有：以市场需求为主线形成的产业融合路径、以知识扩散为主线形成的产业融合路径和以科学技术交叉渗透为主线形成的产业融合路径[34]。如 Gambardella 和 Torrisi 认为产业融合一般要经过技术融合、业务与管理融合、市场融合三个阶段。这些阶段既可能是前后相互衔接，也可能是同步相互促进。但如果只有技术融合，而无业务融合或是市场融合，产业融合就不会实现[43]。Hacklin 等将产业融合分为四个阶段：知识融合阶段、技术融合阶段、应用融合阶段和产业融合阶段[44]。Curran 等认为产业融合的路径为科学融合—技术融合—市场融合—产业融合[45]。

国内学者基本认可了上述观点，如周宇和惠宁认为产业融合的过程包括技术、产品与业务、运作、市场等环节的融合，这几个阶段前后相互衔接也可能相互促进[14]；张功让和陈敏姝认为产业融合的过程是往复循环的过程，一次融合的实现不代表融合的终止，在新技术和新需求推动下，还会开始新的融合[46]；何立胜和李世新认为，产业融合是不同产业的不同行业相互交叉、相互渗透，逐渐融为一体，形成新型产业形态的动态发展过程，在其中既有产业可能会退化、萎缩，乃至消失[47]。

可见，现有文献均认为产业融合是一个动态发展的过程，它的路径会涉及技术融合、产品融合、企业融合、市场融合等阶段。

2. 文旅产业融合发展的路径研究

文旅产业融合的路径问题是当前文旅融合研究的重点问题，不同的学者提出了不同的观点，如陶丽萍和徐自立认为文化产业和旅游产业融合的路径有资源共享、市场开拓、技术渗透和产品功能互补[48]；张娜等提出了旅游与文化知识产权（intellectual property，IP）融合的路径，包括旅游+影视 IP、旅游+综艺 IP、旅游+动漫 IP、旅游+历史名人 IP[49]；赵蕾和余汝艺依照两大产业资源整合中的角色定位与融合层次，提出整合型、吸纳型、渗透型、重组型四种融合路径[50]；关丽萍等提出文旅融合发展的路径为资源本体文化特色为导向、信息技术为手段、产品体系为支撑、社区参与为内生力、文化创意为翅膀五大路径[51]；康小青认为农林文旅康融合的路径包括功能融合、市场融合、创新融合、资金融合和人才融合[52]；金海龙和章辉认为除此外还有服务融合、产业链融合和组织融合等[53]。

还有学者针对某一具体地区提出其文旅融合的路径，如刘星认为贵州省文旅融合应着眼于产业链的融合，从生产要素、产品生产和市场营销等环节来实现[54]。苑永琴从知识管理的角度提出山西省文旅产业融合发展的路径包括：以人为本的管理理念、以文化资产为主的发展策略和建立文旅融合管理体系[55]。罗旦提出井冈山市文旅融合发展的路径包括资源融合路径、技术融合路径、市场融合路径、渠道融合路径和企业融合路径[6]。

王琴和黄大勇认为现有的文旅融合的路径大多都符合要素融合、业务融合、管理融合、产品融合、市场融合、业态融合的逐级递进关系，以便推进不同产业设计、生产、销售等环节的渗透和交叉，形成创新性的融合型产品[56]。

可以看出，虽然现有研究对文旅融合的路径阐述不一，但是基本都包含技术、资源、产品、企业和市场等方面的融合，这与产业融合的路径相符。

（二）文化和旅游融合发展的路径构建

根据现有研究，结合文化产业和旅游产业的发展现实，本章构建文旅产业融合发展的路径如图 3-2 所示。

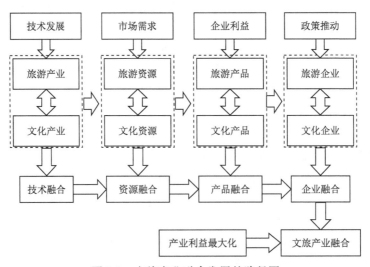

图 3-2　文旅产业融合发展的路径图

先进技术特别是数字技术在文化产业和旅游产业之间渗透和扩散，使它们的界限趋于模糊。在信息数据的采集、存储、传输、接收等环节上，原本属于旅游产业或文化产业的信息产品的技术基础有着趋同倾向。当两个产业所有的信息部门都采用共同的数字基础后，这些部门就可以畅通无阻地交流了。随着互联网与云计算、宽带和智能终端等新技术的融合，高质量、智能化、跨界融合的互联网文旅平台迅速发展。

技术融合使旅游产业和文化产业有了共同的技术基础，为其资源融合提供了可能性，而市场需求则推动了旅游产业与文化产业资源融合的实现，一方面旅游者在旅游过程中希望增加文化内涵，获取更多的文化知识；另一方面，人们在学习、欣赏文化知识的同时，也希望能通过视觉、语言，甚至实地探访等多种方法进行深入学习和了解这些知识。文旅融合的市场需求推动了旅游资源和文化资源的融合，旅游资源中开始逐渐加入了文化的因素，而文化资源中也添加了图像、视频等旅游因素。

文旅产业资源的融合为文旅产品融合奠定了基础，而文旅企业对收益最大化的追逐促使其根据市场需求开发相应的文旅产品，如演艺旅游产品、节庆旅游产品、旅游文化创意产品等，推动了文旅产品融合的实现。

文旅产品融合使文旅企业之间的联系更加密切，甚至逐渐打破文旅企业的边界，文旅企业间收购、兼并等融合的欲望日益强烈，但在政府政策制度的约束下，这一融合的进程非常缓慢，而随着政府促进文旅产业融合的政策制度的发布，文旅企业融合的制度障碍逐渐消失，文旅企业融合会迅速实现。

随着文旅企业融合的不断发展，文化产业和旅游产业的产业边界开始逐渐模糊，为了实现文旅产业利益最大化，文旅产业融合终将得以实现。

二、文化和旅游融合发展的模式

（一）文旅产业融合发展的模式研究

在文旅产业融合的模式研究方面，金海龙和章辉将现有研究总结为三种：路径要素模式研究、子产业模式研究和地域个案模式研究[53]。

路径要素模式侧重于从融合路径和融合要素的角度研究旅游产业与文化产业的融合模式，如屈小爽和李小娟认为文旅产业融合的发展模式为渗透型、延伸型和重构型[57]；朱海艳从动力的角度将文旅产业融合分为主动融合、互动融合和被动融合三种模式[58]；陆蓓从产业链的角度将其分为延伸型融合、重组型融合、渗透型融合和一体化融合四种模式[59]；田里和张鹏杨从融合"界面-过程-结果"的角度将其分为跨界融合、混业融合和创业融合三种模式[60]。

子产业模式是对文旅产业的具体子产业（如创意产业、动漫业等）之间的融合的专门研究，如华钢将文化创意产业与旅游产业融合的模式总结为渗透型、重组型和延伸型[61]；崔文娟总结了我国演艺与旅游产业融合的模式为实地型、景区型、剧院型和会展型[62]。

地域个案模式研究较多，学者针对具体的研究区域因地制宜地提出相应的文旅产业融合模式，如张俊英认为民族地区文化产业与旅游产业融合发展的合理模式为"民众自觉、企业主导"[63]；尹华光等认为武陵山片区存在延伸型模式、重组型模式和一体化模式三种文旅融合模式[64]；邹芸以成都为例将文旅融合发展分为产业渗透、产业重组和产业延伸三大模式[65]；程晓丽和祝亚雯认为安徽文旅产业融合存在重组融合、渗透融合和延伸融合三种模式[66]。

可以看出，不管是子行业模式研究，还是地域个案模式研究，在文旅产业融合方面基本采用的是路径要素模式，这一般包括渗透融合模式、延伸融合模式和重组融合模式三种，这也是当前我国文旅产业融合的主要模式。

（二）文旅产业融合发展的模式构建

基于上述研究，本章认为适合我国文旅产业融合发展的模式包括以下三种。

1. 文旅产业渗透融合模式

（1）文化产业向旅游产业渗透。文化产业企业采用特定的表现手法、制作手段以及虚拟现实技术，将文化创意元素渗透到传统旅游产品中，尤其是自然风景和人文古迹类景观，在创意的世界里打造真实的景点，在真实的景点里营造创意的世界，丰富旅游产品的内容。例如，《国家宝藏》播出后，故宫博物院以及八家国家级博物馆（院）参观量平均增加50%，"为一座博物馆赴一座城"成为旅游打卡新趋势[67]。

（2）旅游产业向文化产业渗透。旅游产业向文化创意产业进行渗透，赋予影视基地、动漫基地等文化创意生产基地以旅游功能，促进文化资源向文化产品的转换，大大提升文化资源进入市场的速度和力度，解决文化创意产业发展的瓶颈，通过产业功能的互补来实现两者的融合。例如，日本北荣町是《名侦探柯南》作者青山刚昌的出生地，整个小镇完全围绕柯南IP打造，柯南的身影遍布北荣町的大街小巷：柯南大道、柯南大桥，连路标、指示牌、浮雕铜像、井盖也以柯南为主题。小镇上的柯南侦探社，是柯南纪念品商店，可供游客购买柯南周边的各种商品，商店里的糖果、手机链、帽子、T恤全都以柯南为主题。

2. 文旅产业延伸融合模式

根据产业融合理论，文化产业和旅游产业可以突破原有的产业边界，实现文旅产业的共赢。一方面，由文化产业将其产业价值链向旅游产业延伸，凭借文化产品的强大吸引力提升旅游产业的创新能力；另一方面，旅游产业积极向文艺演出业、娱乐文化服务业、影视广播、节庆会展、创意文化等相关行业延伸，推进文化产业的产业化进程，提升文化产品的文化价值和商业市场价值。两大产业运营成功与否靠的是一批实力雄厚、有较强市场竞争能力的大型文化集团。

例如，坐落于历史文化古都西安的大唐不夜城，就是依托浓厚的历史氛围和建筑风格，对街区硬件建设和基础配套设施升级改造，以"夜游文化"和"唐文化"为引擎撬动旅游需求；同时通过举办文化活动，融入商业、休闲、娱乐、体验等元素，带动周边 7 个商场和 40 个酒店客流，2000 多家餐饮营收提高，实现文旅深度融合，并推动整个区域土地增值及地产溢价。

3. 文旅产业重组融合模式

以节庆和会展等作为产业融合的纽带，通过产业活动重组实现文旅产业的融合。凭借节庆展会的设施平台吸引大量人流，借助举办地的各种旅游资源，通过两大产业资源的整合、产业活动的重组，以各种文化创意体验活动或项目为表现形式，打造出全新的文化旅游产业形态。这样既可提升举办地的旅游形象，吸引游客，又可有效地销售、传播文化创意产品，推动两大产业的快速发展。

例如，山东省济宁市是著名的"孔孟之乡、运河之都"，先后诞生了孔子、孟子、颜子、曾子、子思子五大圣人，它通过演艺《金声玉振》《微山湖》《礼门义路》等文化演艺节目，开发运河泛舟、梁山习武、微湖听涛等富有地方特色的旅游项目等方式，设计文化灯会、赛诗会等重要节庆活动，将儒家文化、运河文化、水浒文化、黄河文化等融入旅游产品中，通过"旅游+文化""旅游+节庆""旅游+直播""旅游+美食""旅游+交通"……的串联发展，连点成片，推动当地文旅融合发展的新气象。

第三节　江苏文化和旅游融合发展的效果评价

一、融合的发展效果

（一）产业融合度

产业融合程度是指产业在融合过程中，产业间相互渗透、相互交叉的程度及产业链的延伸程度，体现为技术之间的结合、新产品的出现及市场规模的扩展。学术界现有的融合程度测算方法主要包括赫芬达尔-赫希曼指数（Herfindahl-Hirschman index，HHI）、灰色关联分析法、层次分析法（analytic hierarchy process，AHP）以及专利系数法[68]。

（二）文旅产业融合度研究

文旅产业融合效果的研究以实证为主，一般通过建立指标体系及模型进行分析，采用较多的方法有投入产出法、灰色关联度法和耦合协调模型[69]，如古冰基于投入产出法和人工神经网络（artificial neural network，ANN）模型，分析了我国文旅产业融合度[70]；唐慧采用灰色关联度法，分析了新疆文旅两大产业之间的联系程度[71]；方忠和张华荣运用耦合协调度模型分析了福建省文旅产业融合效果[72]。

二、评价模型构建

（一）发展水平评价模型

1. 数据的标准处理

首先，为消除指标数据间的量纲关系，从而使数据具有可比性，采用极差标准化方法对其进行无量纲化处理。

正向指标：
$$u_{ij} = \frac{x_{ij} - x_{j\min}}{x_{j\max} - x_{j\min}} + 0.01$$

负向指标：
$$u_{ij} = \frac{x_{j\max} - x_{ij}}{x_{j\max} - x_{j\min}} + 0.01 \qquad (3\text{-}1)$$

式中，x_{ij} 为某系统中第 i 年的第 j 项指标原始值；$x_{j\max}$ 为该指标的最大值；$x_{j\min}$ 为最小值；u_{ij} 表示经过无量纲化处理后的新数据。为避免熵值计算过程中出现无意义情况，统一加 0.01 进行非负化处理。

2. 确定指标权重

指标权重用熵值法求得，具体方法如下：

$$s_{ij} = u_{ij} / \sum_{i=1}^{m} u_{ij} \qquad (3\text{-}2)$$

$$h_j = -\frac{1}{\ln m} \sum_{i=1}^{m} s_{ij} \ln s_{ij} \qquad (3\text{-}3)$$

$$a_i = 1 - h_j \qquad (3\text{-}4)$$

$$w_j = a_j / \sum_{j=1}^{n} a_j \qquad (3\text{-}5)$$

式中，s_{ij} 为第 i 年的第 j 项指标比重；h_j、a_j、w_j 分别为第 j 项指标的熵值、差异系数和权重。

3. 建立文化产业与旅游产业综合评价模型

设 u_i 为第 i 年文化产业及旅游产业的发展水平，则计算公式为

$$u_i = \sum_{j=1}^{n} w_j u_{ij} \qquad (3\text{-}6)$$

（二）发展关系评价模型

耦合描述的是两个或以上的系统互相作用、影响的现象，当两个系统相互协调时叫良性耦合，反之则为不良耦合。耦合度是指两系统之间互相影响的程度，协调则是指不同系统间的相互关联性和互相配合的程度。耦合协调度能够表示系统间发展的协调程度，它的值可以用来表示系统的无序走向有序的变化过程[73]。

1. 耦合度模型

本章借鉴颜鑫[73]的研究成果，运用变异系数 CV 作为研究与推导耦合模型的基础，来描述不同单位数据的离散程度。计算公式如下：

$$CV = \frac{S}{\overline{X}} = \frac{\sqrt{\frac{1}{n}\sum_{i=1}^{n}(X_i - \overline{X})^2}}{\overline{X}} = 2\sqrt{\left(\frac{X-Y}{X+Y}\right)^2} = \sqrt{\left[1 - \frac{4XY}{(X+Y)^2}\right]^2} \qquad (3\text{-}7)$$

式中，CV 为变异系数，CV 越小，离散程度越低，分析公式可知，当 $(X+Y)^2$ 越小，CV 越大。所以这里将耦合度定义为

$$C = \left[\frac{4U_1 U_2}{(U_1 + U_2)^2}\right]^{\theta} \qquad (3\text{-}8)$$

式中，C 为耦合度；θ 为调节系数；U_1 为文化产业通过熵值法计算出的综合发展水平得分；U_2 为旅游产业通过熵值法计算出的综合发展水平得分；C 值的范围在 $[0, 1]$。

C 的值表示耦合度，其值越大，表示文化产业与旅游产业这两个系统之间的耦合程度越高，反之则越低。借鉴以往成果，θ 取值一般为 0.5，则公式为

$$C = \left\{\frac{4U_1 \times U_2}{(U_1 + U_2)^2}\right\}^{\frac{1}{2}} \qquad (3\text{-}9)$$

根据现有研究，耦合度 C 的等级划分标准如表 3-2 所示。

表 3-2　耦合度等级划分

耦合度 C	$[0, 0.3)$	$[0.3, 0.5)$	$[0.5, 0.8)$	$[0.8, 1]$
耦合等级	低度	较低	较高	高度

2. 耦合协调度模型

耦合度模型只测量了文化产业和旅游产业之间的联系紧密程度，不能体现二者融合、协调发展情况，且存在系统之间耦合度数值很大，但耦合协调度却不高的特殊情况。为更科学地研究文旅产业融合发展阶段，应进一步构建耦合协调度模型来衡量文化产业与旅游产业融合的现状。参照程质彬[74]的研究，该模型如下：

$$T = \alpha u_1 + \beta u_2 \qquad （3-10）$$

式中，T 为文旅产业融合的综合协调指数，衡量文旅两大产业总体发展水平在耦合协调度模型中的贡献大小；α 和 β 表示文旅产业在模型中测度时各自的重要程度，参照程质彬[74]的研究，认为二者重要性同等，取值皆为 0.5。

$$D = \sqrt{C \times T} \qquad （3-11）$$

式中，C 为文化产业与旅游产业的耦合度；D 为两大产业的耦合协调度。

参考廖重斌[75]提出的"十分法"，将文旅产业耦合协调度划分为十个发展等级，并归纳为三种协调水平，如表 3-3 所示。

表 3-3　耦合协调度

耦合协调度 D	耦合协调发展等级	耦合协调水平
$[0, 0.1)$	极度失调	
$[0.1, 0.2)$	严重失调	低水平耦合协调
$[0.2, 0.3)$	中度失调	
$[0.3, 0.4)$	轻度失调	
$[0.4, 0.5)$	濒临失调	
$[0.5, 0.6)$	勉强协调	中水平耦合协调
$[0.6, 0.7)$	初级协调	
$[0.7, 0.8)$	中级协调	
$[0.8, 0.9)$	良好协调	高水平耦合协调
$[0.9, 1]$	优质协调	

三、江苏省文化和旅游融合效果实证研究

（一）江苏省文旅产业融合现状

1. 成就

一方面，江苏省文化产业和旅游产业资源丰富，实力雄厚，具有文旅产业融合的先天优势；另一方面，江苏省政府高度重视文旅产业融合，采取了诸多措施来推动文旅产业融合发展，具体包括：

（1）完善文旅产业组织管理机构。江苏省积极响应国家文旅产业融合的号召，于 2018 年率先组建江苏省文化和旅游厅，并在其指导下相继成立各市文化和旅游局，实现文旅产业的统一管理，从组织机构上为文旅产业融合发展保驾护航。

（2）颁布文旅产业发展政策措施。近年来，江苏省出台了不少促进文旅产业发展的政策文件，如《省政府办公厅关于促进文化和旅游消费若干措施的通知》《江苏省文化和旅游厅关于促进文化和旅游产业融合发展的指导意见》《江苏省大运河文化旅游融合发展规划》等，从规划、创建、投资、消费、管理、标准等多方面引导江苏文化与旅游产业发展，推动了文旅产业融合。

（3）举办大型文旅节庆活动。为了推动文旅产业的发展，江苏省积极举办文化和旅游节庆活动，如紫金文化艺术节、南京文化艺术节、无锡太湖艺术节、扬州"烟花三月"国际经贸旅游节、镇江金山文化旅游节、徐州汉文化旅游节、盐城丹顶鹤国际湿地生态旅游节、非遗购物节、乡村旅游节等。这些节庆活动将文化与旅游相结合，既提高了节庆活动的综合效益，也提升了江苏文旅形象和各城市品牌形象。

（4）积极推进文旅重点项目。近年来，江苏省越来越重视和支持文旅重点项目发展，先后从资金、政策等多方面支持和引导文旅项目的建设与实施。如2021 年 2 月江苏省文化和旅游厅发布《关于公布 2021 年江苏省重点文化和旅游产业项目的通知》，明确了 70 个重点建设投资的文旅项目，这些项目总投资额 2858 亿元，内容涵盖文旅融合发展、旅游区域提升、红色旅游开发、乡村旅游重点村建设、旅游风情类特色小镇与古镇开发、科技赋能、文旅新业态培育等多个方面。

（5）创新开发文旅产品，加大宣传文旅品牌。近年来，江苏省一方面不断创新文旅产品，满足旅游者的文化旅游需求，另一方面，充分利用各种新媒体、新技术宣传本省文旅品牌，提升文旅产业的知名度。例如，江苏省在全球推广"水韵江苏"品牌，举办"水韵江苏·又见美好""畅游长三角·美好新感受"等主题游活动；同时结合本省夜游经济发展要求，开发南京"夜之金陵"、苏

州"姑苏八点半"、无锡"今夜'梁'宵"、常州"龙城夜未央"、泰州"一梦到溱湖"、扬州"二分明月忆扬州"等夜经济品牌，进一步丰富和完善文旅产品。

在政府部门的积极推动下，江苏省文旅产业取得了良好的成绩，2023年全省接待境内外游客人次、旅游总收入分别同比增长81.2%、45.7%。按可比口径，较2019年同比增长8.6%、1.7%①。

2. 存在的问题

虽然江苏省文旅产业融合取得了良好的成绩，但是仍然存在一些问题。

（1）体制机制与文旅产业融合的需要不匹配。由于文旅产业融合涉及范围广，需要多部门协调配合，但是在现实中，江苏省各相关部门之间的协调配合程度有限，不能满足文旅深度融合的需要，旅游融合的政策配合力有待进一步加强。

（2）文旅产业融合不够全面和深入。目前江苏省文旅产业融合的形式主要有两种，一种表现为文化与旅游的静态结合，如在旅游地出售创意文化产品；另一种表现为文化与旅游的初步融合，如在旅游地进行文化演艺活动。而文旅产业的深度融合，即沉浸式"旅游+文化"的融合产品较为缺乏。

（3）文旅产业融合的复合型人才匮乏。文旅人才的融合是文旅产业融合的重要前提，但江苏省文旅产业发展较快，而人才培养速度滞后，导致那些既擅长旅游工作，又精通文化的文旅融合型人才匮乏，文旅人才的匮乏进一步影响了文旅产业融合的深入发展。

（二）江苏省文旅产业融合效果评价

1. 评价指标的选取

学者们根据研究需要构建了不同的文化产业和旅游产业发展的测评指标体系，如程质彬将指标体系分为一级指标和二级指标，具体包括产业绩效、机构数量和从业人员数量3个一级指标以及23个二级指标，其中文化产业13个二级指标，旅游产业10个二级指标[74]。岳芳敏和黄守岙的指标体系包括经济效益、机构数量和市场规模3个一级指标以及18个二级指标，其中旅游产业和文化产业各9个二级指标[15]。在罗旦的指标体系中，文化产业包括文化产业人数、文化活动数和文化产业总收入三个指标，旅游产业包括旅游从业人员、星级饭店数、旅游总人次、旅游产业总收入四个指标[6]。王琴和黄大勇的指标体

---

① 文旅业强势复苏！2023年江苏旅游游览和娱乐服务营业收入同比增长83.7%[EB/OL]. https://www.xdkb.net/p1/js/j9lo1/457588.html[2022-10-30].

系中包括产业绩效和产业要素水平两个一级指标，以及 23 个二级指标，其中旅游产业 11 个指标，文化产业 12 个指标[56]。本章在参考以上分类的基础上，根据可获得数据的可能性，将文化产业和旅游产业发展的测评指标分为经济效益和生产要素水平两个一级指标以及 20 个二级指标，具体见表 3-4。

　　在确定旅游产业和文化产业评价指标的基础上，式（3-1）～式（3-5）对各个指标赋予了相应的权重（表 3-4）。本章数据来源于历年《中国旅游统计年鉴（副本）》和《中国统计年鉴》。

表 3-4　文化产业和旅游产业发展的测度指标

产业	一级指标	二级指标	权重
旅游产业测度指标	经济效益	国内旅游收入（亿元）	0.05
		旅游外汇收入（万美元）	0.04
		接待的国内旅游人次（万）	0.05
		接待的海外旅游者人次	0.07
	生产要素水平	旅行社数量（家）	0.07
		星级饭店数量（家）	0.03
		星级饭店从业人员（人）	0.03
		旅行社从业人员（人）	0.12
文化产业测度指标	经济效益	艺术表演团体演出场次（万）	0.04
		艺术表演场馆演出次数（万）	0.03
		公共图书馆总流通人次（万）	0.05
		博物馆参观人次（万）	0.04
		规模以上文化及相关产业企业营业收入（万元）	0.04
	生产要素水平	公共图书馆数（个）	0.04
		博物馆数（个）	0.04
		艺术表演团体数（个）	0.07
		艺术表演馆数（个）	0.05
		规模以上文化及相关产业企业数（个）	0.04
		博物馆从业人员（人）	0.05
		规模以上文化及相关产业单位从业人员（人）	0.05

2. 数据分析和结论

　　本章利用软件 SPSSAU 计算文旅产业融合度和融合协调度，结果如表 3-5

所示。江苏省文化产业和旅游产业历年的耦合度值均高于 0.9，说明江苏省这两个产业高度耦合；但是在耦合协调度方面，虽然近年来有逐渐上升的趋势，但是总体仍然处于较低水平，说明江苏省的文化产业和旅游产业虽然关系密切，但是它们之间融合发展的程度不高，还处于初级协调阶段，今后仍然需要加大两个产业之间的融合。

表 3-5　江苏省文化产业和旅游产业两系统融合程度（2013～2019 年）

年份	U_1	U_2	耦合度 C	耦合协调度 D	耦合协调程度
2013	0.0462	0.0646	0.986	0.234	中度失调
2014	0.1113	0.0844	0.991	0.311	轻度失调
2015	0.2525	0.1076	0.915	0.406	濒临失调
2016	0.3445	0.2629	0.991	0.549	勉强协调
2017	0.4455	0.2695	0.969	0.589	勉强协调
2018	0.4030	0.3134	0.992	0.596	勉强协调
2019	0.4202	0.3520	0.996	0.620	初级协调

（三）江苏省文旅产业融合发展对策建议

结合江苏省文旅产业融合的现状，本章认为江苏省文旅产业融合应是以文旅产品创新为核心、文旅企业融合为主导、文旅政策推动为助力，并充分利用技术、资金、人才等多种资源，借助多方力量、全方位共同发展的路径模式。具体包括：

1. 借助新技术整合文旅资源，创新文旅产品

大数据、人工智能（artificial intelligence，AI）技术、光影技术等新技术的发展进一步模糊了文化产业和旅游产业的技术边界，为它们的产业融合奠定了技术基础。江苏省文旅产业融合过程中，可以借助、利用这些新技术，将其运用到旅游目的地、旅游景区，甚至旅游演艺、旅游商品中，创新开发文旅产品，满足文旅消费者的多元化新需求，为文旅企业融合奠定市场基础。

2. 加强文旅企业跨界合作，丰富完善文旅产业链

完善的文旅产业链是文旅产业深度融合发展的要求，而文旅企业是串联文旅产业链各个环节的核心要素，因此江苏省文旅产业融合发展需要鼓励文旅企业跨界、跨区域合作，从横向或纵向拓宽、延伸文旅产业链条。具体来说，一方面政府主管部门要提供政策、资金支持，引导和推动文旅企业跨界、跨区域合作；另一方面，文旅企业要解放思想，打破固有观念，融入跨界思维和创新思维，积极运用大数据、人工智能等先进技术，创新消费供应链、数据供应链、制造供应链和金融供应链等文旅产业链条，推动文旅产业融合的深度发展。

3. 规范政府职能，加大文旅产业制度供给

首先，政府主管部门要牢固树立文旅产业融合的理念，并将其运用到文旅产业融合发展中去；其次，政府主管部门要明确自身职责，减少微观干预，从宏观上把握文旅产业融合的方向，并加大政策供给，制定文旅产业融合政策，规范文旅企业行为，在资金、税收、政策等方面给予文旅企业扶持与帮助，为文旅产业融合发展提供良好的制度环境。

4. 整合多方资源，全面助力文旅产业融合发展

文旅产业融合发展不仅需要文旅企业和相关政府主管部门自身的努力，还需要金融机构、大专院校、研究院所等社会多方力量的支持与帮助，如文旅融合发展所需要的文旅复合型人才需要大专院校培养。因此文旅产业融合发展不应局限在文旅产业内部，它是社会发展的一部分，离不开社会大环境的支持，只有明确这一点，江苏省才能真正实现文旅产业的深度融合。

参 考 文 献

[1] Leiper N. The framework of tourism: Towards a definition of tourism, tourist, and the tourist industry[J]. Annals of Tourism Research, 1979(12): 390-407.

[2] Wilson K. Market/industry confusion in tourism economic analyses[J]. Annals of Tourism Research, 1998, 25(4): 803-817.

[3] 谢彦君. 论旅游的本质与特征[J]. 旅游学刊, 1998, 13(4): 41-44, 63.

[4] 余洁. 文化产业与旅游产业[J]. 旅游学刊, 2007, 22(10): 9-10.

[5] 张凌云. 试论有关旅游产业在地区经济发展中地位和产业政策的几个问题[J]. 旅游学刊, 2000, 15(1): 10-14.

[6] 罗旦. 井冈山市文化产业与旅游产业融合发展研究[D]. 南昌：江西财经大学, 2020.

[7] 林拓, 李惠斌, 薛晓源. 世界文化产业发展前沿报告[M]. 北京：社会科学文献出版社, 2004.

[8] Yoffie D B. Introduction: CHESS and competing in the age of digital convergence[C]. Boston: Competing in the Age of Digital Convergence, 1997: 1-35.

[9] Rajan G R, Zingales L. Financial dependence and growth[J]. American Economic Review, 1998, 88(3): 559-586.

[10] Lind J. Convergence: history of term usage and lessons for firm strategists[R]. Stockholm: Stockholm School of Economics, Center for Information and Communications Research, 2004.

[11] 李美云. 国外产业融合研究新进展[J]. 外国经济与管理, 2005, 27(12): 12-20, 27.

[12] Malhotra A. Firm strategy in converging industries: An investigation of US commercial bank

responses to US commercial investment banking convergence[D]. Maryland: Doctorial thesis of Maryland University, 2001.

[13] 蒋自强, 史晋川, 等. 当代西方经济学流派[M]. 2 版. 上海: 复旦大学出版社, 2001: 35-38.

[14] 周宇, 惠宁. 试论产业融合的动因、类型及其对经济发展的影响[J]. 山西师大学报(社会科学版), 2014, 41(5): 56-60.

[15] 岳芳敏, 黄守丕. 广东文旅产业融合发展实证研究[J]. 广东行政学院学报, 2020, 32(3): 88-98.

[16] Greenstein S, Khanna T. What does industry convergence mean? [C]//Yoffie D: Competing in the Age of Digital Convergence. Boston:Perseus Distribution Services, 1997: 201-226.

[17] Pennings J M, Puranam P. Market convergence and firm strategy: New directions for theory and research[C]. Eindhoven: ECIS Conference, the Future of Innovation Studies, 2001.

[18] Stieglitz N. Industry dynamics and types of market convergence[R]. Copenhagen: Paper to be presented at the DRUID Summer Conference on "Industrial Dynamics of the New and Old Economy-who is embracing whom", 2002: 1-6.

[19] 陈兰. 我国三网融合问题及对策研究[D]. 成都: 西南财经大学, 2012.

[20] Hacklin F, Raurich V, Marxt C. Implications of technological convergence on innovation trajectories: The case of ICT Industry[J]. International Journal of Innovation and Technology Management, 2005, 2(3): 313-330.

[21] 厉无畏. 产业融合与产业创新[J]. 上海管理科学, 2002, 24(4): 4-6.

[22] 胡汉辉, 邢华. 产业融合理论以及对我国发展信息产业的启示[J]. 中国工业经济, 2003(2): 23-29.

[23] 李美云. 基于价值链重构的制造业和服务业间产业融合研究[J]. 广东工业大学学报(社会科学版), 2011, 11(5): 34-40.

[24] 吴义杰. 产业融合理论与产业结构升级: 以江苏信息产业转变发展方式为例[J]. 江苏社会科学, 2010(1): 248-251.

[25] 胡金星. 产业融合的内在机制研究[D]. 上海: 复旦大学, 2007.

[26] 马健. 产业融合识别的理论探讨[J]. 社会科学辑刊, 2005(3): 86-89.

[27] 胡永佳. 产业融合的经济学分析[D]. 北京: 中共中央党校, 2007.

[28] 刘祥恒. 云南农业旅游发展分析: 基于产业融合背景[J]. 郑州航空工业管理学院学报, 2015, 33(5): 63-69.

[29] 华华. 丽水古堰画乡景区文化与旅游产业融合发展的经验与启示[D]. 桂林: 广西师范大学, 2019.

[30] 李锋, 陈太政, 辛欣. 旅游产业融合与旅游产业结构演化关系研究: 以西安旅游产业为例[J]. 旅游学刊, 2013, 28(1): 69-76.

[31] Lei D T. Industry evolution and competence development: The imperatives of technological convergence[J]. International Journal of Technology Management, 2000, 19(7/8): 699.

[32] 郁明华, 陈抗. 国外产业融合理论研究的新进展[J]. 现代管理科学, 2006(2): 36-38.

[33] Wirtz B W. Reconfiguration of value chains in converging media and communications markets[J]. Long Range Planning, 2001, 34(4): 489-506.

[34] 单元媛, 赵玉林. 国外产业融合若干理论问题研究进展[J]. 经济评论, 2012(5): 152-160.

[35] 陈柳钦. 产业融合的发展动因、演进方式及其效应分析[J]. 西华大学学报(哲学社会科学版), 2007, 26(4): 69-73.

[36] 沈桂龙. 产业融合及其对产业组织的影响[J]. 上海经济研究, 2008, 20(8): 38-43.

[37] 邹泉. 湖南旅游与文化创意产业融合发展动因及策略研究[J]. 市场周刊, 2020(4): 38-39.

[38] 王龙飞, 殷小翠. 健康中国战略下体育产业与健康产业融合发展的动因与路径研究[J]. 体育学研究, 2020, 34(3): 34-39.

[39] 侯兵, 杨君, 余凤龙. 面向高质量发展的文化和旅游深度融合: 内涵、动因与机制[J]. 商业经济与管理, 2020(10): 86-96.

[40] 孟霏, 付金路. 产业融合视角下的民族地区文旅产业互动发展研究: 以湘西土家族苗族自治州为例[J]. 遵义师范学院学报, 2017, 19(3): 45-50.

[41] 辛欣. 文化产业与旅游产业融合研究: 机理、路径与模式: 以开封为例[D]. 开封: 河南大学, 2013.

[42] 张海燕, 王忠云. 旅游产业与文化产业融合运作模式研究[J]. 山东社会科学, 2013(1): 169-172.

[43] Gambardella A, Torrisi S. Does technological convergence imply convergence in markets? Evidence from the electronics industry[J]. Research Policy, 1998, 27(5): 445-463.

[44] Hacklin F, Marxt C, Fahrni F. An evolutionary perspective on convergence: Inducing a stage model of inter-industry innovation[J].International Journal of Technology Management, 2010, 49(1/2/3): 220-249.

[45] Curran C S, Bröring S, Leker J. Anticipating converging industries using publicly available data[J]. Technological Forecasting and Social Change, 2010, 77(3): 385-395.

[46] 张功让, 陈敏姝. 产业融合理论研究综述[J]. 中国城市经济, 2011(1): 67-68.

[47] 何立胜, 李世新. 产业融合与产业竞争力相关研究[J]. 商丘师范学院学报, 2005, 21(3): 81-84.

[48] 陶丽萍, 徐自立. 文化与旅游产业融合发展的模式与路径[J]. 武汉轻工大学学报, 2019, 38(6): 85-90.

[49] 张娜, 徐童, 葛学峰. 产业融合背景下 "旅游+文化 IP" 融合路径研究[J]. 对外经贸, 2019(10): 66-68.

[50] 赵蕾, 余汝艺. 旅游产业与文化产业融合的动力系统研究[J]. 安徽农业大学学报(社会科学版), 2015, 24(1): 66-71.

[51] 关丽萍, 慕慧洁, 孟庆刚. 文化与旅游融合发展路径研究[J]. 旅游纵览(下半月), 2019(18): 28-29.

[52] 康小青. 山西省农林文旅康产业融合发展路径研究[J]. 旅游纵览(下半月), 2018(22): 175.

[53] 金海龙, 章辉. 我国文化产业与旅游产业融合研究综述[J]. 湖北理工学院学报(人文社会科学版), 2015, 32(2): 23-28.

[54] 刘星. 贵州省文旅产业融合发展的基础与路径研究[J]. 贵州商学院学报, 2018, 31(3): 21-28.

[55] 苑永琴. 基于知识管理的山西省文旅产业融合发展的路径研究[J]. 智库时代, 2018(43):

14-15.

[56] 王琴, 黄大勇. 旅游产业与文化产业融合发展态势测度与评价: 以重庆市为例[J]. 广西经济管理干部学院学报, 2019, 31(2): 68-74, 82.

[57] 屈小爽, 李小娟. 河南省文化产业与旅游产业互动关系研究[J]. 科技信息, 2010(36): 378-379.

[58] 朱海艳. 旅游产业融合模式研究[D]. 西安: 西北大学, 2014

[59] 陆蓓. 中国旅游产业融合研究: 以杭州市会展旅游为例[D]. 杭州: 浙江大学, 2011.

[60] 田里, 张鹏杨. 旅游产业融合的文献综述与研究框架构建[J]. 技术经济与管理研究, 2016(9): 119-123.

[61] 华钢. 文创产业与旅游产业的灰色关联度分析: 基于产业融合的杭州视角[J]. 嘉兴学院学报, 2014, 26(4): 27-32.

[62] 崔文娟. 基于旅游者行为分析的旅游业态创新研究: 以"印象·刘三姐"为例[D]. 桂林: 广西师范大学, 2012.

[63] 张俊英. 民族地区旅游产业与文化产业融合模式研究: 以青海互助为例[J]. 鞍山师范学院学报, 2019, 21(5): 20-26.

[64] 尹华光, 王换茹, 姚云贵. 武陵山片区文化产业与旅游产业融合发展模式研究[J]. 中南民族大学学报(人文社会科学版), 2015, 35(4): 39-43.

[65] 邹芸. 旅游产业和文化创意产业融合发展机制研究: 以四川省成都市为例[J]. 改革与战略, 2017, 33(7): 126-128+132.

[66] 程晓丽, 祝亚雯. 安徽省旅游产业与文化产业融合发展研究[J]. 经济地理, 2012, 32(9): 161-165.

[67] 丁俊杰, 于蕾, 任学安. 品牌赋能: CCTV 国家宝藏讲述背后精粹[J]. 中国广告, 2018(5): 31-33.

[68] 李芬. 湘潭市湘莲产业融合发展模式与效应研究[D]. 长春: 吉林大学, 2020.

[69] 申玉莹. 文化与旅游产业融合测度及其影响因素研究: 以济南市为例[D]. 济南: 山东财经大学, 2022.

[70] 古冰. 基于投入产出法及 ANN 模型的文化产业和旅游产业融合分析[J]. 商业经济研究, 2017(18): 170-173.

[71] 唐慧. 新疆旅游产业和文化产业融合发展研究[D]. 乌鲁木齐: 新疆大学, 2017.

[72] 方忠, 张华荣. 文化产业与旅游产业耦合发展的实证研究: 以福建省为例[J]. 福建师范大学学报(哲学社会科学版), 2018(1): 39-45, 169.

[73] 颜鑫. 长三角城市群文旅产业发展水平及其耦合度研究[D]. 上海: 上海师范大学, 2020.

[74] 程质彬. 安徽省文化产业与旅游产业融合发展实证研究[J]. 大理大学学报, 2020, 5(7): 48-54.

[75] 廖重斌. 环境与经济协调发展的定量评判及其分类体系: 以珠江三角洲城市群为例[J]. 热带地理, 1999, 19(2): 76-82.

第四章　江苏文化和旅游公共服务体系构建

第一节　文化和旅游公共服务的基本概念

一、公共服务的内涵

传统公共行政学认为：公共服务（public service）是政府提供公共产品的副产品，是从属于公共产品的。因此，公共服务被定义为提供公共产品的服务形式。随着 20 世纪 80 年代公共管理理论的兴起，学者们对公共服务概念的探讨呈现多样化，同时对概念的外延多有拓展。常见的解释包括：公共服务是作为公共产品的一种所存在的；公共服务的对象是有公共需求的消费群体，服务的开展是借助于公共设施，公共资源开展的；政府管理职能的主要内容就是公共服务。公共服务可以从广义和狭义上来理解。从广义上来看，公共服务就是公共产品，既包括相关法律制度，也包括使市场能够正常运行的相关宏观政策、微观体制度，同时，具体的公共服务项目也涵盖在内；从狭义上来看，由政府负责安排的具体的公共服务项目才是公共服务[1]。通过以上内容的分析，我们可以看出，在存在形式上，公共服务既包括有形的公共产出，也包括无形的公共产出，也就是说公共服务既包括公共服务主体所从事满足公共需求的活动，另一方面也包括这些活动的成果，即公共产品的实物形态[2]。

二、旅游公共服务的内涵

（一）旅游公共服务的概念

旅游范畴内的公共服务现象伴随旅游业的诞生而原始性存在，然而，2006年中共中央提出建设服务型政府理念之后，"旅游公共服务"才作为一个独立词语出现[3]。

梳理目前国内对旅游公共服务概念的定义，发现界定旅游公共服务本质属性的四大共同要素包括"服务的提供者、服务对象、服务的属性特征、服务包含的范畴"。人们对每一要素的认知均存在两类不同观点，如表 4-1 所示[3]。

表 4-1　关于旅游公共服务要素的两类观点

旅游公共服务本质属性四大要素	观点一	观点二
服务的提供者	政府和其他社会组织、经济组织	政府和旅游部门
服务对象	旅游者	旅游者、企业和本地居民
服务的属性特征	非营利性、公益性、共享性、非排他性、非竞争性、外部性	公益性、营利性的对立
服务包含的范畴	旅游者需要的各类公共服务，包括政府旅游管理部门目前的所有职能	旅游者在旅游活动中有直接需求的系统，如旅游公共信息、旅游便捷交通、旅游安全保障服务

“旅游公共服务”这一独立语词虽然在国外的相关研究中没有出现，但是在公共交通与城市旅游发展关系、政府对旅游发展的作用、旅游目的地管理等研究中均有探讨，因此，其对国内旅游公共服务研究的参考意义依然存在。

通过对以往文献的回顾，本章认为旅游公共服务意指以满足旅游消费者的共性及多样性需求为目的，由政府主导，企业、第三方组织（非政府组织）或个人（当地居民）提供的公益性的、具有明显非竞争性与非排他性的旅游产品与服务[4]。

（二）旅游公共服务的特征

1. 消费的非竞争性

消费的非竞争性是指只要有人提供了公共产品，则该产品消费者数量的多寡，与该产品的数量和成本变化无关。旅游公共服务属于公共服务范畴，因此，消费的非竞争性是其基本特征。例如，旅游景区指示标志在为景区游客提供指示服务时，每增加一位游客不会减少其他游客对该指示标志服务的使用。

2. 消费的非排他性

非排他性是指不排斥他人消费的可能性。某公共产品如果存在，那么提供该公共产品的主体不管其意愿如何，任何消费者都能去消费该公共产品。消费的非排他性作为公共服务的基本特质，也是旅游公共服务的特征之一。即旅游公共服务在被提供时，无法排除他人对这种服务的消费，如旅游公共信息咨询。需注意的是，非排他性程度和非竞争性程度不是一成不变的，其会随着技术条件、制度条件或旅游消费者人数的变化而产生一定的变化。

3. 多元化的服务提供主体

旅游消费者对旅游的需求是多样化的，旅游目的地提供的服务是为了满足旅游消费者多样化的需要。因此，多样化的服务提供者，如政府、私营部门和非营利性社会组织以及居民个体均可以成为公共服务的提供者。在市场竞争机制的约束下，提供者分别通过提供各自所长的公共产品发挥自身的作用。

4. 旅游公共服务的阶段性

旅游者的需要随着社会环境与自身情况的变化会产生新的差异化需要，形成阶段性的特点。而旅游公共服务要随着这种变化进行针对性的调整，显现出与旅游者需要相一致的阶段性特点。例如，为了满足自驾车旅游消费者的个性化需求，汽车营地专门为自驾车旅游提供的一系列公共服务也随之出现。

5. 旅游公共服务的地域性

政府的管辖范围决定了其提供旅游公共服务的地域范围。各地政府部门会根据所属地域范畴的实际情况提供相应的旅游公共服务的内容、服务的形式。从地域范畴的层次来看，国家或省区所提供的旅游公共服务的内容与某个景区的旅游公共服务肯定存在显著的差异。这就是旅游公共服务的地域特点决定的。

（三）旅游公共服务的分类与服务内容

1. 按照公共服务的属性特征分类

根据公共产品理论的基本特性，它具有非竞争性和非排他性。因此可以将旅游公共服务划分为具有纯公共产品性质的服务和具有准公共产品性质的服务。旅游者共同需要的旅游信息服务、旅游公共安全服务以及旅游基础设施服务等是具有纯公共产品性质的旅游公共服务。旅游公共景区、旅游公共交通服务、公共休闲设施服务具有或不同程度具有非竞争性和非排他性特征，可称为选择性具有的公共产品。

2. 根据公共服务的主题划分

旅游公共服务贯穿旅游的所有环节，为所有旅游者提供服务。根据服务主题，可以将旅游公共服务分为四大类，分别是旅游公共信息服务、旅游公共产品服务、旅游要素保障类服务、旅游公共安全类服务。

3. 根据公共服务的存在形态划分

根据旅游公共服务存在形态分类，可以将其分为有实物形态的公共服务和无实物形态的公共服务两类。公共海滩、旅游咨询中心、旅游集散中心、旅游信息终端、旅游标识系统等是以实物形态存在的公共服务。非实物形态存在的公共服务包括两类：制度、政策法规类和旅游公共信息服务类。旅游管理条例、旅游行业规范属于制度、政策法规类；旅游交通信息、旅游线路信息等属于旅游公共信息服务类。

4. 根据公共服务地域划分

旅游公共服务可划分为全国性旅游公共服务和地方性旅游公共服务。还可以细分至更精确的地域性旅游公共服务，如城市旅游公共服务与乡村旅游公共服务或古镇旅游公共服务等。

5. 根据旅游功能分类

根据国家"十三五"旅游公共服务规划和《国家旅游及相关产业统计分类（2018）》所涉及的内容，旅游公共服务可以分为基础设施类，如旅游厕所、旅游指示标识等；旅游公共信息服务，如旅游解说服务、网络信息服务；旅游便民惠民服务，如旅游年票套票、特殊群体优惠等；旅游安全保障服务，如旅游安全监测、旅游应急值守和服务等[5]。

三、公共文化服务的内涵

（一）公共文化服务的概念

公共文化服务以实现公众文化权利为第一目标，在不同的国家和不同的历史时期有着自身的内涵和特征。《中华人民共和国公共文化服务保障法》将公共文化服务的概念界定为：由政府主导、社会力量参与，以满足公民基本文化需求为目的而提供文化产品、文化设施、文化活动以及其他相关服务。公共文化服务的主要执行部门以政府为主，目的是为公民提供基本的文化权利、公共文化产品与服务。公共文化服务属于公共服务，同样具有非竞争性和非排他性[6]。

（二）公共文化服务的基本特征

1. 公有性

公共文化服务资源是国家和各级地方政府所有的物质和非物质文化资源，社会全体成员共同拥有。公共文化产品是公共文化服务单位所提供的产品，这些产品必须普遍提供给社会公众，即社会公众普遍享用。

2. 公益性

公共文化服务不以营利为目的，不以追求经济效益的最大化为准则。它所体现的是国家政府的公共利益，服务的是社会全体成员，追求的是社会效益。

3. 公众性

公共文化服务单位应该面向社会普遍提供基本的无差别的公共文化服务。这种无差别体现在区域、性别、职务、季节等方面。社会公众享有公共文化服务设施和公共文化活动场所等提供的公共服务，同时社会公众可以对其提供的服务进行监督和管理。

4. 共享性

社会公众都普遍享有公共文化服务的权利，享有公共文化服务的机会，享有公共文化服务的能力。现代国家政府公共服务的重要内容之一就是提供公共文化服务，满足人们不断增长的文化需要。人们应当拥有享受公共文化服务的权利，同时也应有获得这一机会的可能性。然而，确保每个人都能有这样的机会相对较为困难。除了社会公众积极争取外，国家政府也应积极提供和创造这样的机会。面对政府提供和创造的机会，人们还应具备接受和利用的能力[7]。

四、文化和旅游公共服务的内涵

文化和旅游公共服务实质就是公共文化服务和旅游公共服务的融合发展，是文旅融合发展的一个重要方面。公共文化服务和旅游公共服务能够融合发展的前提是二者有渗透有交叉。二者都是由国家公共财政支持的公益性服务，是为了满足老百姓的基本需求而提供的，老百姓的需求发生变化，二者所提供的服务内容也会随之动态调整。当前，深化文旅融合成为新时代文旅事业发展的重点任务。文化和旅游公共服务融合发展，就要在统筹公共文化产业与旅游产业发展的前提下，打破二者的边界，加强他们之间的联系，在尊重二者发展的特点和规律的基础上，形成渗透交叉格局[8]。因此公共文化服务和旅游公共服务哪些方面宜融，哪些点不宜融，公共文化服务和旅游公共服务融合的切入点在哪里，搞清楚这些问题才能针对性地提升文化和旅游公共服务的供给质量，才能在服务效能上有所提高[9]。

第二节　文化和旅游公共服务融合发展研究与实施路径

一、文化和旅游公共服务融合发展的方向性

从宏观理论角度看，在文化和旅游公共服务融合发展中，公共文化本质内涵不同于"普世"的文化，或由他国"舶来"的文化。所以公共文化服务提供的服务内容一定要体现中国特色社会主义制度和文化的基本特点和要求，符合社会主义核心价值观，有利于在满足人民群众基本文化需求的基础上去提高人民群众的素质，为我国经济社会发展提供正向动能。

从微观分析层面看，新时代文旅公共服务必须更加明确人民群众在文旅服务中的"主体"地位。公共文化服务重在丰富人民群众文化生活，提升人民群众的精神文化素养，而旅游需求即诉诸人们比较高端的需求，属于追求幸福的

范畴，二者之间具有价值导向的内在一致性；公共文化侧重精神生活，提升人们"向上向善"的精神境界，改善城乡的精神生活品质，客观上起到有利于优化精神环境的功效，而旅游同样是指向过程中的精神体验和愉悦，同样追求精神环境的有序和健康，二者在精神环境治理方面的诉求高度一致。作为中国特色社会主义发展的有机成分，文旅公共服务所有前提均为建立在中国特色社会主义的坚实基础上，所有功能都应服务于中国特色社会主义文化建设的宗旨和方向，脱离了这一点，文旅公共服务就成为无本之木、无源之水[8]。

二、文化和旅游公共服务融合发展的切入点

公共文化服务和旅游公共服务，既有公共服务的特殊性，还有服务于中国特色社会主义文化其他各组成部分的必然要求，都属于中国特色社会主义文化建设范畴。

考察近年来我国文化和旅游融合发展的实践，立足当前的现实需要，公共文化服务与旅游公共服务融合发展的切入点主要是以下几个方面。

（一）公共文化服务设施嵌入旅游景区、线路、住地、交通服务区域等

长期以来，由于行政体制的障碍，公共文化设施的布局和建设很少考虑旅游需求，旅游景点、服务点建设也很少考虑公共文化服务。文旅融合发展为打通这一阻滞创造了条件。目前各地已经涌现出一些公共文化设施嵌入旅游景区、服务点的成功案例。例如，北京市海淀区实施了"一步书香"活动，三年多内在辖区 100 个景区和星级宾馆配置了 5 万册图书和 60 台数字阅读终端，以"一步书香"阅读送达的方式，让阅读在宾馆景区等地随处可见、随手可得。南京博物院、广东省博物馆在城市机场航站区设立文创体验馆、文创展示销售馆，把非遗体验、文创展示嵌入到人流密集的机场。但总体来看，目前我国大多数的旅游景区景点休憩场所、旅游交通服务区域、漫游绿道等地还很少能见到公共阅读、文化展示和体验等设施设备，公共文化设施"嵌入"的空间还很大。

（二）基层综合性文化服务中心和乡村旅游服务中心融合

在一个地域范围不大的乡村，乡镇文化站、村文化中心和旅游服务中心融合，是解决用地紧张、资金不足、内容单薄、人员短缺等问题的有效办法。对于乡村旅游服务中心来说，不需要另起炉灶新建设施，服务空间和内容增加了文化含量；对于乡村文化中心来说，依托旅游人流和服务，一定程度上可以改变"不开门、不见人"的困境。设施、资金、人员、组织体系和服务的全面融

合，带来了乡村旅游服务和乡村文化服务双赢的局面。

（三）公共图书馆开展旅游公共信息服务

我国的全民旅游"井喷式"爆发，老百姓对旅游信息的需求随之增加，公共图书馆发挥自身专业优势，为公众提供丰富多彩、便捷适用的旅游指南性信息服务，成为公共图书馆服务的一个新的增长点。目前我国已有一些旅游热点地区的公共图书馆开始了这项工作。也有一些公共图书馆将旅游推介纳入日常展览、讲座、活动等。但总体来看，这方面的服务仍处于初步的、零星的、偶发的状态，没有成为普遍性、常态性的服务。目前，面向大城市、著名旅游景点的一般性旅游指南信息并不缺乏，人们获取的渠道很多，缺的是面向全域旅游、乡村旅游的针对性强、指引精准、无缝对接的旅游指南信息。公共图书馆在信息的挖掘、整序、开发、传播上有专业优势，公共图书馆的信息服务应该向这方面拓展，把丰富、精准、适用的旅游信息以多种方式特别是依托互联网的移动端传递给旅游者。

（四）博物馆、非遗传习场所与研学旅行相融合

研学旅行是我国大力倡导的素质教育、通识教育的重要内容、创新形式和有效载体。据统计，2022 年国内研学旅行人数为 420 多万人次，市场规模达到 310 亿元，研学旅行需求旺盛、市场广阔、内容丰富、产品多样，其中文化研学游是重要产品之一。依托优秀传统文化资源和大型公共文化设施建设研学旅行基地，是发展文化研学游的重要方式。博物馆、非遗传习基地就是最有条件成为文化研学旅行基地的公共文化设施。南京博物院于 2013 年设立非遗馆，定期邀请金陵剪纸、秦淮灯彩、南京金箔等非遗传承人现场展示，并配以木偶剧、南京白局、苏州评弹等展演活动，用静态和动态相结合的形式展示当地特色非遗技艺。博物馆、非遗传习场所与研学旅行相结合，显示了公共文化服务与旅游服务融合发展的强劲势头。

（五）串联标志性文化设施，打造旅游路径

近年来，各地涌现了不计其数的堪称城市标志性建筑的公共文化设施，这些设施成为"网红"建筑，尤其是年轻人旅游的"打卡地"。苏州图书馆二馆的智慧书库系统，将互联网、大数据、机器人、人工智能用于图书的分拣、存储、传输，人们能够身临其境观赏，极具视觉冲力和心灵震撼力。博物馆更是早早地进入游客的视野，成为人文旅游的热门目的地。在农村，伴随着乡村振兴战略的实施，也出现了一大批设计新颖、乡土气息浓郁的镇街博物馆、村史

馆、乡贤馆，展现了独具特色的地域文化，映现了乡村经济社会文化变迁。将这些具有一定显示度、标志性特色鲜明的公共文化设施连点成线，就是独具魅力的人文旅游路径，是公共文化与旅游融合的又一有机结合点。

第三节　南京乡村旅游与公共文化服务发展研究

　　党的二十大报告明确我国社会主要矛盾是人民日益增长的美好生活需要和不平衡不充分的发展之间的矛盾。与此同时，习近平总书记明确指出了文化建设的重要意义，将文化自信摆在至关重要的位置。党的十九大报告提出"没有高度的文化自信，没有文化的繁荣兴盛，就没有中华民族伟大复兴"，因此，树立文化自信的关键在于实施文化惠民工程，丰富群众性文化活动，构建公共文化服务体系。这些举措有助于增强人民群众对本民族文化的认同感和自豪感，促进文化的繁荣兴盛，为中华民族伟大复兴提供坚实的文化基础和支撑。

　　基层文化服务中心、乡镇文化站在促进乡村文化振兴中扮演着重要角色。它们作为农村公共文化服务体系的一部分，一方面，对广大群众进行文化教育，向他们提供满足其精神文化需求的文化服务，组织群众进行一系列的文化交流，从而实现传递信息知识、推广农业技术以及挖掘非物质文化遗产等工作；另一方面，伴随城镇化和现代化的快速发展，在乡村经济振兴、城乡差距缩小和乡村旅游发展的同时，也造成了乡村文化的困境。保护和传承乡村旅游地文化，阻止快速城镇化背景下乡村文化衰落，已经成为非常紧迫的现实问题和亟待解决的理论课题。保护、恢复、重构和弘扬乡村文化既是乡村旅游地建设根本任务，也是乡村发展的历史责任。各级乡镇文化站应该发挥主体功能，尊重自然、尊重历史、尊重文化、尊重个性，通过乡村旅游来唤醒乡村文化，实现乡村文化保护和旅游发展的共赢。

　　本节内容旨在通过对南京市乡村旅游景点、入选国家及江苏省乡村旅游重点村9家单位的文化和旅游融合发展现状进行调研，着重对乡村旅游与街镇文化站对群众提供的公共服务情况进行分析，探索文化和旅游在设施建设、产品建设、信息建设等方面的融合途径，为乡村旅游及基层公共文化服务的高质量发展提供借鉴。

一、乡村旅游发展现状分析

　　南京市乡村旅游资源丰富，文化底蕴深厚，自20世纪90年代中期在江心洲起步以来，经过近30年的发展，逐步形成了近郊依城、远郊靠景的发展态势。但在新型城镇化过程中，乡村旅游的开发也出现了重经济轻管理，很多低水平的小项目重复建设，在地区分布和组织形式上没有做好规划，市场竞争秩序乱等问题。与此同时，基层文旅融合从管理层面就存在分离的状态，就目前调研情况而言，乡村的文旅融合在骨子里就存在产业之间、行业之间，乃至派系之间的固有思维，这也导致从政策层面到需求层面，出现两不相交、互不相容的尴尬局面。具体表现如下。

第一，乡村旅游产品文化底蕴缺失，文化资源转换不足。乡村旅游产品正是因为其自身独特的人文景观和自然遗存吸引城市旅游者，这决定了乡村旅游所依托的空间及旅游吸引物，都要体现乡村的地域特色及文化内涵，也就是"乡村性"。但在新型城镇化过程中，部分乡村旅游产品在开发的过程中，逐渐失去乡村本色。另一方面，一些优秀的文化资源并没有进行深度的旅游开发和延伸，如有些乡村有"农民画"特色文化资源，但目前还只是停留在展示、参观的层面上，并没有进行有效的深入挖掘、产业延伸和旅游开发。乡村旅游资源的开发应该加大对当地的诸如民间文学、传统音乐、传统舞蹈、传统美术、传统技艺、游艺、传统体育与竞技、生产商贸习俗、岁时节令等传统文化深入挖掘的力度，在"独特性"上做文章、寻亮点。

第二，乡村旅游产品的活动项目形式少且无特色。南京乡村旅游产品虽然丰富，但缺少特色。目前，观光旅游仍然是南京乡村旅游的主要方式，虽然在农业旅游资源的开发与利用方面迈出了新步子，但很多活动形式缺少深度，流于表面。农户也只注意自身经济收入，忽略了游客体验感受。春季赏花，秋季摘果，单调重复的活动，没有体现乡村旅游应有的原真性，也无法使游客感受到乡村旅游的淳朴气息。乡村旅游产品的开发应该立足现实，在发挥自然资源优势上，打造休闲农业示范园区或观光农业示范园区，提供绿色有机农产品，满足乡村旅游者养生、健康的理念需求；在文化资源上，通过乡村旅游参与性项目，融入各村非物质文化遗产的传承，让乡村旅游者体验传统文化；同时，利用传统的乡村劳作方式，让乡村旅游者体验播种施肥、推磨碾米、亲自收获等乡村特质，寓教于乐，不断拓展乡村旅游地的竞争力。

第三，部分乡村旅游产品依然存在季节依赖性强、产品缺乏组合等问题。乡村旅游产品的类型以乡村自然景观、农业生产场景、乡间民风习俗为主，所以存在较强的季节性。目前江宁区在全域旅游的推进过程中已逐步实现了全域乡村的联动发展。但由于大部分的乡村旅游产品集中在春季，很容易造成景点客流的年平均波动。此外，旅游产品之间存在潜在的碰撞现象，且没有充分考虑旅游产品的有效组合。例如，大塘金薰衣草园以薰衣草观赏为主要特色，在花季人流如织，但在其他季节却鲜有游客。还有六合冶山、竹镇、高淳东坝等，很多旅游产品零散分布，没有形成有效组合。

（一）公共文化服务现状分析

南京市在基层公共文化服务方面以群众需求为导向，在基础设施建设、公共文化服务供给、公共文化组织机构和人才建设储备体系方面均取得了较为满意的成绩。文化场馆在公共文化服务中具有非常重要的作用，在文化场馆的建设方面，南京市非常重视场馆的标准化及均等化，积极探索资源的有效利用，提高场馆建设的综合效益。同时，在公共文化数字化服务上创新发展，不断提升服务质量。目前，共享工程分支中心和基层服务点已经全面建成，极大地提高了街道和社区的公共文化数字化服务能力。同时，以文化惠民为宗旨，培育了一批文化品牌项目，通过系列品牌文化活动的举办，合力打造"文化惠民工程"品牌，每年将多场文化活动送到城乡，贯穿全年。

与此同时，在文旅融合、文化与旅游职能部门调整的背景下，南京市基层公共文化服务发展还存在着一些问题。

1. 在体制职能上，基层街道文化站与旅游机构协调不到位

调研组对不同基层街道进行调研，发现存在两套班子、条块分割的问题，即旅游发展属三产管理，而公共文化服务属文化站负责。但在黄龙岘茶文化景区旅游发展实践中，景区在挖掘文化资源，开发旅游项目方面做了很多工作，效果明显。例如，建设茶文化博物馆、图书馆、书法室，丰富了文化景区内涵，服务了社区居民，娱乐了游客。老山不老村景区利用非遗成果开发旅游商品，尝试请进社区艺术团队为游客表演，但由于管理、利益协调不当，无法形成长效合作机制。乡村旅游发展，对社区公共文化资源有需求，而社区公益性的公共文化服务非市场化，二者无法对接的背后，是体制机制问题，基层社区文旅机构改革亟待解决[10]。

2. 文化产业与公共文化融合发展水平有待进一步提升

在南京，基层公共文化服务实践已经开始依托地方传统文化遗产，发展文化产业以及旅游业，但还只是处于起步阶段。公共文化服务除了提供公共文化产品，还要与文化产业融合发展，拓展公共文化服务的空间，以公共文化资源为产业发展服务。在一定程度上引入市场机制，在公共文化产品和服务的提供主体上更加多元化，如民营企业、社会团体等。不断创新政府向社会力量购买公共文化服务模式，拓宽公共文化服务需求，满足社区文化娱乐的同时，开拓社会化市场，与文化旅游休闲市场结合[11]。例如，江宁区积极探索"政府主导、社会支持、各方参与、群众受益"的群众文化活动模式，致力打造"人人参与文化，人人建设文化"的大文化格局[12]。

3. 公共文化服务项目内涵价值有待进一步挖掘和提升

公共文化服务项目"三馆"、非遗等，在基层社区多是以静态陈列形式来展现，民俗文化的鲜活性和传统文化的传承性没能体现出来。地方社团演艺活动，只有在节庆进行专题表演，没能形成常态，造成资源闲置或浪费。如何提升自娱自乐属性的乡土文化品质，既保留传统文化形态，强化社区村民文化认同，又具有文化艺术气息，即对喜闻乐见的"俗"注入审美品位的"雅"成为亟待解决的问题。要不断挖掘每个村镇的地方曲艺、特色商品、乡村风貌等资源，着力塑造一批独具特色的乡镇品牌。例如，南京市江宁区"一街道一品牌""一村一特色""一行业一风景"，高淳区"唱响古戏台""保持原汁原味、扩展文化内涵"等，都是继承和发扬民俗文化，挖掘地域乡村文化，呈现文化产品形态很好的突破口。黄龙岘茶文化景区开发的旅游商品，利用非遗主题及其制作工艺，也做了很好的尝试。因此，要从文化资源方面着力，加大对文化创意产业发展的扶持力度，不断丰富基层公共文化服务项目的文化内涵。

（二）乡村旅游与公共文化服务的融合现状分析

乡村旅游与公共文化服务的融合发展是文旅融合的难点和重点。在大众旅游时代，如果能充分发挥旅游公共服务设施的文化传播特性，同时公共文化设施也能进一步体现其的旅游服务功能，形成 1+1＞2 的合力，那么就能进一步满足公众对文化和旅游的需求，在一定程度上解决旅游公共服务和基础设施保障不足的难题。南京乡村旅游与公共文化服务在融合发展上已取得了一定的进展，但在很多方面仍属于探索阶段，有着很大的改善提高空间。具体表现在以下几方面。

1. 管理职能融合已在进行，各地进度不一

经过课题组对南京国家级乡村旅游重点村进行的实地调研发现，在南京乡村基层，文化和旅游部门管理职能融合进度主要存在着四种状态：第一种地区已初步实现了文化和旅游基层管理的统一与整合，如南京浦口区的桥林街道和星甸街道文化与旅游职能部门已合并，便于联合发力，对相关事务的管理更顺畅[10]。第二种地区如溧水白马镇、江宁黄龙岘的文化基层管理部门与旅游运营管理公司配合较密切。第三种地区文化和旅游还处于分开管理与初步合作的状态，如浦口不老村，管理以旅游运营公司为主，与当地社区的深入合作列入后续计划。第四种地区在管理体制上还存在着交叉管理现象，如高淳区三条垄田园慢村，既属于当地文体中心管理，又受市副局级建制的江苏省高淳国际慢城旅游度假区管理委员会（党工委）的管辖，在具体建设过程中以住建部门为主体，文化部门无法主导。总体而言，实践中越是文旅融合度高、乡村政府基层

管理部门与旅游运营公司配合好，越有利于乡村的文旅融合发展。

2. 资源融合利用已成共识，融合的点面有待延展

南京乡村旅游与公共文化服务资源应该融合已成为共识，不少乡村积极提炼本村的文化精华，拓展文化资源，将其文化活力注入旅游发展中去，形成文化与旅游融合发展的态势。例如，高淳慢村文体站已着手对乡土传承进行文史资料整理、文化阵地开发、文化团队培育，为旅游发展提供强力文化支撑。南京各乡村都在将村民的节庆表演节目融入旅游活动中，努力挖掘本地民俗非遗，开展旅游活动，如被誉为江南一绝的东坝大马灯，本是在春节、元宵节期间舞玩的民俗，目前作为国家非物质文化遗产，已成为当地重要的旅游节点。有些乡村的社区文化服务资源在文旅融合利用上已迈出第一步。

江宁黄龙岘景区茶乡书房原本是村民的阅读聚集地，如今已经转变为该景区乡村旅游线路的亮点之一。它向游客免费开放，提供电子阅览、图书漂流等智能化服务，同时还保留了温馨特色的个性化休闲服务。这个书房已经成为城乡联动文化的新地标，为文化体验、创作交流、名师互动、文艺展示、文化传播等多方面提供了平台，为当地乡村旅游发展起到了重要的推动作用[10]。

另外，通常情况下，主要是通过政府和村集体供给农村的公共服务设施，在一定程度上缺乏相应的市场竞争机制。南京有些乡村已注重发挥市场经济调节的作用，对企业、组织或个人进行积极的引导，逐步对公共服务设施的供给主体通过法律规范等进行统一的管理，进而形成对公共服务设施进行多中心的配置模式[13]，如浦口不老村、高淳三条垄、红色李巷等地区都采取了一些措施，鼓励私人经营的乡村民宿、主题餐馆、艺术工作坊等开展一定的公共活动或提供某些公共服务，不断扩大公共服务设施使用者的选择范围和选择途径，使乡村公共服务供给模式更加多元化。

目前，南京地区多数乡村公共服务资源仅面向本社区提供公益性服务，这些公共服务资源还没有被视为旅游资源进行开发利用，或没有充分考虑游客需求，开发利用效果有待提高。有些社区公共服务场所距离游客常规活动范围较远，游客到访不便，如谷里大塘金的邻里书房建成规模与条件都具备开发为旅游资源的潜力，但离大塘金薰衣草等主要旅游景观较远，目前利用率尚不高；有些社区不知如何处理本社区服务的公益性与旅游的经济性之间关系，如江宁横溪街道虽认为文旅资源融合利用是必然趋势，但不知如何着手进行。而有些乡村文化资源在公共服务方面影响力显著，但旅游开发效益有待提高，如作为省级非遗的六合农民画，在文化交流、文明宣传、乡村振兴等方面享有盛名。当地为推动农民画与乡村旅游相结合，打造了石林画乡农家乐专业村，但有待加强专业运作促进旅游经济效益提升。

3. 功能融合越来越普遍，有待于加强利用率

南京乡村振兴、新时代文明实践、美丽乡村、全域旅游、国家级文化消费试点城市等建设目标多元化要求乡村功能的融合。乡村文化与旅游融合推动了文化传承、教育、休闲、康养等多种功能的广泛融合。有些公共服务设施开发了多种功能，如黄龙岘牌坊村茶乡书房推动图书馆元素融入全域旅游，打造新型文化阅读空间，在原本单一服务模式下增加了多种智能化和个性化休闲服务，成为村民和游客的"公共客厅"、村民增收致富加油站，促使村民精神"富"起来。书屋还引入了"江苏书法学习体验馆"，常态化开展诗意朗诵、故事会、主题演讲等文化活动，打造孩子快乐成长梦乐园。此外，针对部分家长文化水平不高，辅导作业难的问题，书房摇身一变成为"课外辅导课堂"，现在的茶乡书房集多种功能于一体，既是阅读、文化培育、茶文化推广的平台，又是宣传新时代文明实践的前沿阵地，还是全域旅游的示范点。

即使是主题旅游也有多功能性，如溧水区白马镇李巷依托红色资源，打造了红色旅游主题村，为游客提供观光、参观、教育、研学、民宿、餐饮、购物、打卡等多种功能。同时，串联区域内多种全域旅游资源，扩展服务口径，使红色旅游活动更丰富多彩，营建多功能休闲旅游地。在此基础上进一步进行功能融合，将李家祠堂建设成为综合宗祠文化、村史馆和村民议事的多种功能于一体的复合型公共空间。游客接待服务中心成为乡村民宿的早餐供给点和休闲茶吧等，使李巷成为区域的"服务中心""生活中心""文化中心"。糅合了公共利益和市场发展，让李巷从旅游村、休闲村、文化村等单一功能的视角转变为面向乡村多重消费服务的"乡村新公共产品"。

有些乡村新建的公共文化服务设施离村民居住区与景区都有一定距离，有待于采取措施加强信息宣传，改善布局，加强利用方式灵活性，方便村民与游客共享。

4. 产业融合趋势明显，新业态有待于丰富升级

南京乡村正不断推进公共文化服务、旅游产业融合发展，以期互利共赢。一方面，在乡村旅游活动的过程中实现"文化化"，如乡村民宿提供阅读与茶道等文化休闲设施与服务。另一方面让乡村文化产业"旅游化"，将乡村文化内容、元素、符号融入旅游产品中，如红色李巷将本地红色故事绘制成连环画等文创产品;浦口不老村内建设了乡村美术馆开展公共文化艺术展览吸引游客，专辟了乡创市集，推动铜雕、植物染等乡村相关文创、农创产品的创作、展览与销售。南京乡村在业态发展方面采取了融合的策略，将旅游和公共服务结合起来，引导新的业态不断涌现。举例来说，浦口不老村作为一个典型案例，展现了这种融合发展的特点。首先，浦口不老村充分利用了民宿业和研学旅游的

融合。传统的民宿模式通常是提供住宿服务，但在不老村，民宿不仅提供住宿，还融入了研学旅游的元素。这意味着游客不仅可以在这里体验到舒适的住宿环境，还可以参与到富有教育意义的研学活动中去，增加了游客的体验感和参与度。其次，不老村依托当地的非遗资源，引入了多种艺术店铺。这些店铺不仅提供了艺术品的展示和销售，还为游客提供了参与主题文化创作和文化体验的机会。游客可以在这里亲身感受到传统文化的魅力，了解非遗项目背后的故事，参与到文化创作中去，增进了对本土文化的认同和理解。最后，浦口不老村成功地将各种业态整合在一起，形成了一个多功能的消费集聚地。除了民宿和艺术店铺之外，还有会议团建、文创商店、特色书店、小剧场等多种业态，为游客提供了丰富多样的消费选择，吸引了更多的游客前来体验和参与。

南京乡村旅游与公共服务融合的新业态发展很快，但是和不断升级的旅游消费需求相比，文化内涵、科技含量、绿色元素等还存在明显的短板，新业态还有很大提升空间。例如，南京乡村旅游与公共服务融合产业还缺少顶级 IP 以促进产品附加价值的提高和旅游项目衍生品的开发，离精品旅游还有一定提升空间。

5. 宣传融合越来越多样，有待于进一步智能化

在互联网、跨界融合与科技创新成为时代趋势的背景下，互联网新媒体已成为文化传播与旅游推广越来越重要的平台，如南京江宁黄龙岘开通乡村直播将公共宣传与旅游宣传进行结合，"茶乡浓情"党群服务工作站利用微信群实现村民、游客实时信息沟通。

但目前，这种智能化手段在南京乡村公共服务中还未得到很好的利用，需进一步推广与建设。将大数据、云计算等先进技术利用到为本地居民和游客提供精准化服务中去，提高公共服务的效能。

6. 主体融合越来越多元，有待于进一步制度化

目前南京乡村公共服务与旅游的参与主体日益多元化，如江宁黄龙岘引入河海等高校志愿组织，招募游客和大学生与当地村民一起参加茶乡志愿活动，共同举办春芽课堂、茶乡等活动，提供村民与游客共享的文化服务。红色李巷参与主体包括了文体站、投资公司、团委、红委、武装部、文联中心、协会、民间手艺人、非遗传承人等，分属于不同部门、机构、企业以及个体，共同致力于乡村振兴[10]。

参与主体的多元融合有利于整合多方面力量共同进行乡村建设，但目前的合作仍属于自发行为，有待于进一步制度化，提高主体合作积极性与效率。

二、乡村旅游与公共文化服务需求研究

（一）乡村主体的文旅服务需求

基层公共文化服务的目的是丰富当地人民群众的文化生活，是面向人的服务，其价值目标是提升当地人民群众的知识素养和人格面貌。当地的群众是否因公共文化服务的提供而增长了知识和才干，获得了精神愉悦，提升了人格品质，是评判基层公共文化服务质量的核心指标。而不断增加的优质文旅产品的供给，在不断提升乡村文化旅游公共服务水平，推动城乡文旅公共服务一体化的同时，更是从惠民、共享这一角度推动了地方文化和乡村旅游的要素整合，使文旅融合发展成果更多地惠及全体人民。

本次的调研对象李巷位于南京市溧水区白马镇，作为经济薄弱村，2015 年李巷的人均可支配收入仅为 18750 元，是南京市典型的贫困村。为实现产业提升脱贫致富，李巷深入挖掘红色文化，将红色革命文化与乡村旅游相融合，形成了国有企业发力、乡镇全力配合、村民积极支持这样一条独特的文旅融合产业发展路径。村民通过村委会利用集体土地租赁、后期参与入股的形式，将李巷发展与自身利益相结合。在打造过程中，村民利用所长参与建设；在运营过程中，积极寻求工作岗位，有了稳定收入，李巷也得到了持续发展。村里有 6 家饭店，有 5 家是村民自己开的，今年 54 岁的周某是土生土长的李巷人，经营着李巷规模最大的一家饭店。周某还请了多名年过半百的村里乡亲帮忙，最多一天的营业额超过 2 万元。李巷村民李某和葛某夫妻，以前在距离李巷七八千米外的白马镇务农，收入不稳定，家庭经济困难，李巷实施红色旅游开发等相关的活动和计划之后，村里安排李某从事保洁工作，葛某在物业公司上班，家庭月收入突破 4000 元，生活条件得到极大改善。

本次调研的黄龙岘村位于江宁街道东南部，以茶文化为特色，建设了融合品茶休憩、茶道、茶艺、茶俗、茶浴体验、茶宴调理、特色茶制品购买为一体的乡村特色茶庄，已经成为金陵特色茶文化休闲旅游的"第一村"。但是，也有很多乡村年轻力量流失严重，包括高淳的三条垄，六合的冶山等，当地很多年轻人为了提高经济收入，选择到城市打工赚钱，造成了乡村本土的空心化，一方面长久的城市生活造成了他们对乡村原生态文化的认知偏差，对乡村文化的认同感逐渐丧失，另一方面，许多优秀的传统文化因为得不到有效的传承而面临失传的风险。同时，当地村民在参与乡村旅游的建设过程中，对乡村的传统文化内涵认知不足，在人文景观的打造过程中也呈现出向都市靠拢的趋势，逐渐失去了乡村本土的特色，但其实，对于乡村旅游而言，"乡村性"才是其蓬勃发展的根本所在。

调研结果显示，大部分的居民认为随着乡村旅游的发展，当地居民有了更多的就业机会，收入水平也提高了，整体村容村貌也得到了极大的改善，物质文明和精神文明的建设也极大地提升了居民的生活质量和幸福感。当地居民认为特色乡村旅游的发展及其带来的社会、文化、经济效应是一个长期的过程，他们支持乡村旅游的发展，如果需要的话，愿意对自己的民房进行旅游化改造，也愿意为提高自身的旅游职业化素养，花时间和精力加入到培训队伍中去，能够更好地参与到乡村旅游业的发展中来。对于旅游活动的开展有可能对其生活和环境带来困扰等，居民们没有明确的倾向性，至少在短期内不太排斥。

（二）乡村客体的文旅服务需求

随着大众旅游时代的到来，传统意义上的观光已经不能满足旅游者的需求，文化和旅游融合形成的优质旅游产品更能对旅游者产生感召力。对于乡村旅游的主体城市居民来说，他们脑海中存在固有的乡村意象是他们憧憬的梦幻家园[14]。城市居民到乡村旅游为的是寻找内心深处的文化记忆，重温被勾起的愁，因此，乡村旅游产品的打造与其他类型旅游产品打造的着力点有较大的不同。

伴随着文旅融合与消费升级，现代旅游者在旅游消费过程中更加注重精神需求的满足，旅游产品或文化服务是否能满足消费者的心灵需求，是否能带来独一无二的体验，是否值得让他们去分享去主动营销，是文旅消费者考虑的主要因素。乡村地域辽阔，拥有多种多样的旅游资源，特有的自然景观文化、聚落景观文化、生产生活文化、节日仪式文化以及人物精神文化等在乡村地区司空见惯的事物和景象，却因为其与城市的差异性，成为城市居民感兴趣的方面。因此，乡村旅游在开发的过程中应该尽量规避城市旅游的已有模式，在旅游活动的设计、旅游氛围的营造及旅游体验上传递出不同的情绪表达。

当前南京市乡村文旅产业还有待进一步的融合与发展，乡村文旅公共场所与旅游者的需求未能很好地进行匹配。首先，乡村旅游地缺乏对历史与文化资源内涵、文化故事、精神本质的提炼，文化活力不足。其次，一些村史馆、乡贤馆等缺乏对新型技术手段的利用，导览系统陈旧，不能适应流量大、有多重需求的游客群体；最后，乡村文旅公共服务表现出开发意识不强、乡村地方特色文化彰显不足的问题。总之，南京市观光类乡村旅游景点较多，但体验类文旅景点较少，不能满足游客更高层次的文化体验需求[15]。亟待增加文化要素，发展体验式、休闲式、网红式乡村文化旅游。与此同时，旅游公共基础设施建设也不断暴露出问题。例如，游客流量高峰期，停车位与厕位数不足，影响到乡村旅游形象，限制了乡村旅游的进一步发展。

（三）主客共享的文旅服务建设

伴随着乡村振兴的全面推进，乡村旅游在整个社会经济文化体系中扮演的角色越来越多样化，承担的功能也更加丰富，如何结合既有的乡村村落，把它打造成既能满足本地居民生产生活的需求，又能满足外来游客消费服务需求的全新载体，是值得探索的重要问题。

外来游客与本地居民是乡村旅游公共服务设施的服务对象，由于二者对公共服务的需求存在一定的差异性，所以很多公共服务设施在功能上表现出一定的分异性。例如，旅游集散中心、游客服务中心主要服务于外来游客；文化站、小广场、农家书房等公共休闲与文化娱乐场所主要服务于当地村民[16]。很多公共文化设施同时具备为当地居民和旅游者服务的现实情况，例如，乡贤馆、美术展览馆、科技馆、村史馆、图书室、文化馆等公共文化设施都可为旅游所用；同时，很多旅游设施也具备为当地居民提供服务的可能。优质高效的公共服务，不仅能够满足本地群众的基本文化需求，也为游客体验地方文化提供了重要的载体[11]。我们必须坚定共享发展理念，不断完善文旅产业全民共建共享机制，积极营造主客共享的社会氛围。通过开展系列文旅融合社会参与活动，为广大游客和当地居民创造并提供丰富多样的文化旅游产品及高品质的休闲度假生活，使广大人民群众在共建共享的文旅发展中重构文化记忆，建立文化认同，提升文化信心。

三、乡村旅游与公共文化服务融合内容研究

（一）推进思想理念融合

推进思想理念融合在乡村旅游与公共文化服务融合中具有重要意义。这种融合不仅涉及管理者和政策制定者的思想理念，也关乎乡村居民的文化认同和乡村发展的方向。

推进乡村旅游与公共文化服务的融合需要政策与理念的融合。政策的制定必须贴近当地实际，考虑到乡村的文化传统、资源禀赋、发展需求等因素，以实现旅游与文化的有机结合。理念的融合涉及管理者和决策者的认知与观念。需要从传统的观念中解放出来，以开放、包容的态度面对乡村旅游与公共文化服务的融合，积极探索创新，提升乡村旅游和公共文化服务的质量和水平。

推进思想理念融合也涉及乡村居民的文化认同。乡村居民需要认同并接受乡村旅游与公共文化服务融合的理念，将其视为乡村发展的重要途径之一。这需要从长远的历史文化传承和发展的角度出发，引导乡村居民树立正确的文化自信，积极参与到乡村旅游与公共文化服务融合的过程中来。

　　乡村作为基层单位，受制于文化和乡村发展水平的限制，市政府、区（县）、乡镇要不断对乡村干部进行思想理念引导，加强对乡村社区的宣传力度，提升乡村干部文旅发展理念的同时，不断提高乡村居民的领悟能力，定期举办乡村文旅发展培训班和文旅下乡艺术节等节庆活动，提升乡村文旅发展氛围，促使乡村干部和社区居民自觉融入文旅大发展的时代背景中。

　　推动思想理念融合，还需要在建立乡村文旅融合示范的作用下进行有效推广，如通过对 8 个典型案例的调研发现，每个案例由于文旅资源禀赋不同，文旅发展情况差异明显，思想理念的融合程度相差较大。例如，黄龙岘村在原有乡村风貌的基础上，围绕美丽乡村建设，通过政府对乡村环境整治，深度挖掘茶文化内涵，打造融品茶休憩、茶道表演、茶艺展示、茶叶生产—研发—销售、特色制茶为一体的特色旅游茶庄[17]，建立茶文化街区，同时在管理模式上进行了探索性创新，形成了以黄龙岘茶文化村党支部为基础，黄龙岘建设开发有限公司、茶叶合作社、农家乐协会、茶叶品质研究所、黄龙岘茶文化村管理办公室、物业管理公司以及社工服务机构等部门共同参与管理的发展模式，取得了良好的经济效益和社会效益，成为首批全国乡村旅游重点村，也成为区政府支持、村委会有效组织、乡村居民共同参与乡村文旅发展的典范，大大提升了乡村干部和居民思想理念的深度融合，对于其他村镇的文旅发展在思想理念的融合方面提供了很好的参考和借鉴。

　　（二）推进体制职能融合

　　从南京全市层面来说，南京市在文化和旅游合并为一个部门的基础上，通过内部职能机构整合，实现市级层面管理体制机制的融合。从乡村旅游与基本文化层面来说，乡村文化场馆、演出团体、文保单位等充实完善旅游职能，对乡村旅游景区、度假区、乡村旅游集聚区、特色村镇等加强文化职能，强化文化旅游的协调化发展。黄龙岘、李巷、不老村、三条垄等乡村，由于具备了较好的文化和旅游基础，要充分利用乡村党支部的主导管理职能，在充分挖掘乡村文化底蕴和脉络及乡村旅游的带动下进行职能的深入融合。例如，黄龙岘是典型的茶文化乡村，成立了茶文化管理办公室、茶叶合作社、乡村文化站等机构，既要发挥这些机构乡村治理的能力，同时又要积极推动不同机构的协调发展，在积极推动乡村旅游快速发展的过程中，将乡村茶文化的特色融入其中，带动乡村经济综合发展。李巷作为江苏省首批乡村旅游重点村，是江苏省党校培训基地和南京市爱国主义教育基地，红色遗址众多，红色底蕴深厚，要充分利用李巷的红色影响力，专门设立红色纪念馆和名人故居遗址管理委员会，既要进行红色文化宣传和推广，又要加大对红色体验和红色旅游的开发力度，实现管理和文旅职能的有效融合。不老村、三条垄村、大塘金、石塘村、竹镇、冶山等这些村镇，要充分利用自身的资源特色和发挥村委会/镇政府的管理职能，在市政府和区政府的统一协调下，不断加强村委会/镇政府的组织和管理能力，同时要提高村民主动参与文旅发展的积极性和创造力，在市场的引导下，通过自发形成绿色乡村餐饮协会、农家乐俱乐部等机构，共同参与管理和发展特色乡村。

（三）推进空间载体融合

乡村在文化和相关项目建设等时应充分考虑到旅游发展的需求，尊重旅游者的行为规律。同时在乡村旅游集聚区的创建和打造过程中在游客集散中心、通景公路、景区与景点、景区和特色村镇、特色餐饮街区、购物场所等空间载体中突出乡村的传统文化、名人文化和地方风俗文化特色，实现空间载体的深度融合。通过调研发现，江宁黄龙岘、溧水李巷、浦口不老村、高淳三条垄村、江宁石塘村等进行了一定程度的场所设计和场所空间改造。例如，江宁黄龙岘在进村的入口，设计了停车场和旅游厕所，游客沿着乡村栈道直接进入乡村文化长廊，满足游客参观和休憩的需求，同时，在业态的布局上，黄龙岘还打造了餐饮一条街，将茶文化特色融入其中，设计了黄龙大茶馆、江苏书法学习体验馆、茶香直播间、社工论坛、新时代文明实践、创意集市、茶乡垂钓等项目，既能满足游客餐饮购物需求，又能让游客体验到黄龙岘村的文化和旅游特色，将茶文化特色很好地融入了旅游的要素中，实现了文旅项目的空间载体融合。溧水李巷的打造过程中，充分利用了当地的文化特色，"红色李巷"的历史遗址和各种名人纪念场所设计的同时，又加大了对蓝莓、黑莓农产品项目的开发建设，积极发展绿色食品和围绕大健康旅游做文章，让游客和本地居民在接受爱国主义教育洗礼的同时，又可以体验绿色生机勃勃的乡村气息和积极向上的健康活力，很好地实现了红色文化与乡村旅游的有机衔接。浦口不老村规划三期，以民宿客栈群为主体，辅以特色餐饮、文创商业等内容，在建设美丽乡村和满足当地居民文化消费的同时,加大了旅游场所和旅游要素融入的开发力度。高淳三条垄村和江宁石塘村分别进行了不同程度的乡村旅游开发，其中，山中别院慢书阁不仅为三条垄村本地居民提供读书文化空间，还为游客熟悉本地文化和慢生活的体验提供契机。石塘村的开发建设不仅注重江南民居宋代苏派风格改造，还对街区进行文创体验项目的打造，满足游客在旅游体验的同时，感受乡村文化记忆。

（四）推进文旅产品融合

依托南京乡村丰厚的历史文化资源，以文化创意为依托，促进更多资源向旅游产品转化。例如，可进一步加强对黄龙岘茶文化旅游体验活动的开发力度，增强黄龙岘茶文化旅游村的主题性。同时，李巷的产品开发应立足于红色文化基因，加大红色体验项目和红色科技项目的开发力度，增强游客在红色体验过程中的真实感。在不老村，除了主题民宿、文创、帐篷酒店等业态外，还应增强对不老村文化故事、历史典故、神话传说等事件的深刻解读，以加强文旅融合的深度和广度。对于三条垄村、大塘金、石塘村、竹镇、冶山等地，可根据"一村一品"的要求，融入乡村（民俗）主题文化，建设独具特色的乡村游客中心、文化中心、主题文化馆（园）。同时，积极发展以农业生态观赏、农耕文化体验、农民生活体验为主题的休闲农业和乡村旅游，建设集观光度假、休闲旅游、文化体验于一体的特色农庄和美丽乡村。另外，可以建设一批特色鲜明的精品乡村民宿，开发一批特色家庭休闲农场，并培育几个休闲农业和乡村旅游产业集聚区。此外，以举办重大乡村节庆为依托，进一步突出节庆活动的地方性和文化性，汇集茶文化、农家文化、"文创+"等各类元素，丰富节庆产品与活动内容，从而带动南京乡村文化旅游业快速发展。

（五）推进文旅产业融合

实施"文旅+"战略，加强乡村文化、旅游与相关产业的横纵向融合，打造新业态，在产业面和产业链上做文章，不断构建乡村现代文旅产业体系[18]。深入实施"互联网+"战略，推动文化、旅游与科技融合发展。统筹推进生态保护、文化保护和全域旅游发展，推动乡村传统技艺、表演艺术等非遗项目进入乡村旅游景区。推进文化遗产旅游、民俗旅游、旅游演艺、红色旅游、文化主题酒店等已有融合发展业态提质升级[19]。同时，加强文旅客源对接互动，整合文旅宣传资源，构建立体化、全方位的文旅宣传促销体系，对接消费集聚区，把握文旅市场需求和消费趋势，营造文旅消费热点，开启花样文旅营销方式，拓展文旅消费领域，提高文旅营销的精准度，促进文旅消费升级，打造乡村旅游与公共文化服务融合的旅游消费集聚区和文旅产业融合地。此外，依托乡村的特色文化、风物特产和传统工艺，加强传统特色商品开发和文旅商品的创意设计，提升文化内涵和附加值。加大对土特产、创意文化、书画文化等系列文旅商品的传承、保护、开发、创新力度，培育体现地方特色的旅游商品品牌。积极发展融旅游文创、茶吧、咖啡吧、书吧于一体的"文创乡村旅游驿站"，支持"文创乡村"的南京品牌做强、产品做丰、效益做大。举办文旅商品大赛，搭建文旅商品和创意设计的对接平台，定期发布文旅（文创）商品推荐名单，积极发展具有地方特色的商业街区和文旅特色商品体验展销中心，推进文旅产业深度融合。

四、乡村旅游与公共文化服务的融合路径

（一）思想理念融合路径

1. 树立文旅融合发展理念

进一步推动思想大解放，牢固树立"以文促旅、以旅彰文、和合共生、创新发展"的核心理念，将乡村旅游与基层公共文化服务融合作为推动乡村旅游发展的工作重点，厘清乡村文化资源和其中的文化要素，用市场化手段对其进行旅游产品的转化，通过旅游超强的传播力更好地宣传文化，同时通过文化的吸引力发展乡村旅游，二者和融共生。

2. 加强文旅融合舆论宣传

坚持正确的舆论导向，充分发挥新闻媒体宣传的作用，大力宣传和普及乡村旅游与公共文化服务融合的理念、意义、政策、项目和相关知识与经验，宣传乡村旅游与公共文化服务融合先进模式和典型案例，组织开展形式多样、内容丰富的群众性文旅融合促进活动。

3. 开展文旅融合学习交流

在全市开展乡村旅游与公共文化服务融合专题学习活动，重点面向文体广电和旅游管理部门、相关乡镇与街道、旅游景区及相关企业开展业务培训、论坛研讨、考察学习和业务交流活动，全面增强乡村旅游与公共文化服务理念，提高乡村旅游与公共文化服务融合的专业水准和实践能力。

（二）体制职能融合路径

1. 建立文旅融合领导体制

理顺文旅产业管理体制，在乡村文旅组织领导体制上积极探索，根据文旅融合发展的实际需要，在重大事项、资源调配、瓶颈问题解决上加强乡村旅游与公共文化服务融合的党政统筹，成立乡村文旅融合工作领导小组，各类乡村协会等部门参与，负责乡村旅游与公共文化服务融合工作的组织领导和顶层设计。

2. 健全文旅融合协调机制

建立政府部门联动的文旅融合协调机制、政企紧密合作的旅游融合发展机制和全民共建共享的文旅融合社会化机制，构建政府部门、街道乡镇、村庄社区、企业景区"四位一体"文旅融合协调机制，将四股力形成一股合力，拉动文旅融合的发展。

3. 推动文旅管理职能融合

深化乡村文旅行业改革，着力推进乡村文旅管理体制创新，建立乡村文旅

综合管理机构，健全社会综合治理体系，整合和优化内部机构职能，形成文化和旅游工作人员在工作内容上的交叉任职，优劣互补。加强文化和旅游领域政策、规划、管理文件等的对接和修订等工作，确保其发挥最佳效益。

（三）空间载体融合路径

1. 有效推进文化和旅游产业实现空间集聚

在乡村文化点、乡村文化创意基地、乡村特色餐饮街区、乡村创意工坊等文化和旅游资源相对富集、产业相对集聚的乡村率先推进融合发展，通过服务设施配套和相关产业政策支持等手段，吸引知名文化和旅游企业入驻，通过特色文旅项目、文化创意产业、文旅创新业态等的培育和扶持，建设一批设施与服务完备、主题与特色鲜明、功能与产品多样的"乡村文旅融合示范点"，通过这些文化旅游村、文旅产业村、文化创意村等产业集聚区的打造，推动文化和旅游产业在乡村地区的深度融合发展。

2. 推进公共文化服务与乡村旅游发展有机结合

推进公共文化服务与乡村旅游发展的有机结合是一项重要的任务，可以促进乡村旅游的文化内涵和游客体验。在南京市，一些地区已经展现了公共文化设施与旅游景区有机结合的成功案例。例如，南京市江浦街道通过给不老村民宿赠送图书的方式来拓展公共文化面积，打造"美丽乡村阅读空间"，同时设立文创体验馆、文创展示销售馆，把非遗体验、文创展示嵌入到人流密集的乡村景区。溧水区白马镇李巷也建设了红色书店，李巷豆腐坊、非遗工作室等业态，为游客提供了丰富的文化体验。然而，尽管已经有一些成功的案例，但整体而言，大多数乡村旅游景区、景点休憩场所、交通服务区域以及漫游绿道等地仍然缺乏公共阅读、文化展示和体验等设施设备。公共文化设施与乡村旅游的有机结合还存在较大的空间。因此，需要进一步加大投入，提升公共文化服务的覆盖面和质量，以促进乡村旅游的可持续发展和提升游客的文化体验。

（四）文旅产品融合路径

1. 深入发掘文化资源的旅游价值

充分利用乡村文化体系中民俗文化、农事文化、乡土文化、红色文化、乡贤文化等，发掘其中的精品文化内涵，科学彰显其旅游开发价值，通过"文化转化"和"遗产活化"等方式，实现从"文化产品"向"旅游精品"的转变，促进文化遗产、创意产业与旅游融合发展，丰富文化旅游、文化演艺和非遗展示活动。重视对历史文化街区、文物保护单位等文化遗存的科学保护与利用，通过富有乡村特色的精品文化和旅游项目的落地，优化地方文化和旅游形象，提升乡村旅游地的品牌知名度和市场吸引力。

2. 有效凸显旅游产品的文化韵味

在调查与分类的基础上，科学梳理乡村既有文化资源，结合消费市场对文化旅游产品的需求特征，重塑乡村旅游产品谱系，凸显乡村旅游项目、服务与设施中的文化韵味，在旅游产品、体验活动等具体内容中融入乡村文化元素、彰显乡村文化内涵，进一步突出乡村文化的特有魅力，让游客在观光、游览、参与、体验等环节中能够领略乡村精品文化的魅力，提升乡村旅游产品的文化内涵与市场价值。

3. 持续完善文化和旅游产品供给

以乡村旅游资源为基础，以市场需求为导向，遵循"整合与开发并重，优化与创新同步"的开发理念，深化文旅供给侧结构性改革，突出文化主题特色，创新旅游产品，突出体验价值，培育品质项目，通过提升类型的多样化和产品的丰富度，持续推进旅游产品体系的优化与完善，形成以乡村自然环境为基底，以乡村社会风貌为基础，观光游览、度假休闲、农事参与、文化体验、研学教育等多类型旅游项目协同融合、共同发展的局面。

（五）文旅产业融合路径

1. 创新发展传统文旅产业

以传承乡村优秀传统文化为基础，以创新乡村传统文旅产业为目标，科学审视乡村传统文化体系中的丰富文化元素，充分结合时代特征，适度考虑市场需求，对文化的载体形式、表现方法、展现途径等进行创新研判，积极实施"文化+"工程，将"文化"与"商贸流通、旅游度假、科技教育、智慧网络"等有效融合，创作出更多、更好的优秀作品，推动传统文化产业创新发展。积极发展特色餐饮，应建设特色餐饮街区，发展主题餐饮、快餐和特色小吃等业态，持续举办美食大赛，打造和推广"乡村菜"品牌，提升地方餐饮（店）文化特色和品牌价值，构建星级饭店、文化主题饭店、民宿等各类住宿设施齐全住宿体系，重点建设一批文化主题酒店和精品民宿，积极发展房车营地、森林木屋、竹林酒店等业态，规范住宿业管理，提升管理和服务品质。

2. 大力发展"文化+旅游"产业

依托乡村丰富的文化资源，推动旅游与文化的深度融合，强化文化创意，开发以文物遗址、历史街区、文化景区、宗教场所、博物场馆等为载体的高品位文化旅游产品，积极发展乡村文化、文博会展、古玩书画、工艺美术、演艺娱乐、影视传媒、动漫艺术等文旅业态。积极推进书画产业和工艺美术业发展，高标准规划建设乡村书画产业园、书画交易平台和书画村，定期举办工艺美术精品展，积极发展手工工艺业、茶器周边产业，推进民间手工艺保护继承、创新发展载体建设，实现与当地民宿、商业、文化等产业融合发展，推进书法、绘画、摄影、装置艺术等艺术门类开展个性化定制消费服务。

参 考 文 献

[1] 夏志强，付亚南. 公共服务的"基本问题"论争[J]. 社会科学研究，2021(6)：19-29.
[2] 李爽，黄福才，李建中. 旅游公共服务：内涵、特征与分类框架[J]. 旅游学刊，2010，25(4)：20-26.
[3] 徐菊凤，潘悦然. 旅游公共服务的理论认知与实践判断：兼与李爽商榷[J]. 旅游学刊，2014，29(1)：27-38.
[4] 韦鸣秋，白长虹，华成钢. 旅游公共服务价值共创：概念模型、驱动因素与行为过程：以杭州市社会资源国际访问点为例[J]. 旅游学刊，2020，35(3)：72-85.
[5] 何池康. 旅游公共服务体系建设研究[D]. 北京：中央民族大学，2011.
[6] 刘一琳. 公共文化服务背景下大连市老年大学发展对策研究：以辽宁师范大学老年大学为例[D]. 大连：辽宁师范大学，2020.
[7] 王大为. 公共文化服务的基本特征与现代政府的文化责任[J]. 齐齐哈尔师范高等专科学校学报，2007(3)：67-69.
[8] 陈慰，巫志南. 文旅融合背景下深化公共文化服务的"融合改革"分析[J]. 图书与情报，2019(4)：36-43.
[9] 李国新，李阳. 文化和旅游公共服务融合发展的思考[J]. 图书馆杂志，2019，38(10)：29-33.
[10] 于志兵. 乡村旅游与基层公共文化服务融合发展研究[J]. 南京晓庄学院学报，2021，37(2)：54-57.
[11] 吴蔚华. 关于公共文化服务体系建设的调研及发展方向探讨：以金华市为例[D]. 济南：山东师范大学，2009.
[12] 南京市江宁区：积极创新公共文化服务空间 余日昌[N]. 中国文化报，2018-03-27(8).
[13] 李祖硕，刘保东，李鹏飞. 关于农村公共服务设施建设的几点思考[J]. 价值工程，2013，32(30)：23-24.
[14] 潘顺安. 武汉城市居民乡村旅游需求特征分析[J]. 消费经济，2008，24(6)：69-72，38.
[15] 贺子轩，王庆生. 文化和旅游公共服务融合提升路径研究：以天津市为例[J]. 中国商论，2020(5)：79-82.
[16] 余得光. 旅游公共服务视域下的城市夜间旅游发展研究[C]//中国旅游研究院(文化和旅游部数据中心). 2020中国旅游科学年会论文集 旅游业高质量发展，2020：7.
[17] 马思斯. 乡村旅游对乡村社区发展的影响调查——以江宁黄龙岘村为例[J]. 现代经济信息，2017(17)：488，490.
[18] 赵树杰. 泰山区文化旅游产业融合发展探析[J]. 新西部，2019，493(30)：62-63.
[19] 雒树刚. 以习近平新时代中国特色社会主义思想为指导，努力开创文化和旅游工作新局面[J]. 时事报告(党委中心组学习)，2019，33(1)：64-80.

第五章　文旅融合载体

就文化与旅游的关系而言，文化是旅游的灵魂，旅游是传播文化的重要载体；文化是旅游的核心资源，而旅游又成为文化的重要市场。文化和旅游密切联系且相互促进，文化和旅游既有共同发展的客观需要，同时旅游发展对文化保护与传承又有着重要的推动作用，这就要求在文旅融合的过程中，突出载体的作用和价值，在载体的承接下真正实现文旅融合发展。文化和旅游的融合不是凭空产生，也不会随着时间的推移而消亡，文化和旅游互动的加强逐步推进文旅融合进程的发展，这也是社会经济发展到一定阶段出现的必然结果[1]。在文旅融合的过程中，文化可以包装旅游，从而使旅游的内涵和品质得以丰富和提升，形成旅游的精品和亮点，增强旅游的核心吸引力；与此同时，旅游亦可以承载文化，让文化得以有效保护和传承，促进文化的交流与合作，增强文化的生机和活力。本章通过对文旅融合载体的概念与内涵、文旅融合的空间载体、物质载体、精神载体以及数字载体等内容进行详细阐述，为文旅深度融合发展打造坚实基础和提供重要保障。

第一节　文旅融合载体的概念与内涵

一、文旅融合载体的概念

通常而言，载体指的是能够承载的物体，在不同的学科领域，有着不同的定义[2]。载体一词最早被引入生物和化学两门学科领域中，指的是能够传递能量或者运载其他物质的物质。化学方面认为，工业上用来传递热能的介质，为增加催化剂有效表面，使催化剂附着的浮石、硅胶等都是载体。生物学上将载体定义为可以插入的核酸片段，能够携带外源核酸进入宿主细胞，并在其中进行独立和稳定的自我复制的核酸分子，在基因工程重组脱氧核糖核酸（DNA）技术中将片段转移至受体细胞的一种能自我复制的 DNA 分子。随着载体应用领域的不断增多，对于载体也赋予了新的概念与内涵，泛指能够承载其他事物的事物。例如，语言文字是信息的载体等。

2018 年，中华人民共和国文化和旅游部正式挂牌，随之而来的是各地文化旅游机构的改革与融合，文化和旅游业进入了文旅融合发展的新时代，体现出国家对文旅融合发展的重视。如何更好地推动文化和旅游的深度融合与协同发展，让文旅产业走向更有诗意的远方，文旅融合载体的分析与挖掘成为其中非常重要的环节。基于对上述载体概念的理解和分析，结合文旅融合的特征与属性，本书认为文旅融合载体是指在文化和旅游融合发展过程中，能够承载文旅融合要素的事物，它能够促进文化和旅游的持续融合与合作发展，既可以是具有场所性质的空间事物，又可以是具有物质形态的实体或者具有精神价值的文化性艺术性事物，同时也可以是兼具两者形态的综合体。

二、文旅融合载体的内涵

（一）文旅融合载体的类型

根据上述对文旅融合载体的定义，结合文旅融合载体的性质和特点以及市场需求，本章将其分为空间载体、物质载体、精神载体、数字载体等。其中，空间载体根据其提供产品的性质和服务内容，又可以划分为公共服务空间载体和供给空间载体，公共服务空间载体主要包括旅游集散中心、高速公路服务区、通景公路、旅游厕所等载体；供给空间载体主要包括城市旅游功能区（历史文化街区、旅游休闲区、特色工业遗址区、商业活动集聚区、夜间文旅消费集聚区）、文化场域（包括博物馆、图书馆、美术馆、文化馆、科技馆、规划展览馆、红色革命纪念馆、名人故居、剧场影院、园林庭院、公益性小剧场等）、乡村旅游集聚区（包括田园综合体、特色田园乡村、星级乡村旅游区、乡村旅游重点村、现代农业示范园、农家乐专业村等）、旅游景区（包括旅游度假区、特色小镇、主题公园、风景名胜区、自然保护区等场所）。物质载体主要包括旅游标识系统、文创产品、旅游餐饮、物质文化遗产等。精神载体主要包括非物质文化遗产、旅游节庆活动、红色文化遗产等。数字载体主要包括云展览、文旅宣传片、目的地歌曲、文旅类综艺、直播短视频等内容。

（二）文旅融合载体的功能

随着文旅融合进入深入期，从早期的融而不合，到现在的不断融合，促使着文化和旅游的不断发展。这一过程中，不同的文旅融合载体的功能也发挥着不同的作用和价值，通常存在一致性，但又存在差异。具体表现为，空间载体是文旅融合载体的重要形式，包括了公共服务空间载体和供给空间载体。两种载体的类型尽管不同，但在载体的功能上存在较多的一致性，表现为，作为公共服务空间载体的旅游集散中心、高速公路服务区、通景公路、旅游厕所等，更多地承载着文化和旅游的展示功能，通过对旅游的文化性展示，表现为文化和旅游的发展融合。例如，旅游集散中心，作为在旅游发展中起到诸如咨询服务、售票预订、旅游餐饮等重要作用的集合，在文旅融合过程中发挥着重要的橱窗功能，为了体现独有的地方文化特性，通常还会增加一些具有鲜明当地特色的文创产品和旅游商品，让深入其中的游客能够更好地感受到地方文化的内涵与特质。高速服务区近年来成为全域旅游发展中重要的节点，满足游客的休息、加油和餐饮需求，随着文旅融合的不断深入，地方文化通常融入其中，无论是外在的建筑形式，还是内在的装饰布局等，在空间载体中能够得到较好的体现。

公共服务空间载体，与供给空间载体的城市旅游功能区、乡村旅游集聚区等存在较大的相似性，均以空间场所的形式，展现文化和旅游的不同业态和类型，让游客身在其中能够较好地体验文旅融合的程度和旅游的文化气息。随着夜间经济的不断发展，夜间文旅消费集聚区成为当前市场的宠儿，各级政府正在积极打造夜间文旅消费集聚区，通过对街区业态布局的设置和地方文化的渗透，游客和当地居民在游览集聚区的过程中，观光、购买和消费产品的同时，体验旅游发展中的文化性和文化融入中的旅游化特色。当然，同样作为空间载体的文化场所，通常展现的功能性明显不同，如博物馆、美术馆、图书馆等载体，这些文化场所除了基本的承载功能外，还包括其他功能。例如，保存是博物馆最基本的功能，它不仅保存着自然遗产，还储存着大量的文化遗产，成为文化集聚的重要载体，同时，博物馆可以辅助教育，是学校的第二课堂；博物馆是信息中心，其数字化过程拉近与游客的距离，紧密联系群众，扩大服务对象。此外，博物馆和图书馆等文化场馆，还具有社会功能，如提供有益的文化产品，营造良好的文化环境以及提供优质的文化服务等，这些内容为文旅融合的不断实现奠定重要基础。

除了以上载体的功能外，还涉及一些比如非物质文化遗产在文旅融合发挥的作用，功能性主要体现在非遗的利用和传承，包括当前非遗进景区、进社区、进校园等内容，将非遗产品和旅游进行有效结合，在旅游发展中不断融合非遗背后表现出的历史文化、技艺方式等，促进文化和旅游融合的不断加深，成为现代文旅市场关注的重点[3]。正如非遗的利用与活化成为当前旅游发展的重要方式，红色文化遗产、遗迹、遗址的综合利用与开发，红色精神的弘扬与传承，将红色文化与旅游进行有效结合，开展系列爱国主义教育、讲好红色故事、红色旅游研学等活动，充分体现了红色文化遗产作为精神文化财富，得以继承和弘扬，促进了文旅融合的不断深化。

第二节　文旅融合的空间载体

一、文旅融合的公共服务空间载体

公共服务是满足当地居民需求的同时，又可以兼顾游客需求的一切服务的总和，是对具有公共性质的服务的综合概述。本节中公共服务空间载体主要包括旅游集散中心、高速公路服务区、通景公路、旅游厕所等要素，文旅融合的发展需要公共服务空间的载体支撑，公共服务体系的完善和提升同样需要文旅融合的促进和带动，两者相得益彰，相互促进[4]。

（1）旅游集散中心。作为旅游集散、展示和吸引功能为一体的空间场所，旅游集散中心是展示城市文化的第一窗口，在加强旅游功能的同时，文化性也越来越受到地方政府的重视。旅游集散中心依托现有交通的区域合作，在整合旅游要素基础上，搭建自助式旅游选购平台，方便游客出行。旅游集散中心的特色化建设，必须深入挖掘城市文化内涵，形成设施布局系统化、功能服务多元化、建设运营市场化、信息获取精准化、宣传营销智慧化、文化主题鲜明化的旅游集散新格局，促使旅游集散中心在旅游功能空间基础上，展现城市的文化特性。例如，苏州市重要文旅地标阳澄湖旅游集散中心，积极提升文旅融合公共服务水平，举办高品质文旅融合活动，拓展文化空间外延，丰富各类公共文化服务内容。依托苏州图书馆分馆、苏州市华侨文化交流基地、阳澄湖度假区新时代讲习所、未成年人文明礼仪养成教育实践基地建设打造了阳澄湖度假区规划馆、文旅融合现场教学点、"长三角区域一体化发展"智库联盟（苏州）站点，将文旅多功能性完美展现。

（2）高速公路服务区。高速公路服务区不仅具有停车加油、餐饮购物功能，有些地方甚至加强了服务区空间形态的改造，表现为不仅在建筑外形上融入地方元素，内部空间更是开发了特色主题文化项目，为自驾群体提供了一处展示地方文化特色和旅游功能的休闲场地。例如，常州芳茂山恐龙主题高速服务区，将恐龙元素融入服务区，屋顶设计了色彩斑斓的翼龙、内部增添了霸王龙的声音特效，整个楼层扶梯按照恐龙骨架打造并开发了虚拟现实（virtual reality，VR）投影幕布，游客随时可以召唤恐龙合影，提升了整个服务区的恐龙文化气息。苏州阳澄湖服务区，不仅为游客提供了苏式点心餐饮和服务功能，更是增加了昆曲表演、全息投影、高科技 VR 主题乐园以及非遗文化艺术中心，成为我国高速公路服务区文旅融合的典范，构成了文旅融合与发展环节中极其重要的节点。

（3）通景公路。即连通核心旅游吸引物或景区的道路，也是旅游者开展旅游活动使用效率极高，且极容易造成交通堵塞的道路，通常以乡村旅游公路和旅游连接线为主。随着近年来对全域旅游的重视，地方政府也加强了对通景公路的开发建设，促使在公路原有设施的基础上，强化了道路两旁的绿化造林、建筑小品设计和沿线两侧的建筑改造，有的地段甚至结合当地民俗、风俗，增添了地方文化元素，提升了通景公路的观赏性、休闲性、娱乐性和文化性。例如，江苏常州"溧阳 1 号乡村旅游公路"以"三山（南山、曹山、瓦屋山）两湖（天目湖、长荡湖）"为核心，串联起沿途的旅游景区、特色田园，以路为引，以景串线，丰富多样的自然景观，完备的道路配套设施，让游客"行在风景里，如在画中游"，365 千米的公路沿线散落着可供游客停车休憩的新型乡村驿站，增添了建筑小品，彰显文化特色。同时沿线设置的景观台和休憩点，不仅注重旅游功能，更是增添了溧阳的乡土文化和女神传说，提升了沿线休闲设施的文化气质，为游客匹配了不可或缺的经典旅游线路，承担着文旅融合发展的廊道载体。

（4）旅游厕所。2015 年初，国家旅游局在全国范围内，利用政策引导、标准规范和资金扶持等方式持续开展旅游厕所革命。地方政府也积极响应，相继开展了"最美旅游厕所"评比、"旅游厕所三年行动计划和实施标准"、"服务最优旅游厕所"评选等活动，把旅游厕所革命作为公共服务体系建设的重点工程。经过多年的发展和建设，地方政府先后投入大量的资金进行了厕所的改善和提升，并根据不同等级的景区进行相应的厕所标准建设。在旅游厕所革命的推进中，尽管厕所的外形和等级多样，但总体上呈现了融入当地文化特色和注重景观环境质量提升等内容，丰富了旅游厕所的文化内涵，提高了游客满意度。旅游厕所革命不仅满足了游客的基础需求，更是提升旅游环境改善和体现社会文明进步的重要标尺，为文旅发展的深度融合打下坚实的基础。例如，苏州市相城区的荻溪厕，采用砖圆形状的粮仓造型厕，获得了全省"最佳景观特色"奖，厕所内部展示着相城区非遗文化作品，譬如栩栩如生的砖雕、蟋蟀盆，旧时的十里红妆泥塑、"织中之圣"的缂丝等；吴江盛泽充分利用丝绸文化元素打造特色古镇厕所；昆山巴解园滨水景观区厕所，临湖而建，观景台上面设置亭台和假山，台下设置一处厕所，进门处的三维（3D）彩绘大闸蟹，成为当地的网红打卡地。位于苏州市高新区的中国刺绣艺术馆，馆内厕所用竹林为掩映，外形沿用青砖白墙，与艺术馆其他仿古建筑融为一体，其主要装饰特色是采用了苏州传统刺绣展品，进而营造了厕所的整体文化氛围。以上这些成为当前旅游厕所革命中文旅融合的典型和代表。

二、文旅融合的供给空间载体

文旅融合与供给息息相关，文化和旅游的融合过程，本质上也是文旅供给和文旅消费的过程。在这个过程中，供给空间成为承载文旅融合的重要载体和必要场所[5]。本节中涉及的文旅供给空间载体主要包括了城市旅游功能区、文化场域、乡村旅游集聚区、旅游景区等内容。

（1）历史文化街区。随着全域旅游时代的到来，城市旅游的发展已经不再完全依靠传统的城市型旅游景区，而是逐步转向旅游景区和历史文化街区、特色工业遗址区、商业活动集聚区相结合的综合发展，这就需要城市在旅游发展的同时，逐渐对城市内的各类历史文化街区、遗址区、商业区等进行休闲化提升和改造，形成功能健全、产业形态多样、文化主题明确的旅游功能区、休闲游憩区和特色文化街区等[6]。例如，南京夫子庙作为历史文化街区，政府不断加强对街区的旅游功能提升，先后对街区的过度商业化现状进行改造的同时，开发建设了地下科举博物馆，这是中国目前少有的一家地下博物馆，馆内科举档案覆盖了从隋唐到明清各个时期，成为南京夫子庙历史文化街区的旅游亮点，同时也成为历史文化街区和旅游功能融合发展的典型案例，彰显了六朝文化、科举文化、秦淮文化和儒家文化与现代旅游业态的融合发展。

（2）旅游休闲街区。为了打造文化特色鲜明的旅游休闲街区，2021年文化和旅游部牵头编制《旅游休闲街区等级划分》行业标准，明确划分了国家级和省级旅游休闲街区的等级要求和入选标准，这次标准的出台为文旅深度融合提出了新的发展方向，不仅要求具有旅游休闲功能，更需要体现文化特色，为夜间经济发展带来福音。近年来，在国家促进文化与旅游消费政策的鼓励支持下，我国休闲旅游市场不断回暖，文旅产品开始转向大中城市及周边郊区休闲游。《2020 中国休闲产业发展趋势报告》的数据显示，居民的休闲旅游需求不再止步于景区观光，其旅游消费领域已经延伸到城市内的休闲空间。城市休闲旅游业将迎来新一轮的发展机遇，为文旅融合的业态创新与发展提供了重要载体平台。

（3）特色工业遗址区。江苏省南京市晨光 1865 科技创意产业园作为典型代表，曾是金陵机器制造局所在地，1865 年，也就是清朝洋务运动期间，由时任两江总督的李鸿章创建。它奠定了我国近代工业和兵器工业发展的基础，配备当时最先进的设备，其生产的新式枪炮的产量和质量为全国业界翘楚，该地是当下国内最大的近现代工业建筑集群。后南京市秦淮区人民政府和晨光集团通力合作，2007 年晨光 1865 科技创意产业园正式对外开放，园区占地面积约21 万平方米，清代建筑 9 幢、民国建筑 19 幢，是一座宝贵的工业建筑博物馆。园区分为时尚休闲生活区、科技研发创意区、工艺美术创作区、酒店商务区和科技创意博览区，竭力打造成为国内外闻名的集科技创意、文化娱乐、旅游休闲、商业会务于一体的区域性生活地标和创意产业集群。

（4）夜间文旅消费集聚区。伴随着人民群众对于文化和旅游消费需求的转变，文化和旅游消费成为新的消费增长点，在消费转型、结构升级、经济增长等方面发挥了重大作用。以国内大循环为主体的新发展格局正在积极重构，2019年8月，《国务院办公厅关于进一步激发文化和旅游消费潜力的意见》明确指出："大力发展夜间文旅经济。鼓励有条件的旅游景区在保证安全、避免扰民的情况下开展夜间游览服务。丰富夜间文化演出市场，优化文化和旅游场所的夜间餐饮、购物、演艺等服务，鼓励建设 24 小时书店。到 2022 年，建设 200 个以上国家级夜间文旅消费集聚区，夜间文旅消费规模持续扩大。"文化和旅游部于 2021 年 7 月、2022 年 2 月、2023 年 8 月已相继开展三批国家级夜间文化和旅游消费集聚区遴选建设工作。对于解锁消费新场景，激活潜在消费力，用多样化文旅活动促进消费时段的延长、消费需求的释放以及夜间文旅消费能力的提升起到了重要的推动作用。江苏省作为文旅消费大省，一直以来把握机遇，积极建设和打造文旅消费集聚区，仅首批就确立了 22 家省级夜间文旅消费集聚区。例如，无锡拈花湾禅意小镇，整个项目以"禅"文化为主导思想，从文态、形态、景态、业态全方位着力，规划建设了主题商业街区、生态湿地片区、度假物业区、论坛会议中心区和高端禅修精品酒店区五大功能，成为业内文旅融合和文旅发展的典范，有效地推动了无锡夜间文旅消费的繁荣与发展。

（5）文化场域。文化场域是文旅融合中重要的供给空间载体。文化场域是由包括文化资本在内的各类资本和各方行动者依照特定"惯习"（habitus）共同作用，而形成的具有相对独立性的社会空间[7]。在这个社会空间里，文旅活动的组织者和参与者会围绕文化资本、社会资本、经济资本、象征资本等的效用最大化而展开对话，并且形成权利置换的自觉参与和协调机制。这就意味着，从旅游者进入旅游目的地文化场域开始，并以一种区别于原有文化场域主体惯习的方式进行空间实践和权利置换，就开始了广义上和抽象的文化与旅游融合。文化场域不仅提供了文化与旅游融合的场所和空间，影响旅游空间实践在文化场域中的过程，而且旅游空间实践的发生也会反作用于文化场域，参与文化场域的共创过程，并实现对文化场域的重新建构[4]。本节中的文化场域主要包括博物馆、图书馆、美术馆、文化馆、科技馆、规划展览馆、红色革命遗址纪念馆、名人故居等场所。

早期的文化场域更多的是在文化领域中发挥作用，随着旅游业的快速发展和文旅融合的市场需求，博物馆、文化馆、科技馆、规划展览馆、红色革命遗址纪念馆等文化场所如今已然成为当前文旅融合的重要场地，不仅集中展示场地的文化实体，还通过这些实体进行精神层面的文化提升。旅游者进入文化场馆，在感受文化熏陶的同时，也会通过场地具备的旅游功能体验文旅融合的结果。例如，南京夫子庙历史文化街区的科举博物馆，作为全国少有的地下博物馆，不仅承载着浓厚的千年历史文化，同时作为历史文化街区的重要旅游节点，还有助于游客认识和了解夫子庙的文化历史，是景区文化的重要承载。随着夫子庙的旅游价值和知名度的不断提升，科举博物馆的建成和存在，无疑成为文化场域中文旅融合的典型代表。同时，尽管目前的如苏州博物馆等场所更多的是文化展示和浏览功能，但其独特的现代建筑、古建筑风格和创新山水文化的融入，加上馆内收藏着大量的文化艺术品，以及给游客提供了可参观、可体验和可休闲的旅游空间，如咖啡厅、书吧、休闲设置等，让游客在参与浏览博物馆的同时，可品位博物馆的文化底蕴和内涵，满足了游客对博物馆高品质的文化旅游消费需求。科技馆、文化馆、规划展览馆、纪念馆等文化场域，除了展示的文化内容不同，其他方面与博物馆存在较大的相似性。特别是南京科技馆，主要涵盖主场馆、影院及其他相关配套设施，由于科技的内容和主题较为鲜明，加上当前亲子旅游活动的火爆，成为亲子活动外出旅游选择的重要场地。主场馆由常设展厅、非常设展厅、国际会议交流报告厅等组成。其中常设展厅按主题划分为宇宙探秘、地球万象、智慧主人、创造天地、知识海洋和儿童科技乐园六个展区，这些展区为亲子和儿童提供了认知自然和了解地球的重要活动，进一步提升了科技馆的游客接待率，加速了科技文化和旅游发展的有效结合。

（6）乡村旅游集聚区。通常要求具备良好的自然环境和较为完善的配套设施，吃、住、行、游、娱、购等旅游要素可以进行有机集聚，并在区域内拥有较为完善的旅游休闲功能，较高水平的旅游服务，与此同时还形成具有一定规模和影响力的旅游接待村落。例如，南京市江宁区的黄龙岘由江宁街道、江宁交通建设集团组建的南京黄龙岘建设开发有限责任公司全力打造，其依据当地茶文化的深厚内涵，重点打造集品茶休憩、茶道、茶艺、茶叶展销-研发-生产、特色茶制品等于一身的特色产业模式——茶庄，先后开发建设了农家美食风情街、炒茶坊、不闲居、黄龙大茶馆、腾龙广场、果蔬采摘体验、荷塘湿地、千年古官道等项目，后来政府又开展了送书下乡活动，建设了乡村图书馆，为居民提供阅读空间，黄龙岘为茶主题文化和乡村旅游融合发展无疑提供了广阔的载体空间。我国众多乡村都拥有特色鲜明的自然资源、历史资源、民族资源、文化资源等，随着乡村振兴战略的稳步实施，采用策展的方式讲述乡土记忆、建立乡村博物馆将为传统乡土文化的保护、传承与创新发展提供强大助力。作为文化机构，博物馆不仅是专门的收藏、纪念和展陈空间，更是重要的社会教育场所和文化交流平台。一方面，乡村博物馆根植于乡村，带有浓厚的泥土气息，脱离了"高大上""距离感和精英化"的博物馆刻板印象，深深吸引着来自城镇的游客和生长于乡村的村民。另一方面，乡村博物馆围绕乡村文化设计运营，是对区域内各项文化遗产进行保护、管理和研究的权威机构，全面系统地展示当地最具代表性的文化成果。

第三节　文旅融合的物质载体

　　随着旅游业的蓬勃发展，文化在旅游发展中的内核地位也越来越显著，文化产业和旅游产业之间的互动合作日渐密切。文化带动旅游和旅游发展文化的过程中，物质载体势必成为承载、传播文化和旅游的重要方式[8]。物质载体作为传递形象和文化的名片，在彰显其文化效用的过程中，依托一系列基础功能，其空间、方位、路线及信息发布等的完善提升不断打造出全面立体的文化形象，并满足游客的文化体验需求。本节涉及的物质载体主要包括旅游标识系统、文创产品、旅游餐饮、物质文化遗产等内容。

　　（1）旅游标识系统。作为承载文化和旅游的物质载体，旅游标识系统以最直观的形式展现出地方文化特色和主流信息，主要包括引导标识、公共信息图形符号等，通常基于主题特色文化，将抽象概念具象化表达，全方位多角度挖掘提炼文化内核，并最终设计形成独具匠心的文化符号，无论是自然风景、建筑形式，或是人文风貌、民俗风情等皆为文化符号的灵感来源。具象的文化符号不仅彰显着主题核心文化，也是景区整体标识系统设计的基石，如色彩搭配、字体样式、造型花纹等的风格均受文化符号的影响。旅游标识系统设计的好坏直接决定了受众群体的感知，形象突出、主题鲜明、富有特色的旅游标识，往往能够让人形成过目不忘的视觉效果，因此，旅游标识系统要想达到符号化传播的设计效果，需要既能满足一般标识的引导作用，又能紧密结合当地文化要素，形成对外宣传和认知的符号标志。例如，江苏省淮安市金湖县的荷花荡景区，在旅游标识系统的设计理念上，充分利用金湖县丰富的荷花资源，围绕荷花文化主题元素，将荷花的出淤泥而不染的形象展现得别具一格，又将景区内部的建筑小品加以荷花元素的文化装饰,宣传口号的提炼上也围绕荷花做文章，"杉青水秀，为荷而来"，对于提升淮安金湖县的旅游形象奠定了重要基础。同样处于金湖县的水上森林公园景区，结合景区的独有特色，进行了标识系统的设计和制作，将景区的森林绿和水杉树的艺术特色相结合，成功塑造了水上森林公园的文化气息，让游客能够最直接地感受到景区的森林文化和艺术文化，包括对水上森林生命成长的理解，也成为"杉青水秀"的代名词，成为游客可观赏、可游憩、可体验的水上森林乐园。此外，这一类型的案例较多，如常州的恐龙园景区，无论是景区的恐龙文化项目打造，还是在内外部空间设计的标识系统，均能够体现到文化始终贯穿其中，成为文化型景区争相模仿的对象，进一步彰显了文旅融合物质载体的市场价值。

　　（2）文创产品。在文旅融合过程中，文创产品作为产业结合的衍生产品，为双产业融合发展注入了巨大的生命力和发展潜力。文创产品的设计中蕴含着丰富的文化内涵，创意创新的展示形式使得厚重文化得以在生动有趣的旅游产品中轻松表达。旅游者借助文创产品可以直接有效地体验目的地文化，并实现游玩结束后的持续性体验，从而达到让目的地文化"走出去"的传播效果。基于此，景区可借助文创产品为游客带来深度的文化体验，从而提升景区品牌价值，促进景区业态的融合。在这样的环境背景下，"IP+旅游"应运而生，为文旅产业融合打通新渠道。IP 的选择范围十分广泛，并不仅仅局限于动漫卡通形象等，能够体现主题特色的核心吸引物如当地特产、人文形象等均可成为 IP 的设计来源。聚焦消费者的需求，紧扣核心文化要素，将文创产品与创意 IP 深度融入线下消费体验，构建复合化文创业态空间，形成地方人气地标，进一步达到活化业态的效果，实现消费转型升级。正如江苏省淮安市，在开发文创产品上走在前列，通过确定最能代表淮安城市名片的元素，形成具有黏度和收视率的内容作品，促使全社会形成对淮安城市的整体认识，最终打造出具有淮安特色文化内涵，具有鲜明时代特征，深受消费者喜爱的文创作品。

（3）旅游餐饮。"民以食为天"，作为旅游六要素之一的"食"，是旅游过程中不可缺少的一部分。美食现已成为旅游产品中独具特色的一大类，其所蕴含的美食文化更是旅游目的地历史文化的重要组成部分。游客通过品尝美食一方面可以拥有美妙的味蕾享受，另一方面更是对当地文化的精神性享受。美食作为媒介，将旅游目的地的风土人情与历史文脉串联起来，为旅游者提供了深入互动体验当地文化的机会，从而创造情景化旅游。美食特色文化和旅游的融合一向是紧密联系的，作为文旅融合的重要物质载体，美食也为旅游地形象打造提供了新的方向。通过打造生动形象的美食旅游品牌，可以助力旅游地品牌的深度塑造，从而赋能旅游目的地建设。多元发展美食生态的过程中，应牢牢把握当地的美食的独特所在，从饮食文化视角进一步探索创新，避免陷入同质化竞争的陷阱；此外，还应注重整体的业态布局，线下以美食作为核心吸引物，结合街区、景区、乡村旅游点等打造一站式美食旅游体验，线上整合营销渠道，借助直播、短视频等新型营销形式挖掘美食旅游流量价值，并将线上流量实现销售"变现"，进一步拓展品牌影响力。

（4）物质文化遗产。作为人类创造历史和改造历史的遗迹遗存，物质文化遗产的活化成为当前文旅发展的重点，也是文旅融合的重要物质载体。利用数字化技术阐释、品读文物建筑、考古遗迹、文保单位、名人故居等物质文化遗产，提升文物活化利用水平。以文旅融合为重要途径，创新物质文化遗产活化利用的新模式、新路径，带动更多物质文化遗产转化，通过展示、体验活动，讲好地方文化故事，促进物质文化遗产保护与活化。发掘、整合、利用丰富的物质文化遗产旅游资源，加大其文创品牌的建设力度，激发物质文化遗产的活力，深入挖掘和丰富文物遗产的内涵和价值，推进文物遗产资源的创造性转化和创新性发展。例如，江苏常州春秋淹城遗址，作为国务院第三批重点文物保护单位，在政府主导和大力开发建设下，围绕春秋历史文化进行旅游开发和场景设计，打造春秋淹城遗址+全球首个春秋主题乐园，成功创建国家 5A 级旅游景区，成为物质文化遗产活化的典型案例。

第四节　文旅融合的精神载体

　　文化和旅游业的发展不仅依靠物质载体的传播与输送，更需要非物质载体的传承与演绎，将文化和旅游的特色进行全方位展示，形成文旅融合与发展的精神载体，传递精神文化力量。本节中涉及的文旅融合精神载体主要包括非物质文化遗产、节庆活动、旅游演艺和红色文化遗产。

　　（1）非物质文化遗产。非物质文化遗产作为文化遗产的另外一种形式，以其独特的资源方式和产品形态，树立在文旅产品体系中，成为文旅发展的重要载体形式。非遗是中华优秀传统文化的重要组成部分，对其进行保护、利用和传承就是对中华文化的保护、发扬与传承。非遗根植于文化、融古于今，作为文旅融合的精神载体在文旅业态融合上发挥了重要作用。"活化"非遗，离不开传承与体验，推动城市文化、历史文化、名人文化等与旅游深入结合，打造一批具有特色的文化旅游新业态，打造非物质文化知名品牌。非物质文化遗产丰富的文化内涵和市场化属性为其推进文旅融合提供了多种渠道，如研学旅行、演艺活动、文创产品等。坚持发挥非遗的文化效应，从而提升非遗产品的整体品质和影响力。为了有效促进非遗与旅游的深度融合，优化区域非物质文化传承发展环境，通过"周周演"活动将非遗引进景区、进社区、进学校，加强民众对于非物质文化遗产的了解和认知，使非物质文化遗产实现动态化传承。为探索非遗创新发展新路径，江苏省充分利用非遗资源，将其与景区结合，打破时空限制，开展无限定空间非遗进景区活动。游客在景区内可沉浸式体验非遗文化，参与形式多样的非遗展示、展演活动，全方位、多角度感受非遗文化的独特魅力。例如，江苏南通唐闸古镇开展了以"见人见物见生活"为主题的南通首届非遗集市，邀请市内外知名非遗项目进驻，展现非遗魅力；并持续开展"走进唐闸，又见非遗"活动，为大众呈现了琳琅满目的非遗产品，成为"无限定空间非遗进景区"的成功典范。

　　（2）节庆活动。中华文化源远流长，受民俗文化影响形成了传统的节日节庆活动。传统节庆是世代相传的无形的文化遗产，蕴含着厚重的文化积淀，发挥着情感寄托、教育启示等功能。此外，还有具备鲜明地方特色的现代节庆活动，彰显着当地文旅品牌特色，如江苏淮安盱眙龙虾节，以"龙虾"为媒，融文化、旅游、商贸于一体，持续打造核心体验品牌，得到了大众的广泛认可。节庆活动依靠其自身的文化内涵持续焕发蓬勃的生命力，而旅游依托节庆活动得以开拓新的发展领域。节庆旅游以当地文化特色为突破口，通过演艺、商贸等系列活动吸引游客、扩大对外经贸交流的窗口；因地制宜利用现代活动诠释地域文化，将文化作为核心灵魂，提供深度旅游体验，从而进一步健全旅游品牌形象，推动当地文旅产业发展。

（3）旅游演艺。如今，游客愈发追求深度体验，旅游演艺作为文旅融合发展的重要载体，已成为人文旅游新体验形式。旅游演艺旨在借助艺术表达形式展示旅游目的地文化，无论是传统的剧场演出、实景演出或是新兴的沉浸式互动演出，都为游客带来了一场极具艺术性的文化盛宴。作为兼具艺术性和商品性两种属性的旅游演艺，应当把握好两者的平衡：保障演出的艺术质量但也要考虑到旅游演艺的大众文化特质，避免"曲高和寡"；同时兼顾商品属性，注重演艺本身的市场需求，借助演艺项目带动区域的整体开发。在许多旅游地，旅游演艺已成为活化历史、展示文化的最佳形式，结合旅游地的文化特色，将其进行艺术性表达，以游客喜闻乐见的形式打造沉浸式的游览观赏体验，从而实现文旅高质量融合发展。例如，常州春秋淹城开展的梦回春秋演艺活动，将多种体验性内容融入表演中，使得游客不仅可以驻足观看演艺活动，还可以参与其中，为游客提供了一站式沉浸体验。盐城东台西溪"天仙缘"实景演艺，通过对董永传说故事的加工和提升，结合现代灯光电技术，全方位展示了董永和七仙女的爱情文化，为大众提供了身临其境的"沉浸式"体验。

（4）红色文化遗产。红色旅游是传承革命精神的重要表现形式，通过对红色文化氛围营造、红色文化遗产弘扬开发、红色文化遗产立体建库，实现红色文化及其资源的保护、继承和弘扬。促进红色文化与旅游深度融合发展，发挥红色资源优势，高标准推动红色旅游体系建设。改进创新红色旅游展陈展示方式，拓展革命文物利用途径，借助文旅新技术活化利用文物资源，重视对年轻群体受众的把握，让红色资源"活"起来。改进创新红色旅游发展模式，依托红色旅游景区景点，增强红色文化吸引力，推进建设红色主题民宿、研发红色系列产品、打造数字化展示工程，进一步延伸红色文化和旅游产业链条，坚持把握红色文化的核心地位，着力打造以红色文化为主体，观光、休闲、体验等多种旅游形式为载体的发展路径。红色旅游传播爱国主义革命精神文化，作为旅游发展的重要形式，成为文旅融合发展的重要载体，延续和展现着红色和旅游的良性融合，通过红色文化引导旅游发展，又通过旅游传播红色价值。例如，江苏南京的红色李巷，通过对红色历史遗址的有效开发，再现红色场景，打造红色记忆，在发展红色旅游的同时，不断开发蓝莓经济作物，形成"红色旅游+农业"发展的模式，拓展了乡村经济增长点，借助红色文化实现乡村振兴发展。

第五节　文旅融合的数字载体

文旅融合的过程复杂多变，载体类型也呈现多种形式，随着现代科技水平的不断提升，文旅发展与信息技术的有效融合，成为现代文旅业态创新和快速成长的重要手段和途径。随着数字载体的出现，越来越多的文旅产品通过信息技术向外传播，对科技手段和文化内涵的挖掘和展现不断加强。通过技术与文旅的结合，向大众展现现代文旅的独特魅力。本节阐述的文旅融合数字载体，主要包括云展览、文旅宣传片、目的地歌曲、文旅类综艺、新媒体技术等内容。

（1）云展览。即云上展览，展现了线上线下融合发展的趋势。随着现代技术的不断发展和旅游市场需求的不断提升，各大景区相继开展"云旅游""云看展"等活动。云展览成为文旅融合创新发展的重要着力点和强大技术载体。云展览打破了时空的限制，其推广渠道更为多元，同时云展览的回放功能实现了内容的二次传播，进一步扩大了受众范围与影响力，一定程度上有助于推动实现公共服务资源的均等化。云展览作为文化与旅游吸引物的重要线上展现平台，促进了文化的交流与互动，也将成为景区景点的重要营销渠道。苏州博物馆 2020 年推出线上观展服务平台"苏博云观展"，利用"互联网+"创新展览模式，线上进行藏品、展览、文创产品展示，线下进行专业讲解、实景呈现、科普讲座等，让游客足不出户也能在博物馆畅游。

（2）文旅宣传片。通过对于景区特色地域文化特征进行展示与表达，以视听结合的传播路径，提高旅游景区的知名度与吸引力，已经成为当前文旅发展的重要营销途径[9]。一部好的文旅宣传片是景区营销的有力武器，同时也将成为重要的旅游吸引物。宣传片要表达的不仅是自然人文风光，还涉及景区主题与风格，能够传达出景区的整体定位与精神，进而形成独特、深刻的视听识别效果，真正发挥文旅宣传片的影响力与效果。《水韵江苏·有你会更美》是一部紧扣"水韵江苏"主题的文旅宣传片，片子的整体基调有一种史诗般的震撼感，同时也充满文化艺术的魅力，蕴含人文温暖。片中着重突出"水"和"文化"两大特色来表达江苏"风光""人文""生活""味道"四美。在美丽的"水上风景"中融入独特的"水乡文化"，江苏几千年的文化积淀与历史传承如画卷般徐徐铺开，文化旅游的"人性之美"在其中熠熠生辉。

（3）目的地歌曲。一首《成都》带来"一首歌唱红一座城"的热潮，吸引众多游客寻找歌曲中关于成都的记忆，证明了一首好的目的地歌曲所带来的旅游影响力。目的地歌曲的景观意象往往服务于情感的表达，以场景再现与情绪诱发的方式来影响听众对目的地的态度。优质的目的地歌曲能够加强游客对目的地的感知，连接目的地形象与游客情感，使游客产生好奇心与情感的共鸣，成为吸引游客前往目的地的旅游动机，实现"因为一首歌，想去一座城"的效果[10]。例如，南京市在旅游推介会上利用《南京，南京》《盼兮》《莫愁啊莫愁》《茉莉花》等歌曲进行城市文旅推广与宣传，展现南京城市的文化魅力与人文情感，兼具极强的感染力与艺术性。其中《南京，南京》表达了演唱者对南京的印象、情怀以及对南京这座城市的爱意，歌词中出现如"金陵饭店""鼓楼""新街口""紫金山"等众多具有南京标志性的地名及文化符号，成为重要的游客打卡地。

（4）文旅类综艺。近年来，文旅综艺大量涌现，成为文旅发展的重要形式，区别于传统过度娱乐化的综艺类型，文旅类综艺往往从传统文化、历史古迹中寻找灵感，并凭借着节目中透露的文化深度、人文关怀与情感治愈，赢得观众的喜爱。综艺联合文旅，将文旅资源呈现于综艺节目中，丰富目的地的宣传方式，实现以文旅综艺为载体，多主题与多视角地呈现目的地的文旅禀赋与吸引力[11]。不同于简单的旅游打卡或者明星完成游戏任务，文旅类综艺节目通过嘉宾的体验和探索，讲述目的地的历史底蕴与特色风情，充分展现目的地的风土人情。文旅类节目为取景地聚集了人气，也正在为当地文旅产业的发展带来更多可能性。在文旅融合的大背景下，文旅类综艺节目通过主持人与嘉宾身临其境般的直观表达，实现地方文化的传播与旅行"种草"。《游遍江苏》是江苏优质的文旅融合真人秀节目，在节目中主持人游历于江苏大小城市，走街串巷，探寻藏在民间的匠人，访问文史专家，带领观众了解江苏传统文化，感受江苏深厚的文化底蕴，领悟"水韵江苏"的文化内涵。

（5）新媒体技术。随着科学技术的发展，新媒体技术也在不断创新。城市文旅的传播离不开新媒体技术的支撑，其传播形式也由传统媒体转变为新媒体。在文旅产业迅猛发展的今天，利用"互联网+"新形态创新传播手段与营销方式已成为一种新的潮流[12]。直播、短视频等新兴的传播工具日渐火爆，以其社交力强，传播迅速且广泛的特点，逐渐占领市场，进入大众视野。抖音是一款短视频社交应用程序，日活量上亿，深受大众喜爱，吸引众多城市与景区营销部门入驻。通过短视频数秒的精彩表现来展示城市或景区的文化，吸引人们"驻足"；通过直播的生动介绍，让人们对城市的文化印象更加深刻。当前各地政府对旅游品牌的营销习惯于从城市及景区的不同视角进行内容的拍摄与文化的表达，便于各个群体的接收。例如，江苏文化和旅游厅抖音官方号"水韵江苏"，以不同主题短视频展现江苏的文旅资源吸引了大批粉丝，成为展现江苏省文旅产业对外展示与营销的重要途径，进一步延伸了科技提升文旅消费体验，展现了文旅融合载体的创新和突破。

参 考 文 献

[1] 厉新建, 宋昌耀, 殷婷婷. 高质量文旅融合发展的学术再思考: 难点和路径[J]. 旅游学刊, 2022, 37(2): 5-6.

[2] 徐翠蓉, 赵玉宗, 高洁. 国内外文旅融合研究进展与启示: 一个文献综述[J]. 旅游学刊, 2020, 35(8): 94-104.

[3] 孙九霞, 许泳霞, 王学基. 旅游背景下传统仪式空间生产的三元互动实践[J]. 地理学报, 2020, 75(8): 1742-1756.

[4] 马勇, 童昀. 从区域到场域: 文化和旅游关系的再认识[J]. 旅游学刊, 2019, 34(4): 7-9.

[5] Liang F, Pan Y, Gu M, et al. Cultural tourism resource perceptions: Analyses based on tourists' online travel notes[J]. Sustainability, 2021, 13(2): 519.

[6] 张朝枝, 朱敏敏. 文化和旅游融合: 多层次关系内涵、挑战与践行路径[J]. 旅游学刊, 2020, 35(3): 62-71.

[7] 韦俊峰, 明庆忠. 侗族百家宴非遗文化旅游空间生产中的角色实践: 基于"角色—空间"理论分析框架[J]. 人文地理, 2020, 35(2): 48-54.

[8] 吴丽, 梁皓, 虞华君, 等. 中国文化和旅游融合发展空间分异及驱动因素[J]. 经济地理, 2021, 41(2): 214-221.

[9] 孙剑锋, 李世泰, 纪晓萌, 等. 山东省文化资源与旅游产业协调发展评价与优化[J]. 经济地理, 2019, 39(8): 207-215.

[10] 周小凤, 张朝枝. 元阳哈尼梯田遗产化与旅游化的关系演变与互动机制[J]. 人文地理, 2019, 34(3): 154-160.

[11] 赵书虹, 陈婷婷. 民族地区文化产业与旅游产业的融合动力解析及机理研究[J]. 旅游学刊, 2020, 35(8): 81-93.

[12] Um J, Yoon S. Evaluating the relationship between perceived value regarding tourism gentrification experience, attitude, and responsible tourism intention[J]. Journal of Tourism and Cultural Change, 2021, 19(3): 345-361.

第六章　江苏文化和旅游融合发展的体制与机制

第一节　江苏文化和旅游发展体制构建

党的十九届三中全会于 2018 年 2 月通过了《中共中央关于深化党和国家机构改革的决定》和《深化党和国家机构改革方案》，3 月正式成立文化和旅游部，统筹发展文化事业、文化产业和旅游业，推动文化和旅游体制机制的融合发展与改革创新。

文化和旅游部的成立标志着我国文化和旅游的融合发展进入了一个新阶段，意味着从宏观层面打破原有的行政壁垒，从顶层机构设置的角度确立了文旅融合体制保障、机制互补、职责整合和统筹规划的基本架构。此后我国各级地方行政机构也自上而下遵循改革方案，为推动地方的文旅融合发展提供组织和制度的配套建设。

正如党的二十大报告中提到的"明确我国社会主要矛盾是人民日益增长的美好生活需要和不平衡不充分的发展之间的矛盾"，发展中的矛盾和问题更多地体现在发展质量上。要坚定文化自信，深化文化体制改革，加快构建把社会效益放在首位、社会效益和经济效益相统一的体制机制。因此，江苏文旅体制的构建就成为文化和旅游部门融合中值得研究的重要内容。而江苏文旅体制的构建，首先要厘清其与以往设立的文化部门和旅游部门的区别，归纳出区域文旅体制的基本特征，在此基础上归纳分析得出江苏文旅体制的构建要点。

一、江苏文化和旅游发展体制的基本特征

（一）多元化

从江苏的实践来看，文旅体制的发展过程不仅是文化和旅游两大部门融合的体制化，更是政府、市场和社会之间的参与主体与路径的多元化。

回顾我国旅游业 40 余年的发展过程可以发现，旅游资源和产品的开发过程，以故宫、兵马俑、泰山、西湖等为代表的旅游资源与产品都表现出明显的文化属性，它们的存在为文旅融合发展奠定了一定的基础，文化资源成为我国旅游资源中重要的组成部分。但是在实际管理中，文化资源分属于文化、宗教

等部门管理，由于没能破除体制性障碍，文旅合作的层面始终较为初级，甚至会出现开发与保护的争论，缺乏统一的认识和有机的内在联系。旅游业的商业资本多投资于具体的旅游景区、饭店和旅行社等基层服务机构与设施；而文化领域的事业单位在产业化的进程中多强调公共文化服务的属性，对文化领域商业化的"最后一公里"缺乏更多类型的主体参与，造成公共文化服务产品和效率不足的问题。随着我国整体社会发展水平的不断提高，消费者的个性化需求与偏好也在发生变化，旅游发展目前已从大众包价观光旅游进入散客注重参与体验的自助游与休闲游的新阶段；旅游业的产业结构也要随之调整，对于旅游资源和产品的规划开发需要提升文化效益和品牌效应，通过文旅的深度融合来体现出文化对于旅游的创新价值、经济价值和社会效益。因此无锡的灵山胜境景区和南京的牛首山文化旅游区等文旅投资主体都有着相互渗透、产业融合发展的强烈的内生动力，文旅体制融合中的主体与路径的多元化是其显著的特征。

鉴于旅游活动自身已成为文化体验的一部分，多元化有助于充分发挥政府、市场和社会之间的各参与主体在文旅融合过程中的优势，通过融合发展避免各自为政中造成的资源浪费与冲突。这也意味着在文旅融合的体制建设中，在理念导向、资本介入、融合内容、融合模式、效益产出等过程中，要科学优化各主体的位置与角色，引导其发挥各自优势，摆正立场，选好路径，实现文化与旅游各个主体的有机融合；同时还要自上而下通过理论和实践探索，构建高效率的多元化主体的协调联动机制，提高文旅融合的社会和经济效益，避免表现低俗化、生产低效化和产品同质化的似是而非的文旅产品。

（二）融合化

江苏文旅体制的融合不仅体现在理念融合与产业融合的制度建设上，也体现在基础设施、服务内容和效益评估的操作融合上。

从文旅的基础设施融合与公共文化服务角度出发，2018年11月文化和旅游部、国家发展改革委等17部门发布了《关于促进乡村旅游可持续发展的指导意见》，提出要完善乡村旅游基础设施，完善乡村旅游公共服务体系。2019年1月文化和旅游部等18部门联合印发《加大力度推动社会领域公共服务补短板强弱项提质量　促进形成强大国内市场的行动方案》，提出要完善重点地区旅游基础设施，推进多种旅游业态发展，公共文化服务成为文旅融合的集合域。

2021年江苏省文化和旅游厅印发了《江苏省文化和旅游产业融合发展示范区建设指南（试行）》，提出将文化特色鲜明、旅游资源丰富、文旅融合要素和市场主体集聚、文旅品牌知名度高、相关链条深度融合、产业配套体系完善、产业发展优势明显、社会效益和经济效益显著，在推动文化和旅游产业融合发展方面具有示范带动作用的区域划定为文旅融合发展示范区。与此同时，还构建了一系列的评价指标，力争从资源集聚要素的健全程度、业态丰富和深度融合的程度、运营管理的规范程度、创新示范效益的显著程度等多角度来评价江苏的文旅融合发展程度。

因此，在文旅融合的过程中，重视基层的公共服务体系和设施建设，做好基层公共文化服务的内容优化，不仅有助于提升基层公共文化服务设施的利用率，实现公共服务的短板补齐、弱项增强和质量提升，也有助于提升城市和乡村旅游的服务水平和居民的幸福度。

（三）公众化

江苏的文旅体制的融合发展不仅体现在管理部门的融合，也体现在公众参与程度的日益广泛化。

江苏的文化和旅游业在长期以来的社会生活中的职能作用发挥中，都立足于服务公众，具有明显的社会服务属性。虽然文化业和旅游业的公众群体存在差异性，但是在社会文化消费升级的过程中，不同的公众群体在向文化旅游消费的游客公众转变的过程中，对于文旅融合过程中传达的形象和内容、展现的内外部环境等方面都会有及时的感知与反馈，并且借助不同类型的网络媒体进行图文音视频等各种形式的点评或转发等，从而实现更大范围内的公众参与，即公众化。因此，文旅融合的过程也是文化爱好者、旅游参与者、目的地居民、媒体从业者、文化团体、相关的企事业单位、地方政府和专家学者等社会主体广泛参与、共同建设的过程。因此在江苏文旅发展体制的构建中，就有必要把树立满足公众需求的服务理念、高度重视满足文旅产品的内容与质量、以公众开放性的舆论评价和第三方点评作为江苏文旅融合体制公众化的评价指标体系之一。

此外，随着我国社会主义民主政治的建设进程加快，国家治理能力和治理水平现代化的不断提升，公众的参与意识也不断增强，众多新媒体平台都大量涌现出普通公众围绕某个旅游地或某类旅游资源创作的特色文化作品，甚至催生了一些网红旅游景点；但是其中也出现一些不和谐的违反社会公序良俗的现象，旅游消费中的一些负面行为有不良的示范效应，这都亟待我们从文旅融合的大背景下进行对公众参与文旅融合中暴露出的新现象进行认识和探索，寻求管理体制的创新与深化。

（四）引导化

回顾历史可以发现，即使是在江苏这样文化基础设施较完善、市场经济较发达的地区，文旅体制的融合也不能完全依赖于文化和旅游部门的自发融合，而是要考虑到文化事业的宣传教育功能与旅游经营活动逐利性的特点之间的差异，由各级地方政府部门在文旅融合中起到引导作用。

地方政府的引导化主要体现在：政府对文旅融合负有价值导向的重要责任；在文旅融合的深度开展中承担着具体的牵线搭桥的功能；在文旅融合的实践中，承担着资本和市场监管作用。

当然，如果仅仅依靠政府来促进文旅融合的话，容易出现对文旅融合干预不当、监管不力、投入不足等政府失灵的现象。与此相对应的是，资本和市场在文旅融合中发挥资源优化配置的重要作用；但是市场经济也会因一味地追求经济效益而忽视文旅融合过程中的社会效益和生态效果，同时因为其盲目性和自发性而导致市场失灵现象的出现[1]。因此，各级政府的引导并不是干涉市场的运行规律，而是通过价值观引导和制度建设来避免市场失灵带来的对社会和生态的破坏。

二、江苏文化和旅游发展体制的构建要点

（一）实现文旅体制的有效融合

鉴于我国文化和旅游部门融合发展的背景与特征，江苏在推进文旅体制的构建中，主要可以从理念融合、资源融合、产业融合和顶层融合四个层面考虑。

1. 理念融合

即达成文化和旅游在功能与价值上具备高度一致性的认识与理念。作为一个难以定义并容易被泛化的概念，其核心是人创造文化并享受文化、受制于文化，因而文化的最终目标是追求人的全面和自由发展。旅游活动本身既有经济属性又有文化属性，旅游的功能在于帮助人们逃避理性和压力束缚，满足人们的社会交往、受尊重感和自我实现，而这正是通过享受自然与社会的风情和文化之美实现的。因此就如同《马尼拉世界旅游宣言》中指出的："旅游是人类实现自我精神解放的重要途径。旅游的本质就是要让人们通过观光、休闲、度假等开阔视野、增长见识、陶冶情操，实现精神愉悦。"因此，文化与旅游在功能和价值上有着高度的一致性，即追求自由的本性，实现人的全面发展[2]。

2. 资源融合

即从旅游资源的角度进一步推动文化对旅游的贡献，让旅游资源中的文化要素更加丰富化和外显化，增强旅游资源的文化特征以提高旅游地形象乃至打造旅游品牌。传统的文化资源并非天然就是旅游资源，其门类广阔，包括历史、艺术、哲学、宗教、政治和风俗等，虽然并非所有的内容都具有对旅游者的吸

引力，但是每个地区独特的文化会深深地渗透到旅游地的社会生活和景点中，传承至今的众多文化遗产更是备受众多旅游者关注。例如，文博场馆作为典型的文化资源，在我国一度曲高和寡，但是随着一系列电视综艺节目如《国家宝藏》《典籍里的中国》等的热播，越来越多的自助游客人和旅行社的团队客人涌入南京博物院、陕西博物馆、河南博物馆等参观打卡，在节假日甚至要抢先预约。与此同时，随着旅游地竞争的加剧，自然旅游资源类型的景区也纷纷以文化标签来强调其差异性，吸引公众。例如，我国各地名山众多，而泰山、庐山、青城山等就分别以流传已久的封禅文化、诗歌与影视文化、道教文化为标签，凸显其风景的人文魅力，成为吸引游客的法宝。来自湖南的张家界景区虽然与传统景区相比出道较晚，但是在宣传推广中以当时全球热映的3D电影《阿凡达》的原型地为卖点，迅速打响了知名度。

3. 产业融合

即发挥旅游业对文化推广的市场推动力，将旅游作为文化传承与交流的载体，展现文化强国和文化自信的市场价值。文旅产业融合不仅可以推动传统文化的保护和传承；而且通过文化创新也可以带动旅游产业的深度发展。最为典型的就是文化创意，优秀的文化创意可以转化为旅游IP，这在西方已经有迪士尼主题乐园成为文旅融合的典范。在我国，文艺工作者的创新作品和旅游市场结合后，同样能够创造出惊人的效果。例如，王潮歌导演的《印象·刘三姐》实景演出，将电影《刘三姐》的故事情节与场景要素以全新的艺术表现形式进行创造，通过现代手段与技术展现丽江山水，保留舞台魅力的同时展现出原始山水的生态风貌，因而迅速成为阳朔的旅游名片，不仅成为阳朔的旅游吸引物，扩大了旅游地的知名度和影响力，从2004～2013年的演出场次和观众人数可以看出，10年间其演出累计达4483场，接待游客1049万人次，观众人数占阳朔游客总量的10%以上，最高时达20%左右，带来了可观的经济效益[3]。

地级旅游城市张家界的总人口不足200万，但是官方公布的2018年旅游接待情况的相关数据显示，2018年接待游客8521.7万人次，年收入超过756亿元。其中，演艺场所接待情况方面，《魅力湘西》接待游客125.83万人次，同比增长11%；《梦幻张家界》接待游客40.86万人次，同比增长37.73%；《烟雨张家界》接待游客62.62万人次，同比增长14.6%；《天门狐仙》接待游客44.61万人次，同比增长18.09%。此外，投资过亿的2部剧目《天门狐仙》和《美丽湘西》都入选文化和旅游部评审的首批"国家文化旅游重点项目名录（旅游演出类）"，成为"国家文化产业示范基地"和湖南省旅游演艺界的金字招牌。其中的《天门狐仙》一炮而红，主要得益于成熟的文化人才的巨大贡献，该剧由蜚声国内外的音乐大师谭盾编曲、国家一级编剧张仁胜和我国实景演出创始人梅帅元共同合作完成,整体故事结构和演出风格具有独特的风貌和魅力,因而一直在激烈的竞争中立于不败之地[4]。

当然,文旅产业融合时要警惕文化原真性的丧失,即为了便于管理和表演给游客观赏,将当地的真实文化异化为"表演文化",把真实的文化现象套路化甚至虚假化,并且将游客与当地的居民隔离开来,这样的产业融合由于失去了基础的文化传承者而难以拥有较强的感染力和长久的生命力,并会因为粗制滥造和快速复制而引起消费者新鲜感的消失甚至产生厌烦感。

4. 顶层融合

即旅游部门和文化部门从顶层设计中就实现真正的融合。完善顶层设计,有助于对旅游管理机构和发展政策与战略等进行科学而合理的规划与分工;也有助于在文旅融合中实现真正有效的部门协同联动,保证组织管理高效、主体权责明确,避免原有部门之间的重复管理或者真空管理的情况。我国的文化和旅游部门的纷争由来已久,主要集中在对文物及特殊类型的文化保护与开发的理念和实践中,如是否可以在风景区建设索道、如何开发文化历史遗产真迹等。此外,旅游资源的特点导致农业、林业、海洋、文化、文物等部门都与景区有着各种行政管理关系,我国地方旅游管理体制改革实践中曾经试图联合各部门办公,但是效果有限。因此,如何整合文化和旅游部门就成为一个仍需高度关注的问题,而且是从上至下才能解决的顶层设计问题。

文旅融合顶层设计的落实,需要三大支柱的建设。一是制度创新。首先要依照文旅融合的新形势,修订《中华人民共和国旅游法》的部分内容,明确文旅活动内在的法理逻辑与涉及的相关内容,以便增强旅游法律制度的可操作性和效果;其次要在打破文化、旅游传统分立的旧规制的前提下,为二者的融合发展提供政策空间,并鼓励地方通过先行试点来拓宽由下而上的制度变革途径。二是标准化建设。按照文旅融合的思路,不仅要结合文旅融合的特征来改进原有的旅游标准体系,还要针对文旅融合的新业态及时开发新的标准体系,从而实现优质的文旅融合发展。三是文旅人才培养。改变以往的人才分工培养体系,实现文旅教育人才的转型升级,注重培养文化底蕴与经济管理并重的人才,为此要重塑专业教育理念,调整人才培养-使用关系,突出复合型人才规格,优化课程体系和教学方法等。当然,上述三大支柱的建设是个长期的过程,需要科学探索与规划,不能生搬硬套。

在微观层面,企业对文旅融合的响应会表现出三大特征:一是随着旅游者不断"文"化,一些新的文化实体资源将逐步进入旅游开发、经营的范畴,文化企业与旅游企业、文化产业与旅游产业的边界日渐模糊;二是旅游产品与服务持续走向个性化与多样化,驱动旅游企业组织软性化,推动旅游产业组织高度化；三是社会营销观念（societal marketing concept）日渐流行，企业社会责任管理与收益管理相向而行，从而为旅游产业向旅游事业的宏观升华奠定日益坚实的微观基础[5]。

（二）注重培育体制内的区域创新系统

区域创新系统，在文旅融合中是指该地区内的相关部门和机构等多元化主体之间相互协调配合而形成的推动创新的网络体系。对于江苏而言，一个区域内的文旅资源的整合效果，离不开系统性的创新合作，各地的文化和旅游部门应配合机构调整，充分利用各种资源指导、培植和扶持有实力和特色的文博项目与旅游业进行联合的产业化实践创新，从而巩固文旅融合发展的内生基础。

在江苏文旅体制构建中，应当从文化事业和旅游产业融合中体现出的优势与不足着手，致力于构建三大主体系统和三个支撑体系。

三大主体系统包括：①由江苏各地代表性企业、教学科研机构和文博场馆等机构为主构成的文旅产品研发系统，它是文旅产业融合创新的源泉；②以旅游文创设计研发类企业和生产基地为主体的技术创新系统，它是科技、文化与经济的结合，是区域文旅产业融合项目的衍生产品成形发展的依托；③由各种第三方的营销组织、媒体传播机构等组成的创新项目扩散系统，它在文旅融合成果的商品化、产业化中起到重要作用。

三个支撑体系包括：①文旅融合所需的人才培育体系。加强文旅复合人才的培养，尤其是借助南京、无锡等地的艺术类院校和旅游行业对现有的旅游人才和文化事业人才进行交叉培训。②文旅融合所需的区域化标准体系。标准化体系可由政府机构或行业协会联合调研，制定促进创新的政策、生产与服务的区域化标准措施，并推动其有效实施。③文旅融合所需的社会支撑服务体系。充分利用江苏区域内的有效资源，鼓励社会多元化主体共同构建包括科研培训、信息共享、文化市场发掘和各种相应的社会服务机构。此外，在文旅体制构建中，还要创新监管形式、严格奖优罚劣，实现各方良性互动。

以南京为例，作为全国首批历史文化名城，众多旅游景区都是拥有自然与历史文化资源的复合型景区。截至2020年底，南京全市有注册博物馆超过60个，其中国家级博物馆有5个；国家4A级及以上景区26个，其中国家5A级景区2个。作为全国十大博物馆之一的南京博物院，通过参加中央电视台的创新文博综艺《国家宝藏》来展现南京博物院文物的价值和背后的历史故事，成功地吸引了大量观众；同时南京博物院的社会活动部又不断推出针对自助游和本地游客人的听戏、探宝、做手工和讲座等专业性和体验感较强的系列项目，深受公众好评。南京博物院官方数据显示仅2018年就接待观众366万人次，其

中 7~8 月接待了近 100 万人次；南京博物院的理想日接待量为 1.5 万人~1.8
万人，但超过 2.5 万人的日子超过了 30 天，最终不得不限流，每天最高预约量
不超过 2.5 万人。但是相比较而言其他文博场馆和景区，如总统府、夫子庙和
玄武湖等代表性旅游景点在文化旅游项目的创新策划上还有着较多的遗憾与不
足，主要体现在产品类型和表现形式以简单复制为主——如高度相似的旅游纪
念品、网红书店进景区、历史文化街区和文旅小镇等。项目推进以硬件建设为
主，存在投资大、转化率低和消费者重游黏性不足的问题。造成此现象的重要
原因之一，就是文旅复合人才稀缺导致的项目创新不足和成果的商品化乏力的
问题。

（三）改善本地商业环境，培育创业环境

政府文化和旅游主管部门需要转变原有的文化事业和旅游产业难以兼顾
的惯性思路，加深对二者融合的理念认识和内容挖掘，重视完善文旅融合后的
市场主体建设和商业环境培育的短板；不能简单通过文件的上传下达走流程的
方式，或者依赖制定规划与开会传达、部门分工与检查之类的行政系统内部动
员的思路来发展商业，而是要重视发挥社会民众的力量，尤其是引导民商事主
体参与到文旅融合发展的商业化环节中。虽然国务院、文化和旅游部自 2019
年以来先后印发了《关于促进旅游演艺发展的指导意见》《中华人民共和国文
化产业促进法（草案送审稿）》《关于进一步激发文化和旅游消费潜力的意见》
等文件，但是此类文件多是概括性、原则性的指导，缺乏具体可操作的模式、
政策或试点案例。

江苏在具体实践中进行了全方位的探索，先是在 2020 年出台了《江苏省
文化产业示范园区（基地）认定管理办法》，随后于 2021 年又相继出台了《江
苏省文化和旅游厅关于促进文化和旅游产业融合发展的指导意见》《江苏省无
限定空间非遗进景区工作指南（试行）》《2021 年省文化和旅游厅法治政府建
设工作要点》《江苏省非遗旅游体验基地认定与管理办法（试行）》等文件来
改善营商环境，推动文旅产业创新。与此同时，力争形成以明确的文化符号为
核心的文旅产业链，对于一些旅游地的文化符号仅简化为单一抽象的宣传口号
而缺乏吸引力和品牌内涵的情况给予高度重视；邀请专家对文化资源的评价构
建市场维度的指标，以深入推动旅游地精心推出的品牌文旅产品的市场接受度。

当然，在文旅融合中，必须意识到无论是调研消费者的需求还是开发文旅
产品，都必须遵循市场规律，关注市场热点和消费痛点，由市场主体来依据市
场需求进行有效率的生产，而不是由政府主导或者是专家规划，要通过产业资
本和金融资本的介入，坚持市场化路径，政府则以宏观监管为主。

　　完善市场主导的体制和运行机制，就应推动文旅融合的良性循环，共同建设区域品牌；加强执法力度，把保护知识产权落到实处。此外，还要根据区域内的旅游资源分布和产业基础现状，推动区域旅游空间布局的聚集化。通过项目牵动，建立文化旅游产业基地，构建布局科学、结构合理的产业发展空间载体，构建文化生态与经济生态相辅相成的有机整体，实现聚集效益[6]。

　　在此基础上，江苏应引导文旅产业构建标准化体系，对于文旅资源实施分类管理，如将公益类和商业类分开管理，对公益类文旅资源统一服务标准与核心元素，形成文化旅游公共服务的标准化体系；对商业类文旅场所更加强调市场化运营，强调个性化和创造力。对于科技赋能的文旅场景创新进行经费支持和社会宣传，引导文旅场所加强内容营销和渠道推广的实践。例如，文旅场所根据游客需要来决定制造什么内容文化来展示，为游客提供各种场景装置以满足其拍照社交的需要，通过创新的场景设计和衍生品增加游客的体验感，引发游客的共鸣，借助私域流量实现文旅产品的线上线下的最大化传播。

第二节　江苏文化和旅游融合政策与法规建设

　　回顾文旅体制融合的历程，首先就体现为相关政策与法规的制度建设[7]。虽然从各自内涵来看，文化和旅游天然联系紧密，但两者的关系并非一成不变。两者的关系反映在国家和地方政策当中，不同时期的法规也反映出了不同的认识角度和应对态度（表6-1，表6-2）。

表6-1　我国代表性文化旅游法规的发展历程

年份	发文单位	发文名称	主要内容	发文目的	领域关系
2001	国务院	国务院关于进一步加快旅游业发展的通知	"树立大旅游观念""加强部门协同和地区合作""完善旅游产业体系，促进相关产业共同发展"	强调以旅游为主体的部门协同和地区合作	并行
2009	文化部、国家旅游局	文化部 国家旅游局关于促进文化与旅游结合发展的指导意见	"打造文化旅游系列活动品牌""开发文化旅游产品""推动文化旅游企业开展合作""积极培育文化旅游人才""规范文化旅游市场经营秩序"	加快文化产业发展，促进旅游产业转型升级，满足人民群众的消费需求	结合点：文化旅游产品
2011	国务院	中国旅游业"十二五"发展规划纲要	"加快旅游业与文化、体育等相关业的融合发展，培育形成新的优势领域，完善产业体系"	提出了旅游产业与文化产业等产业融合的思路	结合点：部门合作+产业融合
2014	国务院	国务院关于促进旅游业改革发展的若干意见	"坚持融合发展，推动旅游业发展与新型工业化、信息化、城镇化和农业现代化相结合""大力发展乡村旅游""创新文化旅游产品"	增强旅游发展动力、拓展旅游发展空间	融合点：乡村旅游，文化旅游产品

续表

年份	发文单位	发文名称	主要内容	发文目的	领域关系
2015	国务院	国务院办公厅关于进一步促进旅游投资和消费的若干意见	鼓励社会资本大力开发温泉、滑雪、滨海、海岛、山地、养生等休闲度假旅游产品	提出以培育各类文化资源为旅游消费点,创新文化旅游	结合点:旅游投资和消费
2016	国务院	"十三五"全国旅游业发展规划	"向区域资源整合、产业融合、共建共享的全域旅游发展模式加速转变,旅游业与农业、林业、水利、工业、科技、文化、体育、健康医疗等产业深度融合"	推进融合发展、丰富旅游供给,在推进"旅游+"方面取得新突破	融合点:区域+产业
2017	中共中央办公厅、国务院办公厅	国家"十三五"时期文化发展改革规划纲要	"促进文化产品和要素在全国范围内合理流动,促进文化资源与文化产业有机融合,扩大和引导文化消费,提高文化产业发展质量和效益""发展文化旅游,扩大休闲娱乐消费"	提出文化领域内部资源与产业的融合发展,提出文化旅游的概念	融合点:文化内部,文化旅游
2017	国务院办公厅	国务院办公厅关于进一步激发社会领域投资活力的意见	"推动文化创意产品开发""支持社会资本对文物保护单位和传统村落的保护利用。探索大遗址保护单位控制地带开发利用政策"	提出了文化事业社会力量参与的创新发展路径	融合区:文化事业+经济
2018	国务院	国务院办公厅关于促进全域旅游发展的指导意见	"推进融合发展,创新产品供给"	以旅游业发展为核心,提出了"旅游+"的整体性融合思路	线性融合:旅游+
2018	中共中央办公厅、国务院办公厅	关于加强文物保护利用改革的若干意见	"促进文物旅游融合发展,推介文物领域研学旅行、体验旅游、休闲旅游项目和精品旅游线路"	以文物+旅游为主题,提出了文物与旅游的融合路径	领域融合:文物+旅游的领域融合
2019	国务院办公厅	国务院办公厅关于进一步激发文化和旅游消费潜力的意见	"着力丰富产品供给""促进产业融合发展"	深化文化和旅游供给侧结构性改革,不断激发文化和旅游消费潜力	融合点:文化旅游消费
2019	文化和旅游部	关于促进旅游演艺发展的指导意见	"进一步发挥市场在文化资源配置中的积极作用""加大文化内涵挖掘力度,提高艺术水准和创作质量"	发挥旅游演艺作为文化和旅游融合发展载体的作用	线性融合:原则融合,价值融合,目标和路径融合
2020	国家发改委	关于促进消费扩容提质加快形成强大国内市场的实施意见	"大力优化国内市场供给""重点推进文旅休闲消费提质升级""着力建设城乡融合消费网络""加快构建'智能+'消费生态体系""持续提升居民消费能力""全面营造放心消费环境"	鼓励文化体验游线路和创意旅游商品,创新文化旅游宣传推广模式	领域融合:产品融合和推广模式融合

续表

年份	发文单位	发文名称	主要内容	发文目的	领域关系
2020	文化和旅游部、国家发改委、财政部	文化和旅游部 国家发展改革委 财政部关于开展文化和旅游消费试点示范工作的通知	"通过开展文化和旅游消费试点示范工作,确定一批试点城市、示范城市""推动形成若干促进文化和旅游消费的经验模式,探索激发文化和旅游消费潜力的长效机制,培育壮大文化和旅游消费新业态新模式,促进文化和旅游消费高质量发展,助力形成强大国内市场"	拓展文化和旅游消费新空间新实践,创新文旅融合的新业态,培育升级新型消费。	融合点:产品、业态和消费模式融合
2021	文化和旅游部、国家开发银行	文化和旅游部 国家开发银行关于进一步加大开发性金融支持文化产业和旅游产业高质量发展的意见	"加大对长城、大运河、长征、黄河等国家文化公园范围内文化产业和旅游产业项目的推介、服务、融资支持""支持国家文化产业和旅游产业融合发展示范区、国家级夜间文化和旅游消费集聚区建设""加大对'一带一路'文化产业和旅游产业国际合作重点项目的开发性金融支持"	加大开发性金融对文化和旅游产业的支持力度,全流程和周期的管理服务;拓宽融资渠道,推动文旅产业复兴。	融合点:深化部行合作,金融支持,深入合作投融资项目
2022	中共中央办公厅、国务院办公厅	"十四五"文化发展规划	"完善文化和旅游融合发展体制机制,强化文化和旅游部门的行业管理职责。创新风景名胜区管理体制,探索建立景区文化评价制度。理顺饭店、民宿等旅游住宿业管理体制"	以文塑旅、以旅彰文,推动文旅广范围深层次高水平融合	结合点:目标导向和效果导向结合

表6-2　江苏代表性文化旅游法规的发展历程

年份	发文单位	发文名称	主要内容	发文目的	领域关系
2019	江苏省文化和旅游厅	江苏省文化和旅游科研课题管理办法(试行)	省文化和旅游科研课题项目的设立,应当符合省文化和旅游科研中长期规划确立的研究方向,突出江苏特色,坚持问题导向,探索、遵循文化和旅游科学发展规律	强调突出江苏特色、坚持问题导向、注重跨学科研究	并行
2020	江苏省文化和旅游厅	江苏省文化产业示范园区(基地)认定管理办法	将文化产业园区(基地)打造成为文化产业创意的集聚区、创业的新空间、创新的加速器以及文旅产业融合发展的示范区和引领者	促进江苏文旅产业高质量发展	结合点:部门合作+产业融合
2020	江苏省文化和旅游厅	江苏省非遗旅游体验基地认定与管理办法(试行)	"设立省级非遗旅游体验基地"	推动非遗创造性转化,拓展非遗与旅游的深度融合与发展	融合点:非遗,旅游,体验基地
2020	江苏省办公厅	省政府办公厅关于促进文化和旅游消费若干措施的通知	"完善消费惠民措施""提升消费便捷程度""推动景区提质扩容""繁荣假日和夜间经济""优化入境旅游环境"	提升全省文旅消费水平,持续增强人民的获得感和幸福感	融合点:文化、旅游消费

续表

年份	发文单位	发文名称	主要内容	发文目的	领域关系
2021	江苏省文化和旅游厅	江苏省文化和旅游产业融合发展的指导意见	"搭建融合发展平台载体""延伸融合发展产业链条""优化文旅融合产品和服务供给""实施数字文旅产业提升行动""促进文旅消费提质扩容""推动文旅市场繁荣有序发展""提升'水韵江苏'文旅品牌影响力"	推动文旅高质量融合,实现以文塑旅、以旅彰文	率先在省级层面出台文旅产业融合发展的总览性文件
2021	江苏省文化和旅游厅	江苏省文化和旅游产业融合发展示范区建设指南(试行)	"资源集聚,要素健全""业态丰富,深度融合""运营有序,管理规范""创新示范,效益显著"	加强示范区的培育建设、促进文旅产业更深层次融合	结合点:文旅品牌、产业主体和融合模式
2022	江苏省文化和旅游厅	2022年文化和旅游领域优化营商环境工作要点	以建设市场化、法治化、国际化营商环境为目标,进一步简政放权、放管结合、优化服务,推进全链条优化审批、全过程公开监管、全周期提升服务	优化营商环境,实现市场化、法治化和国际化的营商环境	文化、旅游、政务服务

由表6-1和表6-2可以看出,随着社会的发展和行政机构的调整,我国的文化旅游政策主要经历了以下不同阶段的变化,在此基础上,江苏省政府和文化和旅游部门也积极响应,制定了系列政策。

一、从分部门实践到协同发展

20世纪80年代至2018年2月,是我国旅游业快速发展的时期,也是旅游管理部门在逐步与文化部门从各自独立走向协同发展的阶段。在此期间,可以根据国家政策和客源市场的特点发现我国旅游业发展重心的变化,并进一步分析旅游与文化的政策变化。

(一)入境旅游阶段

20世纪80年代改革开放之初,我国旅游发展处于起步阶段,国家旅游法规政策的重点是改善旅游接待条件,发展入境接待,为国家赚取外汇。多数文件围绕旅游产业的软硬件建设和经济活动展开,没有直接涉及文化和旅游二者关系的相关文件。

(二)国内游阶段

20世纪90年代到21世纪初,我国旅游业进入高速发展阶段,国家旅游政策的重点仍然偏重旅游产业的经济功能,通过发展国内游推动国内社会财富的二次调节和居民素质的全面提高。

随着国内游的普遍展开，文化和旅游的关系也开始得到关注。1993 年，国务院发布的文件《关于积极发展国内旅游业的意见》首次明确将旅游业和文化事业联系在一起，指出国内旅游业的兴起和发展满足了人民群众日益增长的物质文化需求，增强了人民群众热爱祖国的凝聚力，带动了文化事业的发展。

（三）出境游阶段

2001～2008 年，我国加入世贸组织，内地与香港、澳门特区政府分别签署了内地与香港、澳门《关于建立更紧密经贸关系的安排》（CEPA），为推动国际贸易的平衡发展和对外交流，陆续放开港澳游和出境游业务。但与此同时，国家并未放弃对国内文化与旅游事业的探索和坚守。2001 年，《国务院关于进一步加旅游业发展的通知》提出"把发展旅游与加强社会主义精神文明建设紧密结合起来"，并就增加旅游产品的文化科技内涵、突出地方特色和民族特色以及处理好文化遗产保护和旅游开发利用关系等做了规定，初步搭建了文化和旅游关系的政策框架。2004 年，中共中央办公厅和国务院办公厅印发的《2004—2010 年全国红色旅游发展规划纲要》，首次在国家层面倡导发展红色旅游。

（四）全面协调发展旅游业阶段

2008～2018 年初，在全球旅游营销迈向电子商务网络化趋势的背景下，2008 年席卷全球的经济危机也影响到了国内外旅游业的发展，我国旅游业也逐步走向结构化转型之路，更加注重发挥综合功能，国家旅游政策与法规中关于文化的内容比以往明显增多，深度和广度也有很大的拓展。

2009 年出台的《国务院关于加快发展旅游业的意见》将文化作为旅游产业融合发展的首要领域，"倡导文明健康的旅游方式"，并"强调继续发展红色旅游"。同年底，《国务院关于推进海南国际旅游岛建设发展的若干意见》出台，针对具体地域提出了旅游和文化联动发展的思想。2014 年国务院《关于促进旅游业改革发展的若干意见》提出要"更加注重文化传承创新"，专门就"创新文化旅游产品、积极开展研学旅行"等进行了阐述，多次提到文化旅游开发和旅游文化建设相关内容。此外，国务院办公厅发布的《2011—2015 年全国红色旅游发展规划纲要》《2016—2020 年全国红色旅游发展规划纲要》，连续对红色旅游发展做出部署；2013 年印发的《国民旅游休闲纲要（2013—2020 年）》首次对休闲游的发展进行部署，涉及红色旅游、文化演艺、科普教育、诚信经营等，特别提出"鼓励和支持私人博物馆、书画院、展览馆、体育健身场所、音乐室、手工技艺等民间休闲设施和业态发展"；2013 年公布施行的《中华人民共和国旅游法》明确"国务院和县级以上地方人民政府应当将旅游业发展纳入国民经济和社会发展规划",特别强调"公益性的城市公园、博物馆、纪念馆等,除重点文物保护单位和珍贵文物收藏单位外,应当逐步免费开放",并就诚信经营和文明旅游等做了具体规定;2015年《国务院办公厅关于进一步扩大旅游文化体育健康养老教育培训等领域消费的意见》,不仅标题把旅游和文化放在了一起,内容也提出了"支持实体书店融入文化旅游"等举措;2016年国务院印发的《"十三五"旅游业发展规划》中有大量关于文化旅游发展和旅游文化建设的内容。2018年3月国务院办公厅出台《关于促进全域旅游发展的指导意见》,这是组建文化和旅游部之前国家层面出台的最后一个旅游文件,强调了旅游与文化的融合发展,并且将丰富文化内涵作为提升旅游产品品质的重要内容,提出了系列具体举措。

与之相对应的是,20世纪出台的《中华人民共和国非物质文化遗产法》没有出现"旅游"字样,而《中华人民共和国文物保护法》虽然提到"旅游"字样,却是为了强调"基本建设、旅游发展必须遵守文物保护工作的方针,其活动不得对文物造成损害"。但是在2016年以来,我国的文化政策中也频繁出现了与旅游部门对接的内容。2011年,《中共中央关于深化文化体制改革推动社会主义文化大发展大繁荣若干重大问题的决定》提出"加强爱国主义教育基地建设,用好红色旅游资源,使之成为弘扬培育民族精神和时代精神的重要课堂""推动文化产业与旅游、体育、信息、物流、建筑等产业融合发展""积极发展文化旅游,促进非物质文化遗产保护传承与旅游相结合,发挥旅游对文化消费的促进作用"等。2012年,《国务院关于进一步做好旅游等开发建设活动中文物保护工作的意见》出台,虽然事关旅游开发建设,但落脚点是在文物保护。2014年,《国务院关于推进文化创意和设计服务与相关产业融合发展的若干意见》提出"提升旅游发展文化内涵""强化休闲农业与乡村旅游经营场所的创意和设计"。2016年,《国务院关于进一步加强文物工作的指导意见》要求"建立文物、文化、公安、住房城乡建设、国土资源、环境保护、旅游、宗教、海洋等部门和单位参加的行政执法联动机制""发挥文物资源在促进地区经济社会发展、壮大旅游业中的重要作用,打造文物旅游品牌,培育以文物保护单位、博物馆为支撑的体验旅游、研学旅行和传统村落休闲旅游线路,设计生产较高文化品位的旅游纪念品"。2016年,文化部等部门联合出台的《关于推动文化文物单位文化创意产品开发的若干意见》,提出"支持文化资源与创意设计、旅游等相关产业跨界融合,提升文化旅游产品和服务的设计水平,开发具有地域特色、民族风情、文化品位的旅游商品和纪念品"。2017年,《中国传统工艺振兴计划》提到"依托乡村旅游创客示范基地和返乡下乡人员创业创新培训园区(基地),推动传统工艺品的生产、设计等和发展乡村旅游有机结合""推动传统工艺与旅游市场的结合""在非物质文化遗产、旅游等相关节会上设立传统工艺专区""将传统工艺展示、传习基础设施建设纳入'十三五'时期文化旅游提升工程"等。同年出台的《国家"十三五"时期文化发展改革规划纲要》提出"发展文化旅游,扩大休闲娱乐消费",并部署开展红色旅游活动和文明旅游行动、建设国家文化公园和文化教育基地[8]。

在此阶段,江苏省的文化部门和旅游部门与其直属的上级部门的步调一致,主要在各自负责的领域内进行相关内容的转发与实践性规章的制定。各部门之间保持较强的独立性,彼此之间表现为松散的协作关系,互融互动活动有限,具体的相关法规难以进一步查询。

二、从文化和旅游部设立到主动融合

通过基于国家层面的文件和部门出台的文件的分析,可以发现在 2018 年之前,即使是面对共同的被管理的文化旅游景区景点,文化和旅游两大部门的政策也并未实现统一化和标准化。尤其是 2009 年 8 月,文化部和国家旅游局曾联合出台《文化部 国家旅游局关于促进文化与旅游结合发展的指导意见》也可以看出来虽然国家在政策层面进一步推动二者融合,但是基层的融合实践中还出现了很多亟待解决的困难与矛盾。以非物质文化遗产中涉及的少数民族节庆活动为例,文化部门坚持保护节庆活动的原真性,而旅游产业追求的是可视听的高频率的商业化演出,因而二者在融合实践中对于如何处理文化遗产的保护和开发的关系问题,还有很多争议,这也涉及管理部门的权责结构和协调机制的设计问题。毕竟在文化和旅游分属不同系统的背景下,文化政策和旅游政策的出发点都是本领域的发展,关心的是本部门重点工作,很难真正实现结合发展。

文化和旅游部组建以来,国家层面又出台了若干和文化、旅游相关的文件。2018 年 7 月,中共中央办公厅、国务院办公厅印发的《关于实施革命文物保护利用工程(2018—2022 年)的意见》,在基本原则、拓展利用途径、重点项目、实施保障等多处直接提及旅游。2018 年 9 月,中共中央、国务院印发的《乡村振兴战略规划(2018—2022 年)》,在特色保护类村庄发展、发展乡村特色文化产业等处既提到了文化又提到了旅游。2018 年 10 月,中共中央办公厅、国务院办公厅印发的《关于加强文物保护利用改革的若干意见》,提出"促进文物旅游融合发展,推介文物领域研学旅行、体验旅游、休闲旅游项目和精品旅游线路"。

文化和旅游部自身或者联合其他部门也出台了一些文件。其中,2018 年 5 月文化和旅游部等 20 多个部门联合签署的《关于对旅游领域严重失信相关责任主体实施联合惩戒的合作备忘录》，2018 年 12 月文化和旅游部印发的《旅游市场黑名单管理办法（试行）》等，主要针对诚信经营和文明旅游的问题；2018 年 11 月文化和旅游部等 17 个部门联合印发的《关于促进乡村旅游可持续发展的指导意见》较好地贯彻了文化旅游融合的思想；2018 年 12 月文化和旅游部 1 号令印发的《国家级文化生态保护区管理办法》，明确提出国家级文化生态保护区应该依托区域内独具特色的文化生态资源开展旅游活动，但整个文件涉及旅游发展的内容不多。2018 年《国务院办公厅关于促进全域旅游发展的指导意见》提出"加快旅游供给侧结构性改革，着力推动旅游业从门票经济向产业经济转变，从粗放低效方式向精细高效方式转变，从封闭的旅游自循环向开放的'旅游+'转变，从企业单打独享向社会共建共享转变，从景区内部管理向全面依法治理转变"。2020 年国家发展改革委联合多个部门印发的《关于促进消费扩容提质加快形成强大国内市场的实施意见》提出"重点推进文旅休闲消费提质升级""着力建设城乡融合消费网络""加快构建"智能+"消费生态体系""持续提升居民消费能力""全面营造放心消费环境"。2021 年，《文化和旅游部 国家开发银行关于进一步加大开发性金融支持文化产业和旅游产业高质量发展的意见》提出"加大对长城、大运河、长征、黄河等国家文化公园范围内文化产业和旅游产业项目的推介、服务、融资支持""支持国家文化产业和旅游产业融合发展示范区、国家级夜间文化和旅游消费集聚区建设""加大对'一带一路'文化产业和旅游产业国际合作重点项目的开发性金融支持"。2022 年的《"十四五"文化发展规划》中，强调"坚持以文塑旅、以旅彰文"，并进一步提出"推动文化与旅游、体育、教育、信息、建筑、制造等融合发展""推动文化和旅游业态融合、产品融合、市场融合""健全中央和地方旅游发展工作体制机制，完善文化和旅游融合发展体制机制，强化文化和旅游部门的行业管理职责。创新风景名胜区管理体制，探索建立景区文化评价制度。理顺饭店、民宿等旅游住宿业管理体制"。

在此阶段，2018 年，江苏省也相应地成立了文化和旅游厅并管理各地市的文文化和旅游局。新成立的江苏文化和旅游厅从 2019 年开始陆续出台了关于省内文旅融合实践的具体探索性文件，一方面结合江苏丰富的历史文化资源，在非遗旅游体验基地上进行了可喜的尝试。另一方面为了全面落实国家文旅融合发展战略及江苏省政府关于促进文旅产业高质量发展部署要求，根据国家层面的《国务院办公厅关于进一步激发文化和旅游消费潜力的意见》和省级层面的《省政府办公厅关于促进文化和旅游消费若干措施的通知》等相关文件，于 2021 年制定了《江苏省文化和旅游厅关于促进文化和旅游产业融合发展的指导意见》，从"搭建融合发展平台载体""延伸融合发展产业链条""优化文旅融合产品和服务供给""实施数字文旅产业提升行动"

"促进文旅消费提质扩容""推动文旅市场繁荣有序发展""提升'水韵江苏'文旅品牌影响力"等多方面推动文旅融合的实践活动，在省级层面出台了关于文旅产业融合发展的系列总览性文件。随后又在文旅产业的提质升级中提出了示范区建设来带动文旅产业的深层次融合。2022年进一步提出了对文旅融合中的营商环境的优化，对于江苏省的政务服务效率提升到国际化的标准。

从上述文件来看，文化和旅游部组建之后，江苏的文旅政策明显遵循国家文旅政策法规的制定思路，体现出文化和旅游统筹发展、融合发展的导向。未来还需要在习近平新时代中国特色社会主义思想指导下，以人民美好生活需要为出发点和落脚点，加强文化和旅游发展的整体政策和融合政策设计，真正落实"宜融则融、能融尽融"的总体思路。

第三节　江苏文化和旅游融合体制机制建构

随着2018年3月文化和旅游部的成立，文化和旅游的融合进入了新阶段，也为区域文旅融合的运行奠定了体制基础。但是从江苏所在区域既往的部门实践和现实中的操作细则所暴露出的问题来看，在区域文旅融合体制机制的运行实践中，不少环节还存在着亟须研究和解决的问题。

一、体制与运行机制存在的问题

（一）追求目标不同

文化和旅游融合发展的探索不但是理论问题，也具有极强的现实意义。但是在承担文化宣传与教育的理念指导下，文化部门一贯强调以追求社会效益为发展目标；而我国的旅游业在20世纪80年代初期虽然也强调其外事和文化交流功能，但是随着国际贸易和旅游产业的快速发展，旅游业的运行中更强调尊重市场经济规则，以经济效益为目标。虽然在社会主义体制下，社会效益和经济效益目标最终有内涵的一致性，但在资源有限的发展阶段很难完美兼顾效率和公平，从而在实际运行中会存在一定的冲突。因此，如何在更好地发挥政府的指导引领作用的同时也明确市场在资源配置中的决定性作用，是个值得深入研究的理论问题；而在文旅融合的探索过程中，如何准确把握文化管理体制改革与旅游管理体制改革的目标、力度与范围就成为值得深入研究的实践问题。

（二）运行主体不同

现有的实践中，文化和旅游领域都有着各自的运行主体。首先，文化和旅游领域涉及的内容庞杂，主体多元化。例如，文化产业包括影视动漫、图书出版、新闻传媒、广告传媒、文艺表演和网络直播等；而旅游产业包括饭店、景区、旅行社、旅游交通、旅游探险等各种传统与新型的旅游业态，二者各自独立又会在某个节点相互交织。其次，从运行主体的性质来看，文化和旅游领域的主体类型与运行规则各不相同。例如，文旅机构的政府管理部门关注行业监管与公共服务，着眼于文化和旅游的整体发展；而文旅部门的各行业组织则关注本领域的行业利益和自身在领域中的影响力；占比最大的文旅部门的各企事业单位则出于组织目标和生存压力的需要，更加关注自身发展和单位利益，这就导致不同利益诉求的协调和整合会长期存在。因此，在文旅体制融合中，如何认识不同运行主体的特点并统筹协调相关部门的行动，将会是文旅体制机制融合中面临的挑战和困难。

（三）内生动力不同

对于文化领域的资源管理者而言，无论是实体文物还是非物质文化遗产，其内生的动力首先是保护与传承，强调文化资源的原生态和完整保护，担心任何形式的开发都会对文化资源造成不可逆的损害，所以在一定程度上会抗拒对文化资源的开发利用。对于旅游领域的资源管理者而言，旅游业快速发展带来的经济动力强大，因而在旅游资源开发中非常期望通过经济利益调动各方面积极性；但现实生活中由于旅游活动的特点，造成开发不当，甚至破坏旅游文化资源的情况也确实存在。

虽然从文化旅游资源保护与开发的角度来看，应当保护的是文化旅游资源的本体价值（本体价值更多地聚焦于文化旅游资源在其形成过程中对人类历史发展的作用），而开发则主要侧重于文化旅游资源的现实价值（现实价值则更多地立足于现实人类需要而产生的意义）。但是理论上的区分并不能完全落实在纷繁复杂的现实的社会实践中，所以在文旅体制融合中，文化旅游资源保护和利用有机统一的问题依然突出，而这也是长久以来非常容易引发矛盾和分歧的问题。

（四）发展内容不同

虽然文化和旅游都兼具事业属性和产业属性，但二者又各有侧重。长期以来，文化都是以公益事业为主导发展内容，文化产业为辅助发展内容。直到1998年8月，文化部才成立文化产业司，并制定工作规则，这也是政府部门第一次设立文化产业专门管理机构。旅游业虽然在新中国成立的 30 年内主要任务是外事接待和文化交流，但自从改革开放以后，从 20 世纪 80 年代开始则以产业发展为主要方向，陆续制定了大量关于旅行社、饭店、旅游交通和景区建设与运营管理的产业标准；但其公益事业发展的辅助属性偏弱，也使得旅游公共服务缺少相应的财政资金支持。因此如何理顺文化事业与旅游事业、文化事业与旅游产业、文化产业与旅游事业、文化产业与旅游产业发展的不同机制也必然成为文旅融合中需要面对的问题。

（五）实现方式不同

文化和旅游是人民对美好生活的需要，是诗与远方的追求，归根结底是文化建设和旅游发展战略转向以人为中心的体现。所不同的是，我国长期以来强调文化对人的持续性的教化，因而注重长期潜移默化的熏陶与浸染，具有长期性的特征；而旅游作为新兴的产业，从旅游消费心理的角度而言，满足的是旅游者体验异地自然与社会现象的趣味性，注重的是暂时的体验，因而旅游活动的短期性特征较为明显。以博物馆参观为例，除了少数专项（青铜器、瓷器、绘画、雕塑等）文化研究者会通过多次长时间反复鉴赏、细细品味博物馆的藏品和专业交流为主之外；多数旅游者在博物馆的参观停留时间往往不超过半天，主要参观在该博物馆知名度较高的代表性展区和藏品，时间短而且客流集中，以走马观花拍照留影的方式为主。因此如何在文旅体制机制融合的实践中，设计出能够在短时间内让旅游者留下深刻印象的文化体验项目，进而激发其对文化的持久热爱尤为重要，而这也涉及如何协调长短期文化体验的问题。

二、破解融合体制与运行机制的难点

在新的历史时期，文旅融合改革应以满足人民群众对美好文化和旅游生活新期待为出发点和落脚点，以文化和旅游治理能力现代化为改革方向，将政府管理、服务和引导的合力，企事业单位创新经营的动力，社会组织协调促进的推力有机结合起来，不断提高文化和旅游改革发展的活力，加快构建中央政府统筹、地方政府监管、行业机构协调、企业主体和社会公众高度参与的文旅融合发展体制机制。

（一）顺应国家行政管理体制改革方向，坚持重点突破

破解体制机制的难题，首先要按照国家行政管理体制改革方向，主动推动一些重大改革举措在文化和旅游领域率先突破；并且要积极对接财税、国土、发改委等相关部门改革举措，为文化和旅游发展争取更大空间；与此同时还要

借助国家"一带一路"、乡村振兴等重大平台，顺势而为，积极推动文化和旅游领域的改革。其次，要坚持重点突破，针对一些反映强烈的关键领域进行改革，争取实现突破。例如，呼吁借助国家农村集体建设用地改革，积极推动乡村文化和旅游土地政策的完善。再如，针对文化和旅游公共服务各自为政的情况，加快推进部分文化公共服务设施增加旅游公共服务内容，推进部分旅游公共服务设施增加文化公共服务内容。此外，坚持增量改革。相较于旅游领域的改革，文化领域的改革既涉及利益方面的协调，也涉及意识形态方面的问题，因此面临更大的难度。文旅融合的改革，不可避免会触及文化方面的深层次矛盾。因此，从改革策略上，需要借鉴中国经济体制改革的经验，通过增量改革的方式，予以逐步突破。要注意的是应当坚持尊重基层创新。我国地域辽阔，各地差别较大，一些有条件和发展动力的地方需要进行创新探索的，要做好指导和监督，鼓励地方积极探索，并将行之有效的经验进行推广[9]。

（二）明确文化和旅游融合体制机制的主要任务

1. 优化文化和旅游体制的管理方式

优化文化和旅游体制的管理方式，就要进一步在横向和纵向两个维度打破既有行政壁垒和区域壁垒的思维与制度限制，推动文化旅游资源和产品的要素在各个区间流动。例如2020年以来，文化和旅游部公布的一些文旅交流重点项目已经开始逐步围绕京津冀、长江经济带、粤港澳大湾区等我国现行的重大区域战略，加快推进形成统一的区域内文化旅游市场。像广东省文化和旅游厅申报的"粤港澳青年文化之旅"，河北省艺术中心申报的"'冰雪奥运之旅'冀港澳青少年夏（冬）令营"项目都入选2020年度内地与港澳文化和旅游交流重点项目。每年一系列的内地与港澳文化和旅游交流重点项目开展得热闹又有创意，既加深了港澳同胞对中华优秀传统文化的认识和理解，也密切了内地与港澳在文化和旅游领域的交流与合作。

此外，继续坚持行政体制改革，科学简化行政管理内容与体系，废止部分低效率的行政审批监管方式，积极推动将文旅活动的监管方式从事前审批向事中事后监管转变，加强大数据在文化旅游监管中的运用，不断提高监管效率。例如，近年来，文化和旅游部重点关注演出行业反映强烈的突出问题，不断完善顶层设计，持续推进演出市场"放管服"改革。2020年7月，在国务院办公厅印发的《关于进一步优化营商环境更好服务市场主体的实施意见》，明确提出通过在线审批等方式简化跨地区巡回演出审批程序的工作目标。2020年9月，《文化和旅游部关于深化"放管服"改革促进演出市场繁荣发展的通知》明确提出"已经文化和旅游行政部门批准的营业性演出活动，在演出举办单位、参演文艺表演团体及个人、演出内容不变的情况下，自该演出活动首次举办日期起6 个月内新增演出地的，文化和旅游行政部门不再重复审批，实行事前备案管理"。2021 年 4 月，《国务院办公厅关于服务"六稳""六保"进一步做好"放管服"改革有关工作的意见》（国办发〔2021〕10 号），明确"制定跨地区巡回演出审批程序指南，优化审批流程，为演出经营单位跨地区开展业务提供便利"。

在重视市场资源配置作用的同时，发挥文化和旅游管理部门的权威优势，通过推动健全文化旅游"黑名单"制度，引导各方将信用管理作为文化旅游监管中的主渠道作用；并通过积极推动标准化管理，将标准化作为引导文化旅游业态发展水平和评价标准的重要管理方式。

进一步深化江苏的文化国有企业改革，稳步推动文化旅游国有企业混合所有制改革。继续开展国有文化院团改革，开展国有文化院团文旅融合改革试点，引导国有文化院团针对旅游市场创造文艺作品。继续推进文化旅游社会组织改革。推动文化旅游协会与政府脱钩后的良性发展。通过政府购买服务等方式，积极引导行业协会扮演好政府和企业间"桥梁"角色。探索将一部分不适合政府履行的职能转移给协会。支持行业协会有效发挥行业自律作用。

2. 健全文化和旅游发展的统筹协调机制

健全文化和旅游发展的统筹协调机制，就是面对现有的融合实践中的专项难题，推动建立专项协调机制，即区域文旅部门的联席会议工作机制。从顶层设计开始，将国家公共文化服务体系建设协调组拓展为国家公共文化和旅游服务体系建设协调组，并增加与旅游公共服务相关的协调成员单位。合理划分国家、省、市文化和旅游管理职能，充分发挥地方行业机构和组织在发展文化旅游中的积极性和主动性。

例如，中国大运河作为一个大跨度的整体连线型文化遗产项目，其包括京杭大运河、浙东大运河和隋唐大运河三条河流，涉及 8 个省市 27 个城市的 27段河道和 58 处遗址点，河道总长 1011 千米。中国大运河项目申遗经过了 8 年准备：2006 年 12 月被列入《中国世界文化遗产预备名单》，正式启动申报世界文化遗产工作；2009 年 4 月 8 个省市和 13 个部委联合组成大运河保护和申遗省部际会商小组，正式建立省部协商机制；2013 年 1 月中国文化遗产研究院完成大运河最终申报文本；2017 年中国大运河项目成功入选世界文化遗产名录。申遗成功后，2021 年大运河博物馆在扬州落成开馆，江苏省文化和旅游厅申报的配套交响乐作品《大运河之歌》也获得文化和旅游部 2020～2021 年度的创作扶持计划的作品名单。这个项目的成功申报与运行不仅是活态的文化遗产的传承，也是国家统筹下区域文旅融合实例的见证。

3. 建立统筹文化旅游资源的开发和保护机制，加强文旅产业的引导能力

积极推进文物旅游融合发展，开展文物保护单位文物资源开发利用试点，推出一批统筹文物旅游保护和开发的典型。积极发展博物馆旅游，鼓励博物馆创建 A 级景区，建立博物馆开展旅游活动的激励机制，进一步推动博物馆延时开放，错时开放。积极推动非物质文化遗产进旅游景区、旅游度假区，出台支持非遗传承人开辟旅游市场的政策。以生态文化示范区为主要载体，探索区域性非物质文化遗产和旅游利用的体制机制。探索国家文化公园中，促进文旅融合发展的有效机制。创新红色旅游发展方式，着重推出一批反映改革开放中国特色社会主义建设成果的新型红色旅游点。

加强对文化旅游产业发展的主动引导，进一步发挥规划在文化和旅游发展中的统领作用，建立文化和旅游发展规划的制定、评估和督查制度。综合考量经济效益和社会效益，推动建立文化旅游产业发展评估体系，探索建立文化旅游项目的文化评估制度。改革文化和旅游统计制度，加强对文化旅游投融资的统计分析，进一步发挥文化和旅游统计数据对文化和旅游投资的引导作用。

例如，国潮风在 2018 年崛起后，文旅部门借道东风，找到目的地与年轻消费者之间的情感桥梁，把文化认同转化为消费认同，引导推动中国文化在年轻人中的产业消费。像《国家宝藏》《上新了故宫》等文化综艺类节目，把中国传统文化和当下潮流结合。腾讯集团也在云南新文创的实践中打造了一个具有中国特色的省域文化符号——云南云。越来越多具有中国符号的新文创，开始把中国元素作为典型标配。国潮的起点是"国"，落点是"潮"，要把传统文化要素结合时尚和潮流，才能更快地受到青年消费者的青睐。

4. 完善文化和旅游公共服务机制

在吸取各地关于公共文化服务保障条例制定与实践的经验基础上，努力推进全国旅游公共服务保障条例的建设，将其纳入立法计划。积极开展公共文化场馆和旅游公共服务设施服务内容融合试点。鼓励和支持经济发达地区在提供免费基本公共服务的基础上，根据需求适当增加个性化、非基本公共服务的供给。进一步完善政府向社会力量购买公共文化和旅游服务机制。完善公共文化和旅游产品和服务采购大会机制，扩大采购规模。推动旅游集散中心、旅游咨询中心的社会化运营。加快建立公共文化机构和旅游公共服务机构绩效考评制度。

为推动旅游公共服务稳步发展，推动旅游"厕所革命"工作从建设逐步转向运营。在各地认真落实《全国旅游厕所建设管理新三年行动计划（2018—2020）》背景下，文化和旅游部宣布 2018～2019 年，全国共建设旅游厕所 5.26万座，已完成新三年计划目标的 89%；2019 年全国共建设旅游厕所 2.23 万座，年度目标完成率达 117%，超额完成年度任务。旅游厕所电子地图上线工作稳步发展，目前已标注 9.8 万座，标注率 82%。2020 年，文化和旅游部启动了全国所有 A 级景区旅游厕所电子地图上线工作，完善在线评价反馈体系，引导有条件的地区探索建设旅游厕所智慧管理，提升旅游厕所管理信息化水平；同时还督促各地务实推进旅游厕所革命，突出旅游厕所干净卫生、方便实用等功能，不贪大求洋，不盲目攀比，坚持因地制宜。此外，文化和旅游部还委托第三方机构对 100 个城市 1000 个厕所进行暗访抽查，推动建立旅游厕所常态化运行管理机制；启动了《旅游厕所质量等级的划分与评定》国家标准和《城市旅游服务中心规范》行业标准的修订工作，进一步加强旅游标准化建设；在全国范围内选取一批公共文化机构和旅游服务中心，开展机构功能融合试点，为文旅公共服务融合发展积累经验、探索路径。

5. 区域文旅融合中应联动打造文化旅游 IP，发展文旅融合高附加值产业

从实践中看，狭义的旅游产业所贡献的利润和社会影响力远不如文旅融合产业的产出附加值高，旅游地应当积极将单一旅游产业升级为大文娱综合产业，深入挖掘目的地已有的超级 IP，兑现超级文化 IP 对旅游产业升级溢价的经济价值，通过提高产业利润率来提高经营安全边际和抗风险的能力。

据中国文旅产业指数研究院发布的"2020 国庆 20 强热门旅游目的地城市"来看，洛阳作为三线城市中的一员，能在全国 293 个地级市中入围仅有的四个名额（宜昌、桂林、洛阳和三亚），具有很强的标本意义。洛阳能够入围，这与其利用传统 IP 及现代文艺展演来激发人们的旅游动机、引起共情有很大关系。首先，洛阳借助古人作品如王昌龄的"洛阳亲友如相问，一片冰心在玉壶"；李白的"谁家玉笛暗飞声，散入春风满洛城"等名句提升城市的知名度。其次，洛阳在拥有龙门石窟、白马寺、隋唐城遗址等全国重点文物保护单位的基础上，差异化开发完善文旅产品，不仅对已有景点改造提升，还把老君山、龙潭大峡谷和小浪底黄河枢纽工程等自然景观与人文景观一起混合包装成网红景点，吸引流量。更为可贵的是，洛阳注重运用现代传播手段，做好文旅融合推广宣传。不仅有连续举办 39 届的牡丹文化节，还在 2020 年中秋节联合中央电视台在应天门遗址成功举办了中秋晚会，成功地吸引了海内外公众的瞩目；而且在 2021 年中秋节期间，发布以"客从河洛来"的客家文化为主题的歌曲，并配以精美的音乐电视（MTV），以画卷的形式展现中国历史上衣冠南渡的背景下洛阳与遍布世界各地的客家人的文化传承。该首歌曲的视频不仅古意盎然地体现了河洛文化与传统礼仪，也引发了海内外游子的思乡之情，播出后的 24 小时内仅在微博平台的点击量就超过 1000 万，在哔哩哔哩网站则以超过 2.3 万条弹幕的数量被国内外网友刷屏"客从河洛来、同根同源、山河统一、阖家团圆、思乡泪目……"等内容；并受到人民日报、中国日报、新华社、央视传媒、外交部等更多官方媒体的大力推荐，成为宣传洛阳的客家文化 IP 的又一个典范。

6. 创新文化旅游传播机制

将旅游作为讲好中国故事、传播中国声音的重要渠道。大力发展入境旅游，集中对外推出一批能代表中国文化形象的旅游产品。推动文化旅游部门与对外宣传部门的合作，将"走出去"和"请进来"相结合，进一步提高宣传的实效性。

2021 年 7 月，文化和旅游部驻外文化和旅游机构总部组织召开了"海外文旅推广计划"工作方案专家论证会。专家建议从加强国际传播能力建设出发，结合国家重点战略任务，突出顶层设计，彰显文化和旅游担当，对整合全国资源，推动内外联动；进一步结合国家"十四五"规划和文化和旅游部"十四五"规划相关内容做优化调整，并加强与智库的合作研究。中外文化交流中心主任段周武表示：一要把海外文化和旅游推广工作首先视为一项政治任务，使其成为推进国际传播工作的重要抓手；二要将其视为一项战略任务，进一步加强对文旅融合工作的实践探索和勇敢尝试；三要把海外文化和旅游推广工作视作为一项常规任务和创新性工作，不断加强理论研究、长远谋划，以品牌建设为方向，强化顶层设计、创新工作方式、发挥好驻外机构前沿阵地作用，服务好入境旅游这一整体工作。

2021 年 9 月由文化和旅游部批准，中国文化传媒集团有限公司和中共深圳市委宣传部会等单位联合主办的 2021"一带一路"文化和旅游发展论坛暨粤港澳大湾区文旅融合论坛在深圳举办，旨在讲好中国故事，传播中国声音，用使命与担当托举人类命运共同体。

此外，在文化旅游传播中，从内容和形式上都实现了新的尝试和突破。例如，在传播内容的制作上，采用多媒体手段制作了众多优秀的传统节庆晚会和节目，如团聚港澳台同胞和海外华人的《"湾区升明月"2021 大湾区中秋电影音乐晚会》、2021 文化和旅游部组织的以云上赏月"天涯共此时"为主题的全球网络庆中秋活动和讲授中国传统服饰文化之美的《衣裳中国》等，都别具匠心选择举办地点和形式、编排创新节目，取得了较高的收视率和较好的传播效果；在传播形式上，非常重视传统媒体和新媒体的融合，不仅在电视端，而且在自建网站端、在常用的新媒体客户端（如微博、哔哩哔哩、推特等）都实现了内容发送的联动，并通过提前预热和各种互动来扩大传播广度，不断提高了影响力。

三、江苏文化和旅游融合体制机制建构

江苏所在的长三角是我国区域一体化起步较早、基础较好、程度较高的地

区，是我国经济增长的重要引擎，在我国经济社会发展建设中具有举足轻重的影响和地位，在文旅融合高质量发展方面同样应该成为先行发展区。江苏文化和旅游资源丰富，自然和人文景观类别齐全，文化和旅游市场建设及相关设施配备相对完善，具有发展区域旅游一体化的先天基础优势。

但是，江苏行政区内的地市和周边紧密联系的长三角都市文旅融合一体化发展治理机制同样需要优化。一方面，区域层面促进都市文旅融合一体化发展要素自由流动的、市场规范发展的体制、机制需要加快改革。另一方面，面对文旅跨界协同、融合创新产生的新业态、新模式、新技术、新产品、新市场，政府的治理理念、资源、手段、方式、能力等都需要进一步优化和提高。因此从中央到地方，都相继出台了相关的文件以推动江苏及其所处的长三角地区文旅体制的实践步伐。

2018 年以来，长三角地区地方政府相继出台一系列都市文旅融合政策文件。国家和地方层面推出的这些政策、规划文件从不同层面、不同领域、不同环节为深化长三角都市文旅融合一体化发展提供了政策支撑。

2019 年 5 月，沪苏浙皖文化和旅游部门签署《共同推进长三角地区文化和旅游高质量发展战略合作框架协议》，长三角文化和旅游联盟正式成立，沪苏浙皖轮值举办联席会议。

2019 年 11 月，上海、杭州、苏州、南京、合肥、宁波、芜湖、徐汇 7 市 1 区文旅局与阿里文娱集团联合成立长三角文旅消费一体化联盟，共同签署了《长三角文旅消费一体化框架协议》，针对长三角文旅消费一体化建设达成四项共识：推进长三角文旅消费一体共商、文旅资源载体网络共建、文旅消费惠民举措共享、文旅产业融合发展共赢。这是长三角区域文旅一体化发展的卓有见识和极具实践先行意义的重要举措。

2019 年 11 月召开的党的十九届四中全会进一步提出坚持和完善繁荣发展社会主义先进文化制度，完善文化和旅游融合发展的体制机制。习近平总书记在首届中国国际进口博览会开幕式发表演讲时提出将支持长江三角洲区域一体化发展并上升为国家战略。

2019 年 12 月，中共中央、国务院发布的《长江三角洲区域一体化发展规划纲要》明确提出了长三角"共筑文化发展高地""共建世界知名旅游目的地"的任务。纲要还提出"深化旅游合作，统筹利用旅游资源，推动旅游市场和服务一体化发展"。长三角区域不同地区经济发展存在不平衡，文化和旅游资源存在多样性，消费能力和市场存在差异性，需要以文化和旅游融合发展为着力点，构建长三角一体化的文化旅游发展互补格局，除了需要在产品、产业层面上进行资源整合、产品组合、产业融合之外，更需要在体制机制上给予政策保障，包括跨行政区的公共服务对接、信息资源共享、行政资源互通等，让文化和旅游真正能够实现跨行政区的融合发展、一体化发展。

长三角文旅发展一体化先行实践中，需要考虑一体化的机制建设，诸如：如何建立长三角区域文旅融合发展模式及水平评估体系，发布长三角文旅一体化发展指数，推行长三角文旅融合服务与建设标准化系统；如何建立系统的长三角文旅发展一体化联盟，创设长三角文旅休闲发展一体化论坛，启动长三角文旅人才培养一体化平台；如何构建长三角文旅发展一体化网络信息平台及其链接，建立长三角旅游资源共享数据库及智慧旅游一体化系统；如何探索、试行长三角旅游资源、项目、线路一体化互补、共享实践；等等。

在长三角区域一体化进入更高质量发展的新阶段，以文旅深度融合推动长三角旅游一体化实现新发展，更好支撑服务国家战略，成为文化旅游行业面临的重大任务；以文旅深度融合推动区域旅游一体化发展，应成为长三角各地高度重视并加快推动的率先一体化的优先工作选项。在相关文旅产业融合发展的实践基础上，继长三角动漫产业合作联盟打头阵之后，长三角文创特展产业联盟、长三角红色文化旅游区域联盟、长三角文旅产业联盟、长三角影视制作基地联盟、长三角文化装备产业协会联盟等六大一体化联盟已陆续成立。

推动长三角文旅深度融合及一体化发展，需要以长三角区域丰富多彩、特色鲜明的物质和非物质文化（海派文化、吴越文化、淮扬文化、徽皖文化、运河文化等）的存在形态和特色及其传承为研究对象，更深刻地认识、发掘本区域丰富多样的本体性文化资源，最恰如其分地呈现其文化特色，并通过都市、乡村、非遗、文创、研学等领域的文化与旅游融合途径，从文化传承、资源利用、创意设计、空间营造、内容组织安排、媒体营销、整体管理多方面打造整体性的、品牌化的"长三角文旅圈"。

完善长三角都市文旅融合一体化发展治理机制在目前已经运行的各类政府间合作工作机制的基础上，需要进一步基于协同治理理念在政府、市场、社会三者之间寻求合作工作机制的新突破。重视以竞合发展、共生发展的新思维，从政策制度、市场治理、主体培育、创新共享、资本支持、人才保障、国内外合作等多个环节，构建促进长三角都市文旅融合一体化发展的生态系统，尤其要在集聚、培育、保护长三角都市文旅融合创新要素资源方面下大工夫，如创意设计、知识产权、数据、人才、产业金融等。以更高水平的协同治理，为区域发展提供高水平的公共服务和行业治理，促进区域治理的"同城化"发展。

2022年3月初，长三角文化和旅游联盟会议在安徽黄山召开，包括沪苏浙皖在内的文旅部门通过交流会上，列出50多项清单，涉及共建合作机制、共促文艺交流、共推文保合作等方面。在各方共同努力下，长三角文旅一体化正不断加速，融合互补带来的经济社会效益持续释放。

近年来，沪苏浙皖先后成立了长三角城市文化馆联盟、交响乐联盟、旅游推广联盟等合作组织 20 多个。值得关注的是，在公共服务和行业监管一体化方面，长三角区域取得了诸多突破性进展。沪苏浙皖正大力推动"一卡在手，畅游长三角"，积极推进社保卡在长三角区域文化和旅游领域应用，推动实现交通出行、旅游观光、文化体验等方面"同城待遇"。而在共管行业市场方面，沪苏浙皖联手监管，统一了长三角区域旅游诚信"红黑名单"标准和奖惩措施，对不文明行为开展联合惩戒。沪苏浙皖还联手制定了房车旅游服务、旅游志愿者服务等 10 多项长三角旅游标准，共同营造安心、舒心、放心的文旅市场环境。如果在公共服务便利化方面，长三角各地能积极打通壁垒，加快推进以社保卡为载体的文旅服务"一卡通"，这无疑将为广大游客带来巨大便利，能够在长三角区域的文旅体制机制运行实践中展现更大作为。

参 考 文 献

[1] 吴理财, 郭璐. 文旅融合的三重耦合性: 价值、效能与路径[J]. 山西师大学报(社会科学版), 2021, 48(1): 62-71.

[2] 崔凤军, 陈旭峰. 机构改革背景下的文旅融合何以可能: 基于五个维度的理论与现实分析[J]. 浙江学刊, 2020(1): 48-54.

[3] 孙九霞, 王学基. 旅游凝视视角下的旅游目的地形象建构: 以大型演艺产品《印象·刘三姐》为例[J]. 贵州大学学报(社会科学版), 2016, 34(1): 47-57.

[4] 黄炜, 孟霏, 朱志敏, 等. 旅游演艺产业内生发展动力的实证研究: 以张家界为例[J]. 旅游学刊, 2018, 33(6): 87-98.

[5] 马波, 张越. 文旅融合四象限模型及其应用[J]. 旅游学刊, 2020, 35(5): 15-20.

[6] 尹贻梅, 鲁明勇. 民族地区旅游业与创意产业耦合发展研究: 以张家界为例[J]. 旅游学刊, 2009, 24(3): 42-48.

[7] 黄锐, 谢朝武, 李勇泉. 中国文化旅游产业政策演进及有效性分析: 基于 2009—2018 年政策样本的实证研究[J]. 旅游学刊, 2021, 36(1): 27-40.

[8] 宋子千. 从国家政策看文化和旅游的关系[J]. 旅游学刊, 2019, 34(4): 5-7.

[9] 曾博伟, 安爽. "十四五"时期文化和旅游融合体制机制改革的思考[J]. 旅游学刊, 2020, 35(6): 3-6.

第七章　文化和旅游融合的江苏市县域实践

第一节　文化和旅游融合的南京实践

一、南京文旅融合基础

南京，简称宁，江苏省省会城市，是中国著名的"四大古都"之一。南京市自 2016 年入选了首批国家文化消费试点城市，一直聚焦文旅高质量融合发展，2020 年"升级"为"国家文化和旅游消费示范城市"。

南京地处长江下游平原和宁镇丘陵地区，是国家生产力布局中最大的经济核心区——长江三角洲的重要城市。距上海 300 千米，距北京 1200 千米，离重庆 1400 千米。南京是中国著名的风景旅游城市，山、水、城、林相映成趣，景色壮丽秀美。它还是中国第一批历史文化名城，有着 7000 多年文明史、近 2600 年建城史和近 500 年的建都史，是中华文明的重要发祥地，有"六朝古都""十朝都会"之称①，其文旅融合发展条件有很多独特的优势。

（一）资源基础

南京文化和旅游资源丰富，与自然旅游资源相比，人文旅游资源的数量与品位都更胜一筹，发展文旅融合的资源优势明显。

1. 规模

（1）文化遗产。作为首批国家历史文化名城，文化遗产丰富。至 2021 年底南京有世界文化遗产 1 处，市级以上文保单位 516 处；国家级历史文化名镇 1 个、名村 2 个、历史文化名街 2 条；国家一级博物馆 5 个；4 项非遗列入联合国教科文组织名录，市级以上非遗项目 145 个。

（2）景区建设。作为中国重要的旅游名城，南京全市有 5A 级景区 2 个、4A 级景区 24 个；国家级风景名胜区 1 个、国家级旅游度假区 1 个、省级旅游度假区 2 个；国家森林公园 5 个，国家地质公园 2 个，国家级水利风景区 7 个。

---

① 非特别说明，本章数据与资料均来自南京文化旅游局官网 http://wlj.nanjing.gov.cn.

2. 主要类型

（1）文物古迹类。包括历史建筑类：如明故宫、朝天宫、夫子庙、总统府、大钟亭等；宗教建筑类：如栖霞寺、灵谷寺、鸡鸣寺、牛首山宏觉寺塔等；陵寝建筑类：如明孝陵、南唐二陵、中山陵、雨花台烈士陵园等；园林公园类：如煦园、瞻园、玄武湖、莫愁湖公园等。

（2）博物馆类。包括民俗博物馆类：如南京市民俗博物馆、南京市江宁区民俗博物馆等；艺术博物馆类：如江苏展览馆等；主题博物馆类：如南京城墙博物馆、江宁织造博物馆、南京云锦博物馆、南京市明城垣史博物馆、明孝陵博物馆、江南贡院历史陈列馆、六朝博物馆、太平天国历史博物馆、南京龟鳖自然博物馆、南京中华奇石馆等；纪念博物馆类：如静海寺《南京条约》史料陈列馆、太平天国历史博物馆、中共代表团梅园新村纪念馆、渡江胜利纪念馆、侵华日军南京大屠杀遇难同胞纪念馆、傅抱石纪念馆等；科技博物馆类：如江苏科技馆、南京市科技馆等；综合博物馆类：如南京博物院、南京市博物馆（朝天宫）等。

（3）现代建筑类。如五台山体育馆、新街口商业区、金陵饭店、湖南路休闲商业街、紫峰大厦等。

（4）社会风情类。民俗文化资源：南京历史悠久，民俗独具特色，南京云锦织造技艺、中国雕版印刷技艺（金陵刻经印刷技艺）、中国剪纸（南京剪纸）、古琴艺术（金陵琴派）都已成功入选《人类非物质文化遗产代表作名录》，秦淮灯彩、南京白局、骆山大龙、方山大鼓、江浦手狮舞、溧水民间龙灯、六合高跷舞等也是南京代表性民间艺术；饮食文化资源：南京地方菜系、秦淮风味小吃、南京板鸭和盐水鸭、雨花茶等。节庆文化资源：如夫子庙秦淮灯会、中国南京国际梅花节、南京文化艺术节、灵谷桂花节、秋栖霞红枫节、江心洲葡萄节、夫子庙美食节、高淳固城湖螃蟹节、溧水蓝莓节、横溪西瓜节、南京农业嘉年华等。

（5）文化科教旅游资源。南京还是著名的科教中心城市，历史上素有"天下文枢"之美誉，从诗赋、书画、名著、成语，到佛教、戏曲、教育、科技，百花齐放、群星闪耀。"书圣"王羲之、"画圣"顾恺之、"诗仙"李白、"词帝"李煜、"唐宋八大家"之一的王安石，以及当代文化大家林散之、徐悲鸿、刘海粟、傅抱石等无不与南京结下不解之缘。现代的南京文脉传承，2021年末，在南京的两院院士数量达97人，其中中国科学院院士52人，中国工程院院士45人。每万人中大学生数量、每万人中研究生数量位居全国前列。南京高校众多，985和211高校数量在全国城市中名列前茅，为文旅产业持续发展奠定了雄厚的资源基础、科技基础与人才基础。

（二）政策基础

2016 年我国文化和旅游部文化产业司组织实施的国家文化消费试点城市奖励计划中，南京市入选了首批国家文化消费试点城市。凭借政策、政府、市场的"三方合力"，南京被文化和旅游部点赞，位居计划第一档。

1. 制定了相关政策

南京作为我国积极推进文旅深度融合发展的著名城市，近年来在推动文化建设、提升文化产业能级上持续发力。南京聚焦"文化+"融合发展，着力打造"全国重要文化创意中心"和"国家文化科技融合示范城市"，颁布了一系列政策措施，加快推进文化和旅游融合发展①。

南京市先后出台了《关于印发应对新冠肺炎疫情影响新基建新消费新产业新都市"四新"行动计划的通知》《南京市引导城乡居民扩大文化消费的实施意见》《市政府办公厅关于促进旅游投资和消费的实施意见》《南京市促进演出市场消费实施办法（暂行）》《关于南京市文化消费政府补贴剧目管理实施细则的补充说明》《关于印发〈南京市政府补贴文旅展陈消费试点实施办法（暂行）〉的通知》《关于完善促进消费体制机制激发居民消费潜力的实施意见（2020—2022 年）》《关于应对常态化疫情防控恢复文化和旅游市场活力的若干措施》《南京市推进文化创意和设计服务与相关产业融合发展行动计划（2015—2017 年）》《市政府办公厅关于培育新业态拓展新消费促进我市文旅产业高质量发展的实施意见》《市文化和旅游局市财政局印发关于应对疫情影响提振文旅市场促进消费的十二项举措的通知》《南京市文化和旅游局关于助力稳住经济大盘提振文旅市场的若干政策措施》等政策，逐步构建和完善支撑南京文化产业与其他产业融合发展的政策体系。

2. 财政投入与补贴

2016 年南京市被列为国家文化消费试点城市奖励计划的第一档，获得 20 万元的奖励，全部用于扩大和引导文化消费工作。2017 年起，南京市财政每年将 1500 万元文化消费专项资金补贴给演出市场的供给端和消费端。每年组织 3~4 批次文化消费政府补贴演出剧目评选活动，评选出约 100 部政府补贴演出剧目，截至 2020 年 9 月底，已评选出 15 批次 531 台 970 场政府补贴剧目，补贴比例 10%~50%，直接补贴资金 4755 万元。2022 年，南京市仍然进行了文旅消费政府补贴第一批次政府补贴演出剧目 30 部，第二批次 51 部。

2018 年起，南京市财政投入巨额预算资金，引导城乡居民扩大文旅消费。

---

① "南京样板"：文化产业凸显"南京影响力" [EB/OL]. https://www.163.com/dy/article/E1PPOU6L05385 718.html [2023-10-05].

对景区进行国家等级旅游景区消费竞赛奖励，对旅行社进行文旅行业消费竞争奖励、对网吧实行网吧消费竞赛奖励，鼓励各区涉旅单位建设文旅咨询中心（点）的积极性，对南京市新建文旅咨询中心（点）进行资金补贴。继餐饮、体育、图书、信息四大类消费券之后，2020年南京将文旅消费政府补贴试点向高端文旅展陈拓展，2020年3月又发放了1300万元乡村旅游消费券，用补贴杠杆进一步撬动南京文旅消费市场。

2022年，南京市政府又采用了补贴、补助、优惠、贷款、奖励等多种财政手段，通过扶持多元化文旅市场主体，丰富消费业态，鼓励文博场馆、旅行社、饭店、电影院、文艺创作基金会、获奖旅游企业演出经纪机构和演出场所经营单位等社会机构，积极提振文旅市场，促进文旅消费。

3. 规划建设支撑

除了南京市文化和旅游局为文旅融合发展提供组织保障外，南京市还成立了南京旅游集团，推进文旅资源经营权整合和市场化运营，积极组织和帮助相关单位及企业参与省级和国家级文旅活动；规划创建了国家文化和旅游消费示范城市、国家级文化产业示范园区（基地）、国家级夜间文化和旅游消费集聚区。

2016年，《南京市创意文化产业空间布局和功能区发展规划（2016—2020）》提出重点建设12个创意文化产业功能区，其中不少功能区都以促进文化消费作为主导功能。比如，秦淮老城南历史文化传承创新功能区以"传承地域历史文脉、体验都市休闲文化"为核心，推动区域内文化旅游资源一体化保护、管理与运营，重点打造旅游休闲、演艺娱乐、文博节庆、艺术品交易为主要内容的多形态文化产业群。长江路文化休闲体验功能区以长江路文化景观轴为核心，重点发展文化旅游休闲、文博展示交易、时尚高端消费和新型文化演艺等业态，建设融国家级历史文化街区和时尚创意商业场所于一体的"城市中央文化客厅"。

《南京市"十四五"文化和旅游发展规划》提出以"全域旅游示范市"创建、"博物馆之城"建设、深化国家文化和旅游消费示范城市建设为抓手，从总体要求、空间布局、重点任务、实现路径、保障措施系统规划，为推进南京市文旅深度融合，推动南京文旅产业高质量发展提供了强力支撑。

4. 平台建设与优化

南京文旅融合不仅广泛借助携程、大众点评、新华日报、天猫、淘宝等平台进行相关宣传推介与销售，还将南京文旅局官网作为权威平台，对南京文旅状态与信息进行公共宣传。南京旅游咨询点投放各类旅游攻略和咨询手册。同时，通过微信、微博、宣传画等形式，积极倡导游客文明旅游，防止出现产生重大社会影响的游客不文明舆情事件。

除了南京市文旅局官网，还建设了若干促进文旅融合发展的平台，如南京文旅信息服务平台、全域旅游服务平台"莫愁旅游""南京发布""南京文旅"微信公众号、"我的南京""南京本地宝"应用程序（APP）等平台，共同发布景区舒适度指数和各类文化旅游资讯。整合资源，建设"文客网""文客（APP）"等互联网文化消费服务平台。

在"南京文化消费智能综合服务平台"已有 APP、微信公众号的基础上，扩展服务功能和扩大服务领域，形成复合型文化消费综合服务平台，建成"国家文旅消费试点城市（南京）智能综合服务平台"。

在乡村文旅方面，南京市开通了乡村旅游直通车，2018 年 5 月正式上线了"南京乡村旅游大数据服务平台"。

2022 年南京市博物总馆与美团平台通力合作对总馆所属各馆所的票务系统进行智慧升级建设，于 6 月 20 日正式上线使用。系统涵盖了南京市博物馆（朝天宫）、太平天国历史博物馆（瞻园）、梅园新村纪念馆（八路军驻京办事处纪念馆）、南京市民俗博物馆（甘熙宅第）、渡江胜利纪念馆、江宁织造博物馆、六朝博物馆、南京市文化遗产保护研究所等 8 家博物馆（纪念馆），同时支持身份证、社保卡、公园年卡、微信二维码等多种入馆参观方式。为总馆数据统计、分析管理、优化入馆流程等提供有效保障，进一步助力总馆票务市场的销售，为总馆与高流量平台的全面合作打下坚实的基础。

2022 年 6 月"文化和自然遗产日"期间，南京还依托紫金山新闻客户端打造"云上非遗"交互平台，推出宁听、宁看、宁赏、宁游非遗等多个颇具特色的非遗展示传播活动，平台全网浏览量超 500 万次。

5. 创新文旅融合手段

以大数据助力消费试点"南京模式"成为全国典型，积极推进文化消费积分体系建设。消费者在指定票务平台购买南京文化消费政府补贴剧目、展陈的门票后，支付金额将形成消费积分，消费 1 元可形成 1 分，积分在下次购买文旅消费相关产品时可抵扣消费金额。通过积分补贴，实现了对票价的二次折扣，有效地激励和吸引消费者可持续消费。2017～2020 年，南京演出市场形成积分2100 余万分，使用积分 735 万分，二次消费比例达 34.6%[1]。南京市文化和旅游局牵头，搭建了南京文旅消费积分共享通兑平台，打通了"南京特色文旅商店"的文旅消费积分抵扣渠道，实现了消费者、剧场和票代公司之间的文化消费积分互通互兑，不断完善文化消费积分体系，满足消费者实现简单、快捷的消费体验，逐步扩大文化消费优惠范围。

政府搭建公益文化服务交易平台，方便供需双方无缝对接。南京市自 2018

年开始打造"政府购买公益文化服务现场会"，使供需双方可以面对面商谈购买公益文化服务产品。2022年77家公益文化服务供应单位提供了包括演出、培训、讲座、展览、图书等内容丰富、形式多样的公益文化服务项目，来自市区文化馆、图书馆、12个区的文化行政主管部门负责人，以及街道和社区的负责同志组成采购团队，与供应方面对面商谈，现场签订购买订单。供需双方在现场热烈商谈，当场下单签约，最终共签订了141场公益演出"文化服务订单"、108场"公益培训、公益讲座、特色展览"订单、2万册"送书下乡"订单，各区现场加购52场特色文化活动。

南京创新文旅消费模式，初步形成了直接补贴消费者、开展文化惠民活动、扩大文化消费有效供给、改善文化消费条件、创新公共文化产品和服务等多种模式，2017~2020年，以4500万元撬动6亿元消费，"南京模式"成为全国典型。

南京全方位开展对外文化交流和旅游推广，使其作为"重要国际旅游目的地"的知名度与日俱增。在20多个国家开展交流推介活动，在境外成立了7个文旅推广中心[2]。2021年9月9日，南京民族乐团在中国文化和旅游部与俄罗斯文化部共同主办的2021年俄罗斯"中国文化节"上，受邀担任开幕式线上音乐会演出乐团，与俄罗斯国立模范柴可夫斯基大交响乐团共同演奏《国之当康——战疫》《我爱你中国》《卡林卡》等曲目，通过南京民族乐团官方抖音平台，以及中央广播电视总台俄语频道、俄罗斯国家电视台文化频道、中俄头条客户端等中俄主流媒体全程播出[3]，深受两国民众的喜爱。

（三）产业基础

南京作为人文之都，文化事业与旅游产业发达，为文旅融合奠定了坚实的产业基础。

1. 文化产业基础

"十三五"期间，南京全市博物馆共举办展览1200余场，社教活动2万余场次，参观人次突破1.6亿。政府补贴剧目已完成演出373部683场，累计票房超过2.3亿元，观演人次74万，其中2018年、2019年演出总票房同比增长分别达到41.8%和56.7%。2020年，南京市实现文化产业增加值930亿元，占地区生产总值比重达6.3%，连续9年在省对市高质量考核中位居全省第一；人均接受文化场馆服务次数达到6次，位居全省第一。2021年南京市文化产业增加值占地区生产总值比重达到6.5%①。

---

① 资料来源：《南京市"十四五"文化和旅游发展规划》。

南京文化产业的市场主体迅速成长，南京市文化企业数量超过 2 万家，挂牌上市文化企业 60 多家，规模以上文化企业 1400 多家，增幅居全省地级市之首。文化企业营业收入和实现营业利润也增长迅速。文艺创作繁荣发展，创作了话剧、戏曲、舞蹈、杂技、民乐和声乐、美术、文学等众多作品，为文旅融合提供了丰富的素材与载体。

南京市文化载体平台功能不断拓展，建设了一批国家级、省级、市级文化产业园区和特色园区。截至 2021 年底，南京市共有市级以上各类文化产业园区（基地）145 个，其中国家级 12 个、省级 30 个，2019～2021 年市级以上文化产业园区数大幅增长 40.8%，近 3 年营收增长 12.2%，入驻企业数增长 21.1%，吸纳就业人数增长 12.4%，初步形成集聚效应。整合了全市 50 余家服务型平台机构，在全国率先建立"创意南京"文化产业融合公共服务平台体系，累计服务文化企业超过 5000 家。2021 年南京市立项非物质文化遗产保护基地 28 家。

南京的公共文化服务体系不断完善，服务效能日益提高。2019 年全市达到省级标准的社区综合性文化服务中心 1000 多个，每万人拥有公共文化设施面积不断增长，南京的书香气息也日益浓厚。完成评审文化消费政府补贴演出剧目 119 部，共演出 232 场，观演人次 37.1 万人次，累计票房约 1.05 亿元，票房同比增长 34.6%，为进一步扩大促进文化消费工作范围积累了宝贵经验[2]。

2. 旅游产业基础

南京市旅游业发达，2020 年全年实现旅游业总收入 1822 亿元，首次位居全省第一。2021 年，全市实现旅游业总收入 2130.45 亿元，同比增长 16.9%；其中国内旅游收入 2112.25 亿元，同比增长 17.6%；接待旅游者总人次 10844 万人次，同比增长 11.7%；其中接待国内旅游者 10830.6 万人次，同比增长 11.8%。

截至 2021 年底，全市共有旅行社 792 家，其中经营出境旅游业务的旅行社 65 家；登记注册导游数为 18785 人，其中领队备案 2100 人；旅游星级饭店 58 家，其中五星级饭店 20 家，四星级饭店 22 家，三星级饭店 14 家，二星级饭店 2 家；国家等级旅游景区 56 家，其中 5A 级景区 2 家，4A 级景区 25 家，3A 级景区 25 家，2A 级景区 4 家；国家、省级旅游度假区 5 家；全国乡村旅游重点镇 1 家，全国乡村旅游重点村 7 家，江苏省乡村旅游重点村 10 家①。

3. 文旅市场发展

2019 年是南京市文旅融合发展的开局之年，南京市实现了旅游业总收入、全年接待旅游者总人次均有不小的增长，文化产业增加值预计占 GDP 比重达 6.5%[2]。

---

① 资料来源：《2021 年南京市旅游经济发展统计公报》。

南京市在区域文旅合作方面也取得了显著进展。2019 年 12 月中共中央、国务院印发实施了《长江三角洲区域一体化发展规划纲要》，南京博物院在 2019 年携手苏州博物馆、南通博物苑、无锡博物院、镇江博物馆等省内 9 家代表性博物馆，形成联动，推出"博物馆奇妙夜"主题系列活动[4]。上海、南京、苏州三地的博物馆还联手推出了"艺游江南"旅游线路，打造长三角城市博物馆展览、教育、研学一体化联动[5]。

南京市文旅产业发展取得显著成绩。2022 年 6 月被列入 2021 年国务院办公厅文化产业和旅游产业工作督查激励地方名单，这次在文化产业和旅游产业领域受到国务院督查激励的地方共有 10 个，南京市是江苏省唯一上榜的城市。南京已成功创建 2 个国家全域旅游示范区、5 个省级全域旅游示范区、3 个省级夜间文化和旅游消费集聚区，数量均居江苏省第一，排名全国城市夜间经济 20 强第九位；全省国家级、省级旅游度假区总体考核评价中，南京市旅游度假区考核综合排名和国家级度假区总体考核评价双第一；雨花台纪念馆、科举博物馆创建成为国家一级馆。

2022 年仅 6 月"文化和自然遗产日"期间，南京市有 66 家单位或个人入驻淘宝、天猫等电商平台，开展非遗产品销售，累计销售额达 1200 余万元[1]。

二、南京文旅融合现状

（一）南京文旅产品类型

文旅融合产品中有传统文化型旅游产品或是传统旅游产品强调与文化的融合发展类型，主要包括：

1. 文化旅游景区

各传统文化景区、文化场所是主要的文化旅游场所。南京作为历史文化名城，众多的景区中文化旅游景区数量占绝对优势，2 家 5A 级景区钟山风景名胜区-中山陵园风景区、夫子庙-秦淮风光带都是文化旅游景区，25 家 4A 级景区中文化旅游景区数量占五分之四之多。

南京依托深厚的历史文化建设了众多文化公园和场馆。例如，南京十朝历史文化园，包括两个主题馆，即南京十朝历史文化展览馆和明孝陵博物馆，其中十朝历史文化展馆区以图片、多媒体及体验性设施等多种形式，全面展现了南京十朝历史的政治、文化、经济等发展脉络；还有以佛都、文物、云锦、明式家具、石道为专题的五个馆。另外，还有求雨山文化公园、南京青年文化公园等。文化场馆包括江苏省美术馆、六朝博物馆、南京图书馆、江宁织造博物馆等文博场馆。

近年来，南京注重开发夜经济，各传统景区、文化场所也在假日期间上线夜游活动，推出一批夜间文旅消费新产品。夫子庙、大报恩寺遗址等景区开启了夜游活动；玄武湖景区增设了游船赏月项目，音乐喷泉新增了夜间灯光表演；江苏省美术馆、六朝博物馆、南京图书馆、江宁织造博物馆等文博场馆延长了开放时间，供市民与游客夜"读"南京[6]。

2. 文旅主题旅游线路

南京推出了文化遗产之旅、文博科教之旅、古都美食之旅、历史鉴证之旅、养心文化之旅和休闲度假之旅六大文旅融合品牌线路；规划了跟着非遗去旅游、跟着名著去旅游、跟着考古去旅游等不同文旅主题线路。

3. 文化创意产业园

文化创意产业已成为南京的新型战略产业，2019年南京市文化产业招商推介会上，23个园区被认定为南京市文化产业园区[7]。

其中，作为龙头的南京晨光1865科技创意产业园，先后被授予"江苏省现代服务业集聚区""南京都市产业园""南京市文化产业基地""国家动画产业基地""建设新南京先进单位"等多项称号，是一座近代中国工业博物馆，同时又引进融合了科技创意、时尚展览、文艺创作、酒店商务、餐饮美食等多种业态。

1934文化产业园、无为文化创意产业园、南京世界之窗创意产业园（推广名：创意东8区）、悦动·新门西体育文化产业园区等也颇具知名度。

文化创意还与多个业态融合发展，如江苏首个电竞文创产业集聚区落户江宁开发区。很多文化创意产业园同时又是工业旅游区，如2021年南京市工业旅游区认定名单中1934文化工业旅游区也赫然在列。

4. 文旅休闲街区

文旅休闲街区具有鲜明的文化主题和地域特色，具备了旅游休闲、文化体验和公共服务等功能，融合观光、餐饮、购物、住宿、休闲等业态[8]。南京1912时尚休闲街区（推广名：南京1912）、夫子庙-老门东步行街是南京传统的旅游休闲街区，皆以鲜明的主题IP、各具特色的情景营造与休闲体验，不断深化着文化+旅游+商业的文旅商融合，已经成为南京市的旅游名片。南京"十四五"还规划建设了熙南里大板巷示范街、水木秦淮艺术街区等新的文旅休闲街区，更加注重文化融合，注重主题化、体验化和城市文化内涵的挖掘。

5. 文创旅游开发基地

南京博物院运营以来便投入到文创建设当中，经过数年的探索与发展，已基本形成具有南京博物院特色的文创产业模式。南京博物院文创产品可分为工艺典藏类、文具类、图书印刷类、服饰首饰类、生活用品类、特色餐饮类，以及体验类，共有 1000 余种，产品兼顾艺术性和实用性。

南京有些景区将乡村文化内容、元素、符号融入旅游产品中，如浦口不老村内建设了乡村美术馆开展公共文化艺术展览吸引游客，专辟了乡创市集，推动铜雕、植物染等乡村相关文创、农创产品的创作、展览与销售。

2021 年，"南京清真桃源村食品-老门东店"等 11 家商店被命名授牌为年度"南京特色文旅商店""十竹斋人文空间文创研发基地"等 6 家研发基地被命名授牌为年度"南京特色文旅商品研发基地"；7 家商店被录入"南京特色文旅商店名录库"、2 家研发基地被录入"南京特色文旅商品研发基地名录库"。

6. 文旅主题节庆与活动

南京每年定期开展南京秦淮灯会、南京森林音乐节、南京文化艺术节、南京戏剧节、南京国际梅花节、南京春秋消费季、"来南京过大年"、周末惠游新南京、南京创意设计周等重大文旅品牌活动。每年 6 月 13 日文化和遗产日前后，南京都会举办系列主题活动，如 2020 年主题周通过线上和线下结合的方式，推出包括《南京文旅讲堂》等 20 多项专题活动，推介了南京非遗的文旅融合；2022 年 6 月 10 日，南京市举行"文化和自然遗产日"非遗主题活动，推介和发布了《江宁区文物电子地图》及"2022 年江宁区非物质文化遗产创意设计大赛"等信息。现场还利用钱家渡景区的非遗工坊打造了非遗市集，开展非遗展示展演等活动。

南京全市各区还打造了系列文旅节庆活动，类型丰富多彩。

南京溧水区天生桥景区举办的"咪豆音乐节"活动，是南京本地最早的原创品牌大型户外音乐节、最受网络关注度的千万级流量品牌，同时也是国内知名度最高、规模最大的音乐节之一。

高淳区的国际慢城金花节、固城湖螃蟹节已成为中国节事的卓越品牌。高淳还举办了夜游高淳老街活动，使游客游玩的主题更加多样。

江宁区汤山温泉文化旅游节持续推出赛事运动、惠民促销、文化休闲等多元活动。牛首山、金陵小城、紫清湖、金陵水乡钱家渡、观音殿、矿坑公园深挖自身特色，持续推出特色文旅产品、民俗节庆活动。

雨花台区举办金秋文化艺术节，通过多重文艺场景活动的精心打造，举办了艺术赛事与优秀作品展演活动，展现了文旅融合高质量发展与群众精神文化需求的双向联动。

秦淮区民俗荟萃，在夫子庙、南京市民俗博物馆等地汇集文创、手作、古风市集，邀请非遗传承人表演节目，带领孩子们参与非遗制作，吸引游客体验形式多样、内容丰富的民俗文化活动。

玄武区作为首批国家文化产业和旅游产业融合发展示范区建设单位，辖区内钟山风景区、南京博物院、南京图书馆、1912 街区、德基广场等著名文博场所、以南京玄武国际城市休闲旅游节和传统节庆为"媒"，举办了涵盖"观光玄武、文博玄武、研学玄武、书香玄武、美食玄武、非遗玄武、休闲玄武、演艺玄武"等多种类型精品文旅消费活动，制造全域文旅消费热潮。

建邺区举办的莫愁湖海棠花会不仅有着非常深厚的文化底蕴，也一直将赏花、艺术、潮流与文化融合，在活动内容和形式方面不断探索创新。

栖霞区举办"红枫艺术节"等文化旅游活动，依托旅游景区、文化场馆、商贸商圈等阵地，整合"文旅+"丰富资源，策划多项主题活动，刺激文旅消费。

浦口区在节庆假期举办一系列文化旅游活动，串联起全区旅游点位，涵盖了山水泉林、乡村风貌、主题乐园、文化演艺、民宿酒店等各类业态，让游客充分感受浦口的自然风光与人文情怀。

南京将节庆旅游活动与南京重大文化活动相整合，整体塑造南京"文化旅游美食节"品牌。同时推动红色旅游、研学旅游发展，《南京文旅讲堂》已举办若干期[1]。

（二）南京文旅融合业态创新

1. 开展文化体验旅游

南京市文旅融合秉承"以文化为核心，以旅游为依托，以融合为手段，以体验为目的"的理念，注重文化体验在旅游活动和项目中的体现。2020 年南京文学季设置了"行走文都""戏剧文都""书香文都""创作文都"四大主题篇章系列体验活动；鼓楼阅江楼风景区则推出明代文化体验游。建邺"银杏里文化艺术街区"开街，举办"第十五届莫愁烟雨文化节"，将国风音乐、国潮舞蹈、古乐器与现代电音有机结合；江宁牛首山文化旅游区举办中秋拜月、传灯祈福等仪式，开展"咏月·颂今"主题音乐会，拓展了游客多种感官体验。

中山陵风景区明孝陵推出"孝陵地宫 VR 探秘"沉浸式行走体验项目，梅花谷内通过 GPS 定位，重现"深林见鹿踪"的文化历史景观，用科技手段优化旅游体验。

2. 建设文旅综合体

溪田田园综合体、枫彩漫城、梦华苑、根据明代古画《上元灯彩图》构建

---

① 资料来源：《南京市"十四五"文化和旅游发展规划》。

场景的"秦淮·戏院里""夜泊秦淮·酒店部落"是地标性文化综合体，作为一种文化旅游融合发展的衍生物，是以文化为轴心，依托旅游资源，综合商业、展览、会议等相关业态功能的集约型、复合型、互相作用的街区群体，是打造的居、游、养、娱场景 IP 商业项目。南京"十四五"还规划了老山生态旅游体验园（龙之谷综合馆）、江苏园博园（一期）、河西华侨城欢乐滨江、溧水华侨城欢乐港湾多个文旅游综合体①。

晓书馆、奇点书屋、虫子书店、"转角·遇见"休闲驿站等一批深受游客和市民喜爱的"小惊喜""小确幸"将阅读与休闲活动融合形成网红打卡地。

3. 营造文旅夜游场景

南京规划建设了长江路夜间文旅消费集聚区，策划举办了夜游、夜演、夜购、夜娱、夜展等诸多文旅主题活动。南京中华门瓮城景区夜公园开放，推出2020 年南京城墙夜色潮玩节，购票人次接近每日预约限额。熙南里历史文化街区模拟几百年前的金陵市井灯彩盛况，夜间景观再现笪桥灯市盛世之景。南京市获评为"2019 中国旅游影响力年度夜游城市"，打造出一批"遇见夜金陵"品牌产品①。2023 年 1 月 14 日，南京夫子庙举办第 37 届秦淮灯火亮灯活动，以夫子庙、门东、十里秦淮水上游览线为主要场景，共设置各类灯组 170 组，依托夫子庙秦淮河一带的风光，以现代灯影技术复刻还原明代古画《上元灯彩图》的繁华盛景，利用现代灯光艺术、人工智能技术、时尚创意元素等，增强灯会的时代感和吸引力。灯会期间，夫子庙景区将常态化举办上元市集等"行进时观景+沉浸式体验"活动，游客体验汉服赏灯逛灯市，观看民俗表演，参与非遗互动，还可以品舌尖上的年味，沉浸式体验国家非物质遗产秦淮灯会的南京民俗节日庆典活动[9]。

除了传统景区的夜游氛围营造、夜游互动体验，南京还注重将光影+数字多媒体+文化创意等手段有机结合，2017 年起秦淮河东水关用水幕、投影来营造光影变幻的秦淮胜境入口场景。2022 年南京启航"夜泊秦淮"沉浸式游船项目，开通滨江游轮夜游航线。"夜泊秦淮"秦淮河西五华里水上游船观光游项目将在泮池、中华门码头至西水关闸段，以船体的玻璃幕墙，作为演出投影的移动载体，以行舟展卷的方式，创新采用光影手法、场景布景等技术手段，围绕秦淮河的悠久人文历史，打造水上行进式游船演艺。游客在乘船行进的过程中，可以"穿越"历史长河，欣赏《金陵胜景图》《上元灯彩图》《康熙南巡图》《南都繁会图》等经典名作，博览从古至今的秦淮历史画卷，邂逅秦淮历史人物，品味金陵城数千年的底蕴魅力。游人游历画中，也成了画中之人，穿越时空、古今对话，感受一场把数千年历史底蕴与现代化沉浸感震撼结合的国

---

① 资料来源：南京市文旅局、南京"十四五"规划。

潮夜游[10]。

4. 打造文旅沉浸式演艺

南京市将文艺演出与旅游景区融合创新演出场景，指导推出了《南京喜事》《明月印·中华门》《金陵幻夜·意境愚园》等一批实景演出项目，如表7-1中所示。

表7-1　南京市代表性文旅沉浸式演艺

名称	特色	演出地点	演出时间
神韵金陵	以南京历史文化为主题的音舞诗画演出	南京文化艺术中心	2005 年
夜泊秦淮	以秦淮历史文化、传说典故为主要线索的山水实景演出	夫子庙白鹭洲公园	2007 年推出每年演出时间不定
风韵金陵	通过舞蹈、杂技、武术等多种表演形式，诠释南京的六朝文化、大明文化、秦淮文化和民国文化。	夫子庙秦淮剧场	2012 年 11 月
报恩盛典	主要讲述朱棣建塔报恩、玄奘取经译经、佛陀出家悟道三条故事线	大报恩寺遗址公园	2016 年 10 月首演夜场演出，每年演出时间不定
感恩华夏·俊采神州	融合"感恩文化"和"传统文化"元素，展现中华民族悠久历史文化和当代中国人民的精神面貌	大报恩寺遗址公园	2019 年
龙门大典	传播中国传统科举文化	中国科举博物馆	2019 年
金陵寻梦·夜瞻园	将传统戏曲、器乐、舞蹈融入实景演出之中，营造多层次的文化体验	瞻园	2020 年 1 月
金陵幻夜·意境愚园	依据愚园的审美特色，综合融入戏曲、曲艺、传统民乐与古典汉唐舞元素的原创类综合主题情景演出	愚园	2020 年 7 月
明月印·中华门	通过全息盒子、3Dmapping 投影秀等先进的光影技术和真人实景演绎南京白局、戏曲和现代舞等传统文化巧妙融合互动	中华门三重瓮城	2020 年 10 月
南京喜事	以南京文化为核心，将沉浸场景、演员表演、游客互动、观演视效多者融于一体，打造观众的深度沉浸感的 360°全沉浸互动演出	熙南里	2020 年 10 月试运营

其中，南京大型实景 360°全沉浸互动演出《南京喜事》已连续斩获"2020年文化和旅游融合发展十大创新项目"奖、2020 年中国文旅先锋奖等多项国家文旅行业大奖。这部现象级沉浸式演艺项目成为南京市的文化新名片，是国内首部全沉浸式演出。是以南京文化为灵魂，集沉浸场景、沉浸表演、沉浸互动、沉浸视效于一体，打造了一个近千平方米的 360°五面全沉浸环绕式投影空间，

古色古香，作为实景还原清朝南京城的古宅，以世界先锋的沉浸式表现手法，注入南京人物、非遗、故事。

《南京喜事》2020 年 9 月 12 日开始于熙南里正式开演，由游客与演员共同完成 90 分钟演出，有 8 条故事线，观众可以自主跟随某一演员在这个南京古宅中观看任意角落上演的故事。观众现场兑票后会换上百年前南京城的清末服饰，有 8 个标签供大家选择，一一对应中国的传统技艺。不设固定座位，观众选择自己喜欢的这个角色后，就会"浸入"截然不同的故事剧情支线里，通过行走的视线变化去观看、与演员互动，发挥自己的主观能动性去左右每条故事支线的结局，观众即演员，也让《南京喜事》的剧情变得更加跌宕起伏和出乎意料，每一场《南京喜事》的演出，都因每天参与的不同观众，而衍生出不一样的结局。在演出中，观众可一次性体验中国传统文化里的"人生八喜"，欣赏到"南京特色"的云锦、梅花篆字、剪纸、空竹等文化艺术，听金陵方言，品南京味道，全感官来感受南京喜事，体验一场高品质的文化娱乐演出，感受南京的人文特色。演出结束后合照留影，后期由官方微信进行合照发布与宣传信息推送。观众评价中对《南京喜事》观演互动的评价最高，非常认可这种创新的演艺观赏方式[11]。

类似演出还有南京 1913 艺术街区的国民小剧场、紫金山脚下的 TPM 紫麓戏剧空间、华彩天地大视界亲子微剧场等沉浸式旅游演艺综合体[5]。

此外，2021 年五一期间南京牛首山金陵小城燕集里文旅主题景区开始投入试运营，创新了南京文旅休闲度假新业态。

三、南京文旅融合存在的问题

南京多元文化交融，文旅融合条件优越，但总体来看，目前文旅融合仍有不足。

1. 南京文旅龙头品牌缺失

目前南京市的文化产业竞争力较弱，与国内外先进城市相比还有不小差距。北京市文化创意产业发展已在第三产业中占据重要位置，而南京市的文化创意产业占第三产业的比重仍处于较低水平。而相关数据显示，文化创意产业已经成为北上深等城市重要的支柱产业，其增加值占城市 GDP 比重均超过10%。早在 2015 年，上海文化创意产业就已实现增加值 3020 亿元，占全市 GDP 比重 12.1%。同期，北京文化创意产业的增加值为 3179.3 亿元，占北京 GDP 比重 13.8%。深圳为 1757 亿元，占全市比重 10%[12]。

相比于同为长三角区域中心城市的杭州，南京没有出现过《宋城千古情》，更没有出《印象西湖》那样的演出，也没有像"西泠印社""胡庆余堂"那样的传统文化机构的现代企业转型。相比于同为七大古都的西安，南京缺乏"曲江文化新区"那样的塑造"大唐芙蓉园"的魄力，也没有无锡那样的"灵山大佛"与"梵宫"的组合影响力。在文化主题的挖掘方面，也缺少无锡拈花湾禅意小镇那样的文化影响力。

2. 文旅产业融合度仍需深入

目前文旅融合方式以产品的简单叠加为主，主要是在部分显性领域，文化产品直接嫁接旅游载体，如书店进景区、群众演艺进景区、历史文化街区、文旅小镇等产品和活动打造，以硬件建设为主，以形象打造为主要手段，很大程度上供给方自己的创造未经深入研判和市场检验的需求，实际效果存在较大问题[13]。创新与融合受原产业思维局限仍然严重，导致文化创意产业规模偏小，社会化、产业化程度较低，且产业结构上传统产业所占比重较大，技术含量不高，还停留在简单的文化产品和娱乐服务阶段，文化要素市场、劳务市场、产权市场尚未真正形成[14]。已有的文化与旅游融合产品缺乏对产业链的打造与拓展，包括创意制作、内容运营、消费体验和创意衍生产品等在内的各个环节未能很好衔接，影响了深度开发和品牌塑造。

如目前《南京喜事》观众评价中认为剧情中文化融入比较简单老套，对于南京特色民俗文化，演出中只有个别演员偶尔的两句"南京话"，剧情线中放置南京非遗"剪纸""云锦"等元素，却并未带领游客深入感受南京的民俗文化；宣传集中于大众点评等几个平台，知名度和宣传力度不够，宣传渠道单一；演出中旅游服务较少，收益太依赖门票，导致观众对票价评分最低，经济带动效益不理想。因此南京现有的不少文旅融合产品地方特色鲜明，但影响力有限。

3. 文化创意产业数量和规模不足

南京目前已建或在建的许多文化产业园区，呈现出蓬勃、高速发展的态势，但一方面，文化创意不少，但产业化程度不足，文化创意产业程度不均衡，一哄而上，低层次重复发展等问题；另一方面，部分园区管理能力偏弱，为了提高房产出租率，尽快回笼资金，对入园企业设置较低的门槛，导致其他与文化产业不相关的企业入驻比例过大。有的园区建成后，由于宣传、管理专业化程度等不到位，对入园企业的服务仅限于一般性的物业配套服务和收取租金盈利，缺乏信息平台、公共技术平台、投融资平台等服务体系的构建，导致入驻的知名企业、具有行业龙头作用的文旅大企业不多[13]。

4. 文旅融合发展受到资金和人才制约

文旅融合的发展和资金的支持是分不开的，由于文化企业本身可用于抵押贷款的有形资产不足，再加上文化创意项目回报周期长、价值难以及时评估、投资风险较大，大多数文化创意企业很难得到银行提供的相应贷款。目前南京的文化创意产业融资渠道相对单一，尚未形成多元化的投融资格局[13]。

从资本融合上看，文旅融合项目需要长期培育、逐步成长，这要求资本能够持续而稳定地供给，但文旅融合项目中许多投资方，尤其是地产跨界投资方惯用短期回笼现金流的手段，导致多数项目中途退场无人接盘。从文旅人才供给上看，传统旅游人才和文化事业人才不符合文旅市场对人才的复合型需求，人才十分稀缺问题日渐突出[14]。

5. 缺少顶级文旅 IP

IP 是指一种知识产权，它可以表达出来作为买卖的对象。《2018 中国文化IP 产业发展报告》指出，从消费者角度看，文化 IP 代表着某一类标签、文化现象，可以引起兴趣，用户的追捧可能转化为消费行为；从运营商角度看，文化 IP 代表着某一个品牌、无形资产，可以通过商业化运营、产业化融合，转化为消费品，实现价值变现。文旅 IP 合作，成为不少城市推动城市化进程的一大共识，文旅产业投资的巨大"风口"正在持续爆发潜能，产能红利异乎寻常。南京虽然也有自己的一些 IP，如金陵仔等，但知名度与影响力不高。

6. 缺乏有机整合

南京建城历史悠久，号称"十朝都会"，六朝文化、明代文化、民国文化都在南京历史留下深刻烙印。南京文化类型多样，文学之都、金陵佛都、博爱之都皆是其文化标签，既是中国古都之一，又有现代化都市风貌。因而如何有机整合，成为南京文旅融合可持续发展的关键问题。目前，南京文旅融合产品类型众多，但目前仍然比较零散，文学、非遗、景区、演出各有精彩产品，却没有更高层面的系统整合，塑造南京文旅游整体形象，系统发展南京文旅产品，形成整体性竞争优势。

7. 市场拓展不足

目前研学旅游主要针对学生群体，而南京丰厚的文学、文物、文化资源不应该只局限于学生群体，更应该着眼于成年人市场需求。

夜游市场已有一定规模，但开设的区域与时段还比较有限，如博物馆夜游只在特定活动举办时开设，场次较少。夜间亮化缺乏富含南京特色文化氛围的光影秀，光影秀是介于实景与电影之间的一种新的光影艺术，通过文化和高科技的融合，依托山、水、城市建筑等所有可以用光来表现的现有场地条件，可以量身为当地打造一张名片，还原一段历史，展现一段美景，让游客获得一种人生体验，从而激发观众的震撼点、泪点、笑点、新闻点、互动点，能够成为旅游目的地的爆款体验。而东水关光影瀑布运营时间较短，只有 1～2 小时，与夜间文旅时间段不匹配；秦淮行船国潮夜游未固定演出，没能形成具有规模的夜间文旅亮点。

四、南京文旅融合优化发展策略

（一）系统化

南京文旅融合要树立系统化思维。

首先，需要注重实现南京文旅融合系统的整体性与要素的协同性价值。在业态上要广泛促进各类文化、艺术演出、创意产业、乡村建设、互联网发展等与旅游的深度融合发展，突破原有的功能特征，本质上应该是以文化为核心进行业态重塑，创新文旅综合体，构建纵横交错的产业链，实现文旅融合的多样性和多元化价值，打造文旅消费新空间；在时间上，不仅重视景区日常经营，而且注重全时、全天、全季的时间维度，开拓夜间文旅消费，不仅重视长江路、夫子庙、熙南里这些夜金陵的地标，还应该在全市不同方位的城域规划培育夜间文化和旅游消费集聚区；效益方面，在南京文旅融合发展中要注重经济效益与社会效益的统一，更好地让游客在旅程中感受文化之美，最大限度地满足人民对美好旅游生活的新需要。旅游是关联性广泛的产业，南京市各级各有关部门要加强钱、地、人等要素保障，为文旅融合提供全链条优质服务，运营管理中既抓融合方案协同，也抓融合落实协同，更抓融合效果协同，促进各项文旅要素在发展取向上相互配合、在实施过程中相互促进、在融合成效上相得益彰，朝着全面深化文旅融合总目标聚焦发力。

其次，需要注重南京文旅融合系统时间上的完整性与未来性。在科技的包装下，提炼出南京文化内涵，通过全息技术、光影技术、增强现实（augmented reality，AR）技术、VR 技术等和内容背景融合，成为全科技的表演作品，同时将技术与实景结合到一起；在内容上不能只依赖于历史文化与历史场景，而是将历史、现在、未来系统地联结起来，用科技手段讲好南京故事，使游客体验时空完整的南京场景而不仅仅感受碎片式体验。例如，在秦淮河上用实景和科技手段将文化演示与演出融入游船项目，不仅仅为了碎片化的体验，最终目的应该使游客感觉自己穿行于秦淮文化时空之中，如同穿越时空见证秦淮文化场景及其演变，将极大增加游船项目的文化附加值和演出的感染力。

再次，需要注重南京文旅融合系统的开放性与环境的协调性。面对文旅市场越来越显著的生活化特点，文旅的发展与生活方式之间的关联更为密切。南京文旅市场要整合文化和旅游各方相关力量，共同参与，建设各方共享的百花园。主体方面，体现"主客共享"的文旅融合理念，推进互联互通、加快融合发展，让当地居民与外来游客从"主客各享"到"主客共享"，让"主客"在目的地都受到相同的待遇；场所方面，博物馆、美术馆、纪念馆、非遗馆、爱国主义教育基地、乡村公共文化设施、书房书吧进景区、公共文化机构助力研学旅行等都会在文旅融合之下展现出新的生命力。例如，南京长江路 2021 年 11 月入选了第一批国家级夜间文化和旅游消费集聚区，拥有总统府、六朝博物馆、江宁织造博物馆、中共代表团梅园新村纪念馆、1912 休闲街区、德基广场、艾尚天地购物中心诸多文化地标，开展夜演、夜购、夜食、夜游、夜宿、夜展、夜读等"夜文旅"活动，打造文旅"夜宴"，成为游客和当地居民漫步、看展、赏乐、休闲的好去处。

最后，要注重南京文旅融合系统的重点突破与整体推进，既要坚持全面系统的观点，又要抓住关键，以重要领域和关键环节的突破带动全局。南京文旅产业要以 IP 为突破点，围绕自己的主题 IP，如开发明文化 IP 或民国文化 IP，将文学、城墙、非遗与旅游、演出、娱乐等系统地整合各种类型的文旅产品，营造整体性文旅形象，扩大南京文旅知名度和影响力。持续稳定地对文化和旅游消费活动进行资金支持，培养复合型文旅融合人才，打造文化服务品牌。

（二）市场化

在南京文旅融合发展中，市场需求仍然是文旅产业发展的导向，要从面向未来的市场思维去理解什么是文旅融合。未来的消费主力是深受科技文化影响的"Z 世代"（1995～2009 年出生的人群），这个新一代的消费群呈现出了求新、求变、求趣味、求实在等一些新的消费特点。他们更加关注文旅产品的互动性和体验性，内容消费也将更加碎片化和视觉化①。要充分利用短视频、直播平台、微博、微信公众号等方式进行文旅融合产品的开发与传播，不断根据市场需求深入研创南京特色的文旅融合内容供给与展示，一方面可以拓展传播边界，扩大受众传播范围；另一方面也让大众都参与到文旅内容的二次创作中，更好满足新一代消费群的体验获得感和满意度。

南京文旅融合产品的市场仍有不小的拓展空间，如南京目前的研学市场规模与产品质量与南京丰厚的研学资源不匹配，南京要利用自己优越的文化资源，加强文博资源的市场化产品深度开发，重视挖掘研学市场，开发设计系列主题性体验进修课程与专题性研学产品，将研学基地打造成终身教育基地，研学活动做出产业规模，把南京文旅资源的集聚度转化为研学产业发展的首位度。

作为已入选"世界文学之都"的南京，也要不断探索如何将南京文学旅游资源，转化为产业优势与市场效益[15]。应该形成社会合力，将南京旅游资源"统起来、串起来、用起来"，擦亮"文学之都，美丽古都"城市名片，坚持以人为本，让文化真正走进人们的生活，深入挖掘文学作品和故事，打造文学地标，绘制南京文学旅游地图，促进文化创意产品开发，助推南京旅游快速发展，提

---

① 回首与展望：2021 年文旅产业如何借势发力？[EB/OL] http://www.cdrfd.com/home/article/396[2023-10-05].

升南京旅游首位度。不断探讨南京文化和旅游真融合、深融合的发展路径，有力推动南京旅游产业繁荣、协调、可持续发展，推进文化事业、文化产业和旅游业融合发展，充分彰显古都南京的文化魅力。

（三）产业优化

培育壮大文化旅游市场主体，做大做强文旅产业载体，不断优化文旅产业链。如南京晨光1865科技创意产业园要抓住创建国家级文化产业示范基地的契机，依靠文化创意和科技创新，对历史文化实施保护性开发利用，创新文旅体验新业态，成为工业旅游的成功范例。

互联网在提升文旅融合效率的同时，重构了商业模式和组织形式。中国社会科学院文化研究中心研究员张晓明认为，全球文化市场的"最大变数"是文化价值链深度重组，由单一的"管道模式"变为多样的"网络模式"[16]。因此，要重视利用互联网平台进行产业的纵向延伸与横向合作，比如通过文旅融合平台把文化元素编写成网络文学，可以延伸构建艺术形象、实景演出、游戏开发、衍生品销售、沉浸式场景等一个很长的产业链和很大的产业群。而各种企业间可以进行资源的互补性或者共同开发，通过企业联盟形成新的产业链，优化产业结构。

在文旅综合体和文旅休闲街区等场景载体建设的同时，要充分利用文化和旅游消费集聚效能，重视通过自有公众号、抖音、微博、APP等各种平台得到的流量实现文创产品价值最大化，建立一个与线下体验平行的文化传播、交流和交易平台，吸引目标人群成为文旅衍生产品的持续消费者。特色街区需要营造网红场景和创意活动，在各种原创网红元素的赋能下，吸引具有流量分享能力的年轻人涌入，让他们愿意延长停留时间，并把消费的时光转化为朋友圈里的推荐和分享，增强消费者黏性[14]。

（四）数字化与智慧化

随着文化产业数字化转型，传统文化产业也向在线化、数字化、智能化发展。云展览、云演出、云论坛层出不穷；出版社变身为数据库；读者画像更精准，数据营销锁定消费者[16]。要对南京文化旅游资源进行系统地梳理与整合，建立南京文旅资源基础数据库。随着文化和科技融合成为大趋势，科技进步也推动着文化形态和内容更新。南京利用现代科技不断提高文旅服务与管理的智慧化，2021年1月27日，"南京智慧文旅综合管理与服务平台"可行性研究报告通过了评审，推出博物馆"云展览""云课堂""云直播"等线上文化产品。未来南京将会继续用大数据、云计算、区块链、人工智能等前沿技术创造虚实融合、智慧高效的文旅新空间，不仅能让游客多感官沉浸增强体验感，还能远程与相关景区进行实景化嫁接，用设备实时体验，推动南京文旅融合的数字化与智慧化品质与核心竞争力不断提高。

（五）联动性

一是产业联动。从文旅产业内部来说，要"先善其身"，南京文旅融合需要进行产业重塑，挖掘文旅产业潜力，延伸产业链，拓展和深入文旅融合程度，增强文旅消费拉动经济增长作用。从文旅产业外部来说，要"兼济天下"，要不断改善文旅消费条件，释放文旅消费需求，吸引来自本地和外地消费者，特别是南京一小时都市圈城市的消费者纷纷涌入南京，带动了相关产业（旅游、交通、餐饮、住宿、购物）消费，拉动地方经济增长。

二是行业联动。在南京文旅融合的开发中，充分利用丰富资源，发挥各行业的优势，如文博单位提供文化资源及其开发授权，科研高校提供文化资源评价与人才培养支撑、专业公司提供市场开发服务与宣传促销，共同合作才能设计出高品质的南京文旅融合产品。

三是区域联动。南京要积极发挥自己区域文旅中心城市的作用，推动区域文旅产业带建设。作为长三角中心城市之一，地跨长江两岸，要成为推动长三角区域文旅融合创新发展的重要支点，在大运河文化带和大运河长江国家文化公园建设中成为重要枢纽。

（六）IP 可持续化

文旅融合 IP 一般由故事 IP、形象 IP、产品 IP 和企业 IP 四个部分构成。打造南京文旅 IP 首先要有一个系统化的动人故事，在故事里才会有主体，才会出现形象，通过故事孵化出形象以后，形象是 IP 更重要的载体，因为形象可以放在任何场所，可以把很多东西变成载体，而不再依赖于故事[17]。南京有这种文化形象元素，但这种形象作为商品的影响力比较有限，只有少量的玩偶，没有发展为文化授权，缺少营销和口碑，缺乏反馈和宣传渗透。最后，还应该将南京文旅故事 IP、形象 IP、产品 IP 与城市文化进行结合，形成一个城市的 IP，也就是南京城市的品牌。还要考虑时间上的可持续发展与变化，因为随着主流消费者的位移，原有的文旅 IP 会面临失灵的风险，所以要不断地进行文旅 IP 的巡转孵化，不仅要有针对细分市场的横向孵化，还要有针对时间的纵向孵化。

第二节　文化和旅游融合的江阴实践

江阴市是江苏省辖县级市，位于无锡市北侧，地处苏锡常"金三角"几何中心，位于中国经济和社会发展水平最高、旅游业最发达、客源市场最丰富的长三角地区。是长江南北的重要交通枢纽和江海联运的天然良港城市，因地处"大江之阴"而得名"江阴"。

作为古代吴文化发源地之一的江阴，古称暨阳，西晋太康二年（公元 281年）置暨阳县，南梁绍泰元年（公元 555 年）废县置郡，因地处长江之南，遂称江阴郡，下辖江阴、利城、梁丰 3 县，为"江阴"名称之开始。此后江阴分别为郡、国、军、路、州治，建置几经变化。1949 年 4 月 23 日江阴解放后，属苏南行署常州专区。1953 年改属苏州地区。1983 年 3 月实行市管县体制，改属无锡市。1987 年 4 月经国务院批准撤县建市[①]。

江阴在 2000 年获得国家文物局"文物保护突出贡献奖"，在 2001 年被列为江苏省历史文化名城。长期以来一直领跑中国县域经济，2021 被评为中国数字治理百佳县市，中国工业百强县（市）"五连冠"、全国县域经济与县域综合发展"十九连冠"等，至 2021 年末，累计获全国性荣誉 234 项。

一、江阴文旅融合条件分析

（一）资源条件分析

1. 规模

江阴有 7000 年人类生息史、5000 年文明史、2500 年文字记载史，是良渚文化重要的发祥地之一。历史悠久、地方特色鲜明、文化底蕴深厚，暨阳古邑古文化、霞客文化、中华民乐文化、黄山军事文化、学政文化、僧伽佛教文化、红色文化等多种文化荟萃。

江阴历史遗存丰富，文物古迹众多。江阴有历代各级各类文物遗存 370 余处，拥有各级各类文物保护单位 97 处，有 8 处全国重点文物保护单位，8 处江苏省文物保护单位，各类馆藏文物超万件。江阴"非遗"资源丰富，拥有市级及以上"非遗"项目累计 100 多项。

根据《2022 年江阴市国民经济和社会发展统计公报》，江阴拥有 6 个国家A 级景区，全国乡村旅游重点村 1 个，省乡村旅游重点村 1 个，省工业旅游区 1 个，无锡市美丽乡村休闲旅游示范村 4 个。

2. 类型

江阴旅游资源类型包括历史古迹类（如唐公碑、黄山炮台、佘城遗址、墓葬苍山帝陵、辛侯亭霞客寻源碑、千年文庙、刘氏三兄弟故居、长泾古镇、看

云听潮亭、兴国塔、子胥过江口亭、中共江阴一大会址、徐霞客故居等)、博物馆(如军事文化博物馆、渡江战役纪念馆等)、现代建筑类(如江阴大桥、海澜国际马术俱乐部等)、宗教文化类(如悟空寺、巨赞法师故居及纪念馆等)、园林类(如赞园、黄山湖公园、中山公园、江阴市观音文化博览园、徐霞客文化博览园等)、名村类(如华西村)等。江阴的红色文化主要包括"社会主义富华西"展览馆、渡江第一船、江阴军事文化博物馆、中共江阴一大会址、澄西革命烈士事迹展示馆、周水平烈士纪念馆等。

(二)产业基础

1. 文化产业

近年来,江阴文化产业已经初步形成了以新闻出版、广电传媒、文化艺术、网络文化、休闲娱乐、图书音像、文化用品及休闲旅游等为主的产业体系。2021年江阴市有各类文化产业经营单位 1600 余家,文化制造业占 58%,服务业占33.6%。2019 年江阴市文化产业增加值 126.18 亿元,位列无锡市第一。

江阴有"全国故事之乡""江苏民乐之乡""全国小戏之乡"之誉,在市级及以上展览、演出、发表、获奖的作品众多。2021 年参加第五届江苏省文华奖,荣获了优秀节目奖、书法奖和编剧奖等多个奖项。20 世纪 90 年代中期江阴就在全国率先开展了"一二三"家庭读书工程。每年组织文化下乡活动、开展"书香江阴"读书节、市民文化节系列活动。2021 年开展各类群文活动 3500余场次,惠及 867 万余人次,共建成"三味书咖"阅读联盟 12 家、24 小时图书馆 7 个、微书房 8 家,开通覆盖全市的"滴答借书"手机网借服务、"澄艺快递"全民艺术普及配送服务。江阴市图书馆、文化馆、博物馆入选 2021 年度江苏省最美公共文化空间打造对象。2022 年 6 月进行了 2021 年度江阴市优秀群众文艺团队评比,评出第六批江阴市非遗代表性项目和代表性传承人,对黄山炮台旧址进行修缮及环境整治,举办了纪念刘半农 130 周年诞辰系列活动,促进了文旅市场发展。

江阴通过"历史""文化""经济""军事"四大脉络的梳理解读,打造城市的文化特色、展现城市的特有魅力,完成了人民路"人文江阴"、滨江路"印象江阴"、黄山路"民主江阴"、大桥路"风情江阴"、青果路"诗书江阴"、环南路"忠义江阴"等 22 条主要干道的文化景观道路系列,累计建成 60 多个"以文为魂、文景同脉、厚史亮今"的精品。同时,还组织编辑出版了《江阴旅游文化丛书》《绿韵旅情——风雅颂》《观澄》等反映江阴园林旅游特色的文化类书籍、杂志[18],评选了江阴十大现代名菜,十大传统名菜和十大传统名点,为打造江阴文旅精品,继承和发扬城市文化进行了初步的探索。

2. 旅游产业

江阴的旅游体系已较完整，旅游功能较齐全，配套较完善，旅游企业发展迅速[18]，曾获评"全国红色旅游先进单位"、2018 中国县域旅游竞争力百强县等。

近年来，江阴不断进行产业结构调整，作为第三产业代表的旅游业发展形势趋好。2021 年，江阴市接待国内游客 979.22 万人次，旅游总收入 318.3 亿元。拥有国家 A 级景区 7 个，星级饭店 8 个，旅行社 44 个；拥有江苏省级以上工农业旅游示范点 13 个，全国乡村旅游重点村 1 个，江苏省乡村旅游重点村 1 个，江苏省工业旅游区 1 个，无锡市美丽乡村休闲旅游示范村 4 个。在江阴市"十四五"旅游发展规划指引下，协调 3 家民宿获得经营许可，顾山镇红豆村获评江苏省乡村旅游重点村，兴澄特钢成为江苏江阴市首家省级工业旅游区，举办了第十六届中国徐霞客国际旅游节开幕式及系列活动 20 余项。

二、江阴文旅融合现状

（一）文旅产业发展迅速

近年来，江阴深入贯彻国家和省、无锡市关于文化和旅游融合发展的决策部署，以霞客品牌为引领，以"全域旅游"为方向，聚焦"大融合"推动旅游产业转型升级，引领"大消费"实现旅游经济跨越式发展，文旅产业融合效应持续放大。

推动体育、文化、旅游持续深入融合。新增体育公园 2 家、健身步道 16千米，被命名为首批省级体育消费城市试点单位。海澜飞马水城获评 2021 年国家体育旅游示范基地、2021 中国体育旅游精品项目。2022 年为加快建设省级体育消费试点城市建设，深化海澜飞马水城国家体育旅游示范基地建设，推进国家太极拳研究中心建设，挖掘和提升城市相关文旅资源，争创一批省级文旅融合示范区、旅游休闲街区、夜间文旅消费集聚区和工业旅游示范区。作为江苏省体育产业基地，自 2021 年江阴市被列为首批省级体育消费试点城市，每年举办体育消费节系列活动。

江阴构建渠道实施全方位的文旅营销。结合徐霞客国际旅游节，与苏州同程的合作，联合推出江阴的"旅游盲盒"，借助同程旅行平台的大流量和大数据，整合江阴全市的优质酒店、优势景区、特色餐饮、地道好物等文旅资源，以抽盲盒的趣味方式解锁江阴无限玩法，吸引以年轻人为主的文旅消费群体。同时，在全网发起"霞客文化的传承"中国徐霞客游记攻略大赛，进行原创优质攻略的征集，激发全民参与。线下融合锡澄一体化、长三角一体化，拉动更多的消费人群在观光休闲、住宿餐饮、购物等旅游方面积极促进消费的增长。

（二）多样化类型

1. 文化观光景点

主要包括徐霞客故居、江阴文庙、兴国塔、崇圣寺、君山寺、赞园、江阴长江大桥等。

江阴文庙建于北宋初年，为江阴较大古建筑群，是古代江南屈指可数的儒学圣域，苏南较大文庙，是历代奉祀孔子和儒门贤哲的祀庙，也是旧时秀才读书和教官的衙署所在，故文庙也称学宫，历代庙学合一。江阴文庙坐落于江阴市内西面，位于西门内，是江苏省省级文物保护单位，经江阴市人民政府拨专款对文庙全面修复，成为江阴著名的历史文化观光景点。

徐霞客故居坐落在马镇南旸岐村东首，始建于明代，清代翻修，现为三进院落。徐霞客是我国明代杰出的地理学家、旅行家，足迹遍及 16 个省区的名山大川，所著《徐霞客游记》被誉为千古奇书。徐霞客故居内陈列了大量文字和实物资料，展现了徐霞客传奇的一生和探索科学的伟大精神及其对岩溶地貌、水道地理的研究成果。徐霞客故居西南的晴山堂壁间嵌砌石刻 76 块，其中包括倪瓒、宋濂、董其昌、文徵明、祝允明、黄道周等大家手迹，晴山堂后园有徐霞客墓。徐霞客故居及晴山堂石刻作为全国重点文物保护单位，是全国霞客文化代表性观光景点①。

2. 文化公园

江阴的文化公园包括以马文化为主体的飞马水城，以长江文化、运河文化和要塞文化为主题的滨江要塞旅游区，具有中国古典园林建筑特色的中山公园等。

飞马水城位于江苏省无锡市江阴市新桥镇，占地面积 1000 亩，由海澜集团打造，是集马术训练、马术表演、马术赛事、马文化展示及休闲度假为一体的马文化旅游综合体。马文化博物馆汇集了全世界 43 个品种、48 匹活体名马。海澜飞马水城获评 2021 年度国家体育旅游示范基地、2021 中国体育旅游精品项目。

江阴市滨江要塞旅游区位于江阴市区东郊，北濒长江，因处江阴黄山炮台军事要塞之地，民国以来即以要塞为乡、镇名。滨江要塞旅游区由黄山湖公园、鹅鼻嘴公园组成。要塞镇环居市区东南，东以白屈港与山观镇分界，南以花山、绮山与南闸、云亭镇接境，西至锡澄运河，北面是澄江镇和经济开发区。

江阴中山公园是 2002 年江阴市政府将学政衙署遗址及学政衙署后花园进行改扩建而成。江苏学政衙署历时 292 年，是昔日科举制度时期江苏八府三州

---

① 资料来源：江阴旅游网 http://www.jytravel.net.

考秀才的地方，规模宏大，设施完备，园内景点众多而号称"江南官署之冠"。现在的中山公园占地 7 万多平方米，由学政历史文化区、生态休憩区和游乐活动区三大板块组成。其中，学政历史文化区是中山公园的核心，最能体现江阴深厚的历史文化底蕴。

3. 历史文化街区

典型代表是以展示港埠商业文化、水运文化和传统居住文化为目的的北门历史文化街区。

北大街历史文化街区于 2016 年 1 月 11 日获评首批江苏省历史文化街区，总面积 3.2 公顷。北大街曾是江阴北门地区的商贸中心，也是长江中下游重要的商品集散地和贸易港口，保留了不少古建筑和特色街巷，蕴含了丰富的历史、地域、民俗、宗教等文化渊源。现在的北大街历史文化街区保护牌上标注了历史文化街区名称、简要介绍及街区示意图，方便市民游客深入了解街区历史文化。

除了北大街历史文化街区，江阴历史文化街区还在修缮完善忠义老街古院落和文化遗存基础上展现地方城市风貌的南门历史风貌区，以及目前江阴市现存最长、最完整的千米石板街——长泾老街，保留了"青砖小瓦马头墙，四廊挂落花格窗"的明清江南民居特色，且有上官云珠故居、张大烈故居和蚕种场、纺织纪念馆等众多人文景点，每年吸引着众多游客。

4. 文化小镇

特色文化小镇有佛教文化品牌的青阳佛教文化区，以及利用长泾历史文化底蕴和名人资源打造的长泾古镇旅游区。

江阴长泾古镇是吴文化的发祥地之一，是江阴市目前唯一的中国历史文化名镇。全镇处处可见古宅、古街、古桥、古寺，可谓一步一历史，一步一文化，一步一景观，一步一故事。长泾已成为寻梦东舜之旅、享受艺术之旅、区域文化之旅、乡村休闲之旅的休闲小镇。

5. 文化节庆活动

积极利用文化旅游资源，开办旅游节庆活动，主要包括"5·19 中国旅游日"系列活动、顾山红豆文化旅游节、中国徐霞客游记文学征文征稿活动等。

2019 年 4 月，江阴依托江阴爱国主义教育基地、党史遗址遗迹、红色旅游景区等爱国主义教育阵地，主办了"传承红色基因 弘扬革命精神"红色故事宣讲比赛，评选出优秀红色故事宣讲员，组成红色故事宣讲团，在全市开展红色故事巡讲，让江阴的红色文化资源活起来、动起来。

近年来，江阴举办"上海媒体人、旅游人游江阴""坐高铁，下江南——游滨江三地，品百味水乡""重走霞客路"大型自驾游等一系列活动。举行"南门印象系列"活动，朝宗门复建开门、忠义街隆重开街、青果路"美食一条街"全新亮相、"无锡市民游江阴"活动拉开序幕。这些活动成功凝聚了商业文化、船帮文化、宗教文化、名人文化等多种类型的地域文化，再现江阴版的"清明上河图"，吸引大量的江阴本地及周边市民游客。同步举行"中国徐霞客旅游博物馆"开馆、央视大型电视专题纪录片《徐霞客》开机、徐霞客生态休闲旅游节开游、海峡两岸纪念徐霞客朝圣公祭典礼等活动[18]，并以徐霞客为纽带，与昆明等 40 多个徐霞客当年走过的旅游城市加强交流合作，不断推动了旅游与文化、旅游与经济的良性互动，进一步提升了旅游产品的市场知名度。

霞客文化现作为江阴的著名旅游品牌。从 1991 年开始，江阴市每两年举办一次徐霞客文化旅游节，进行徐霞客的研究和交流，推出特色旅游线路，同期还举行一些经贸活动。时至今日，徐霞客国际旅游节作为全市重大节庆活动之一已举办了十七届，获得"中国最佳人文旅游节庆"等荣誉称号。每一届中国徐霞客国际旅游节都有新的文化内涵、新的主题展示。第十七届中国徐霞客国际旅游节以"时尚生活·乐游江阴"为主题，促进了文体商旅消费。江阴将中国徐霞客国际旅游节作为促进文旅融合，加快推动江阴由"历史文化名城"向"文旅休闲名城"转型的关键之举。

（三）江阴文旅融合业态创新体现

1. 打造文旅新城和文旅休闲度假区

新桥在特色小镇建设中，选择成为一个集马文化、水文化、影视和体育文化于一体的"时裳小镇"。为了实现获评全域旅游示范镇和时尚生活目的地的新目标，新桥镇以 2017 年获评国家第二批特色小镇和创建江苏省特色小镇为契机，通过不断做大做强核心产业，推动产业集约化、农业规模化、农民市民化的"三集中"建设，进而推动城镇生态、文化、旅游综合发展，致力打造一个融江南水乡风貌和田园度假体验魅力为一体的生态旅游景区[19]，使生产、生活、生态界限分明又相互融合，建设一个宜居、宜业、宜游的时尚服饰之都、艺术文化新城。江阴海澜飞马水城旅游度假区和阳光生态旅游度假区是重点打造的文旅休闲度假区。

2. 开展文旅研学旅游

江阴市启动"百宅百院"活化利用工程，利用自己独特的资源开展不同主题的研学旅游活动，建设研学基地。例如，研学机构在江阴市军事博物馆和防空洞开展的红色文化之旅研学活动，包括：参观要塞军事博物馆，在渡江第一船展区研究橡皮泥船的奥秘；参观坑道展示区和大炮实景展示区，探究大炮的秘密；完成博物馆主馆、兵器文化长廊和黄山炮台旧址参观后，进行水枪大战、伤口包扎、扫雷行动等军事小游戏。以上研学活动将游览、娱乐与文化学习融为一体。

江阴市璜土胡子小镇被称为最美乡村艺术营，青少年可以欣赏富有浓郁艺术气息的建筑风貌，还可以亲身体验趣味涂鸦、石膏彩绘、陶艺等手作课堂。

2021 年 10 月 28 日江阴市文体广旅局邀请北京立建科技有限公司洽谈"中国少年霞客营"文旅项目，打算利用江阴市远望号航天教育基地模拟太空工作条件下的科学城，为参观者提供沉浸式航天教育体验；在霞客湾科创城设立霞客行游学营地，通过星空房建筑材料的实现，开启科幻住宿体验。

3. 创作文旅融合剧作

江阴人编写由江阴市锡剧团演出的《霞客行》在第七届锡剧节上获得了优秀剧目一等奖、优秀编剧奖等 11 个奖项。江阴市推动"旅游+文创"，开展"游圣杯"旅游文创产品征集评选活动评比活动，培育扶持"江阴好""江上芸香（江博文创展示中心）""徐霞客与茶"等多个本土文创品牌。

4. 举办文旅融合主题活动

为深入挖掘红色教育资源，擦亮江阴的文化旅游名片，2021 年 7 月 2 日至 9 月 30 日，江阴市委宣传部、江阴市委网信办、江阴市文体广电和旅游局联合举办了"新百年新百景"徐霞客杯江阴文旅短视频挑战赛，在国民党江阴要塞司令部旧址正式启动。活动现场，主办方发布了三条红色旅游线路。市民可围绕江阴的景区景点、历史人文、生活环境、民俗风貌、夜游经济、特产美食等，制作时长 10～60 秒的原创短视频参赛。活动现场，主办方发布了"滨江要塞旅游区景点户外打卡闯关体验""中共江阴　大会址纪念馆+新四军六师驻地旧址纪念馆+天华国防教育馆党史学习红色团建""渡江第一船+江阴军事文化博物馆+江阴要塞司令部旧址沉浸剧本体验"三条红色旅游线路，为游客们开启追寻红色记忆、点燃红色初心之旅。例如，在《要塞风云》红色沉浸式体验活动现场，游客可根据剧本要求"穿越"到渡江战役前夕，以 4～6 人为一个小队，扮演不同身份的地下党员角色，在要塞司令部旧址内团队协作，开启一段包括使命感召、线索收集、火线入党、情报递送、布防图收集等一系列真实历史情节的体验。接下来，江阴市还将在徐霞客故居、海澜飞马水城、中山公园等地开发一系列沉浸式红色旅游体验项目，为广大游客提供更好的体验。

每届徐霞客国际旅游节期间都会策划一系列主题文旅融合活动，如 2022 年 6 月第十七届徐霞客国际旅游节期间，启动了"霞客令逍遥游"中国霞客玩家探索计划，徐霞客体育消费节暨"王者荣耀"电子竞技表演赛、"寻味霞客路、最美江阴味"徐霞客文化主题美食节、"霞客故里·美丽江阴"摄影作品展、"霞客游"文旅市集、"霞客情"好物市集、霞客文化数字体验等丰富多彩的配套活动同步开展。

5. 建设文旅融合平台

2019 年 2 月江阴市文体广电和旅游局正式挂牌成立，整合了原市文化广电新闻出版局、市体育局的职责，以及原市园林旅游局的旅游管理职责，并开通了微信公众号"江阴文体旅游"，为产业融合提供了组织保障。实施了"百宅百院"活化利用工程，促进博物馆、文保单位、文保点、纪念馆与休闲旅游、文创设计、文体赛事等融合互动，实施文博场馆"宜游化"改造，创新非遗集市等"非遗+"载体，推出一批以文化遗产为核心的旅游 IP。以徐霞客国际旅游节为引领，积极举办和引进影响力大、特色鲜明的旅游节庆活动，进一步打响"霞客故里、美丽江阴"的城市形象宣传口号。

2022 年上线了"乐游江阴"一站式休闲旅游平台，集信息查询、产品订购、消费点评等功能于一体，涵盖吃住行、游娱购等多种文旅要素和产品。通过扫二维码登录平台，可以获得旅游产品和服务的信息、线路推荐与手工定制产品。

江阴市建设了国家体育旅游示范基地、中国体育旅游十佳精品景区、江苏省工业旅游区工业旅游点、江苏省乡村旅游重点村、江阴民宿等认证体系，为多种行业与文旅的融合提供平台支撑。

三、江阴文旅融合存在的问题

虽然在政府和行业的共同努力之下，江阴市地方文化旅游资源保护和开发工作取得了一定的成绩，但对比其历史文化蕴涵，尚显不足，对于有些文化遗存许多人只知其有，不知其详；只知其名，不知其地。

（一）地方文化内涵挖掘不够，旅游功能未能体现

江阴地方文化内涵深厚，很多文化旅游资源的开发尚停留在浅层次阶段，没有对文化底蕴进行深入挖掘，其独特的文化魅力没有完全凸显。素有"延陵古邑、春申旧封"之称的江阴历史源远流长，代表暨阳古邑古文化的古遗址、古墓葬、古建筑、古街区保存情况良好，历代名人辈出，非物质文化遗产丰富，这些散落在江阴各城镇的文化元素并未得到深层次的开发，知名度较低，甚至有些本地人都知之不详，地方特色文化资源优势及其蕴藏的巨大经济价值及社会效益没有得到充分发挥，旅游功能未能有效体现[20]。主观上，江阴旅游业还没有树立服务业龙头的意识，文旅融合发展目标还需进一步明确；客观上，一是江阴长期以来工业立市的成功实践，在一定程度上形成了路径依赖；二是江阴虽然地理位置重要，但是区域面积小，旅游资源的规模优势不强，缺乏融合效益的提升路径；三是江阴的人文景观处于分散状态，体制机制的约束导致难

以形成集聚效应[21]。

（二）部分已开发文化旅游资源，产品形式单一

江阴目前开放的包括徐霞客故居、学政文化旅游、滨江要塞旅游以及华西新桥产业旅游产品主要以观光为主，表现形式单一，缺乏体验性和参与性，文化内涵没有得到充分体现，对外地游客的吸引力小，游客停留一般在一天以内，不能有效延长客的停留时间，旅游业的带动功能没有得到充分发挥。

（三）区域联动、资源整合不到位

江阴的文化遗址和景点很多，地方文化种类丰富、全面，特色明显。例如，澄南的徐霞客故里、青阳僧伽佛教文化、月城小戏；澄东的顾山红豆、长泾古镇、新桥产业旅游、华西村、周庄历史文化；澄西的高城墩古文化遗址、璜土葡萄园；澄江中心的要塞军事文化、南门老街历史文化、学政文化、中华民乐文化、祁头山古文化等。但这些资源呈现单体式离散分布的特点，在开发过程中也是以零散化为主，以地方文化为主线和核心的整合性开发较少，区域联动、资源整合不到位，整体资源一盘棋的格局没有形成[22]。下一步需要聚焦江阴地域文化特色，围绕文化标识进行文旅资源整合、区域联合开发。

（四）旅游宣传力度不够，知名度不高

江阴旅游经济的经营效益还不够明显，许多景区景点处于"养在深闺无人知"的状态。虽然旅游主管部门也会带领相关旅游企业参加旅游展会，组织江阴一些景区、点举办广场旅游咨询活动，但总体而言综合力度还不够，工作不够常态化；其次，地方文化内涵没有深度挖掘，文化活力没有释放。

四、江阴文旅融合优化发展策略

（一）打造系列文旅融合产品，构建完整文化脉络

要明确江阴的文化主题，在按分区布局构架下，以一个鲜明的主题为指引，在丰富项目内部产品数量的基础上，强化其特色性与主题化的有机统一，丰富并提炼其文化内涵。例如，以"红色江阴"品牌将渡江红色文化、华西村社会主义建设成果形成系列性产品，扩充项目游览空间，提升旅游产品的整体品质[21]。江阴的红色文化既有过去的革命传统文化旅游资源（渡江第一船、军事纪念馆等），又有社会主义建设新成果（华西村），以及江阴未来发展展望，形成了完整的红色文化发展脉络。结合当地强大的创作力量，借助"撰写红色故事"

"创作红色歌曲"等活动,在品牌形象理念的指导下,构建完整发展脉络的文旅融合系列产品,建构国家记忆,承载家国情怀,打造"红色江阴"品牌。

（二）围绕地方文化核心需求,打造精品

深度挖掘江阴地方文化内涵,通过树立核心文化品牌,打造精品文化旅游线路来保护传承江阴深厚历史文化底蕴,同时推动地方文化事业、文化产业和旅游业融合发展,展现江阴地域文化特色[22]。凸显"一代游圣"徐霞客故里的旅游主题形象,以文化资源优势和名人文化效应打造江阴旅游形象。深度开发暨阳古邑古文化、名人文化、军事文化、僧伽佛教文化、新农村产业文化、中华民乐文化和非物质文化产品,使游客通过游览体验江阴文化为地方文化注入活力。谋划打造一批高品位、深内涵、年轻态、国际化的拳头产品,通过重新构建游圣生活场景,注重对相关主题故事进行情感设计,氛围设计,活动设计等,实现多种方式的旅游体验,并且利用科学技术,提升游客的沉浸式感观。融合多元化的消费盈利业态,最终形成个性化的消费常在空间。还可以利用徐霞客对旅游景观的研究与旅游探险经历,如喀斯特地貌等的考察记载,加强国内外相关交流,扩大霞客文化的国际影响力。

（三）推动地区文化资源整合,联动开发

江阴文化旅游资源开发要打开思路,将全市旅游资源看成一盘棋,以整体的视角谋划旅游的协调发展,对市辖区内旅游资源统一规划、统一开发,实现区域合力,由单打独斗向区域联合转变,使江阴文化旅游景点连成片形成合力,促使江阴从"单体旅游景点"向"文化旅游目的地"转变[22]。在一个核心品牌形象的引领下,策划开发精品旅游线路产品,并利用处于长三角几何中心位置的地理区位优势,注重与周边地区的合作,采用区域联动的途径营销推广,积极组团参加国内外重要旅游展会,积极展示江阴地方文化与地方旅游特色产品、商品,实现与周边地区著名景区点联合开发、联合推广。推进长三角一体化,共建区域郊野公园体系,整合三地文旅资源,联手提升知名度、影响力。围绕长江大保护生态安全示范区建设工作,建成开放长江大保护展示馆,整合远望2 号、江阴军事文化博物馆、望江楼、黄山古炮台等景区资源,初步建成滨江生态文旅岸线。

积极参与建设大运河文化带和大运河长江国家文化公园,建设长江国家文化公园江阴段,以文脉为骨,整体性保护开发文物遗迹。以生态为基,加快构建江阴江海联通文旅格局。合理布局建设管控保护、主题展示、文旅融合、传统利用功能分区,规划建设国家文化公园实体,精心打造沿江和运河的精华段,充分展现滨水风貌、大江风韵，把江阴打造成长江国家文化公园江苏段的耀眼明珠。江阴要在保护传承中全力挖掘历史文化内涵，以实施江阴地域文明探源工程为引领，强化非物质文化遗产保护和物质文化遗迹保护。要在主题展示中全力构筑特色文化空间，以建设"长江—运河文化创意廊"为重点，做优滨江文化休闲观光带，做强徐霞客旅游文化博览园、窑港口湿地保护区两个"核心"，在各镇街园区打造文化"特色点"。要在文旅融合中全力提升长江文化价值，以办好中国徐霞客国际旅游节为推动，做强工业文化、军事文化、田园文化体验游，主动担当、积极作为，为长江国家文化公园无锡段建设作出应有贡献[22]。

（四）加强文旅融合形象宣传，确立市场地位

在江阴旅游形象宣传的过程中凸显其深厚的人文底蕴，强化地方文化品牌和形象。在旅游标识设计方面，提炼能够充分展示地域文化特色和文化风格的元素，丰富、树立江阴旅游形象的文化内涵；采用线上线下一体化的方式开展城市形象广告宣传，广泛运用新闻媒体类公共关系策略推广江阴市文化旅游产品；充分利用徐霞客故里的优势，依托中国旅游日旅游热点做大做强"中国徐霞客文化艺术节"活动，同时策划"中华民乐文化艺术节""中医文化养生节""新农村产业文化交流节"，以及地方风俗节庆等地区标志性旅游节庆活动，进行城市品牌形象传播，加深客源市场对江阴文旅融合资源与产品的认知。

（五）培育餐饮文旅品牌，延伸产业链

积极开发江阴特色和地方风味的旅游餐饮，以河豚渔村综合生态旅游建设为龙头，在"长江三鲜"美食文化节的基础上，积极开发文化主题菜谱，提升餐饮服务品质，还可以根据需要融合地方民俗演艺、影视节目、趣味游戏、餐前秀、虚拟场景等元素，为消费者营造沉浸式的用餐氛围，培育一批本帮特色的餐饮名店和连锁店[21]，依托《江阴好味道》纪录片，制作高品质美食影视节目，开发特色美食APP，将微电影、食品科普教育、食品体验产业化、娱乐、家庭健康食品、健康产业、众筹、会员制等有效整合，扩大江阴美食文旅影响力，延伸各相关产业链进行文旅融合发展。

参 考 文 献

[1] 邢虹. 在南京，文旅消费积分今后将有更多用途[EB/OL]. http://www.njdaily.cn/news/2021/0325/3318550152620781232.html [2023-10-05].

[2] 李子俊. 南京市旅游业 2019 年"迎客""进账"双双开门红[EB/OL]. https://www.sohu.com/a/365282521_115402[2023-10-05].

[3]　李鸣. 2021 年俄罗斯"中国文化节"开幕[N]. 中国旅游报, 2021-09-10(01).

[4]　罗宇, 张可.【视频】5·18 国际博物馆日, 江苏 9 家博物馆同时点亮"博物馆之夜"[EB/OL]. https://news.sina.cn/2019-05-18/detail-ihvhiews2849466.d.html[2023-10-05].

[5]　周宇, 刘润楠. 江苏公共文化建设助推文旅融合发展的经验总结与展望[J]. 文艺生活·下旬刊, 2020(30): 216-218.

[6]　万晨. 南京旅游市场持续复苏 双节长假游客量同比恢复超八成[EB/OL]. https://js.cri.cn/20201010/b0f3ee9f-76ec-96c4-7072-b525814d83c1.html[2023-10-09].

[7]　陆威. 23 个项目签约、投资近百亿, 2019 南京市文化产业招商推介会成功举办[EB/OL]. https://news.xhby.net/nj/zx/201910/t20191026_6381033.shtml[2023-10-05].

[8]　徐紫嫣. 探索休闲街区助力建设高品质宜居城市的路径研究[J]. 价格理论与实践, 2021(9): 78-81.

[9]　田诗雨. 第 37 届中国·秦淮灯会昨晚亮灯[N]. 南京日报, 2023-01-15(A03).

[10]　李子俊, 张健, 高晶. "夜泊秦淮"赏千年古画, "夜游长江"有望开通[N]. 南京日报, 2022-03-02(A06).

[11]　徐文君. 文旅融合背景下南京市旅游演艺体验提升研究: 以《南京喜事》为例[D]. 南京: 金陵科技学院, 2022.

[12]　郝莹莹. 从迪士尼文化创意产业链发展经验看对上海张江高科园区的借鉴[J]. 特区经济, 2018(7): 99-102.

[13]　张煜. 南京文化创意经济发展的路径选择[J]. 改革与开放, 2013(3): 40-41.

[14]　吴婷, 赵云开. 南京市文旅融合重点场景问题初探[J]. 旅游纵览, 2021(17): 91-94.

[15]　杨志纯. 推动文旅融合发展从理念走向行动[J]. 艺术百家, 2019, 35(1): 1-4.

[16]　张玉玲. 奔向文旅融合的星辰大海: 透析 2021 年文旅产业发展趋势[N]. 光明日报, 2021-01-10(05).

[17]　陈少峰. 新时代文化产业的十大趋势[J]. 出版广角, 2019(9): 11-13.

[18]　许一鸣. 江阴市旅游业发展对策研究[J]. 经济视角(下), 2013(3): 21-23, 18.

[19]　苏雁. 江阴新桥: 时裳小镇打造幸福宜居典范[N]. 光明日报, 2018-12-03(04).

[20]　赵爱民. 加快开发整合力度 做大做强旅游产业: 关于江阴市旅游资源整合开发的调查报告[J]. 北方经贸, 2011(10): 125-126.

[21]　陆恒芹. 江阴市文化旅游提升策略研究[J]. 当代旅游, 2020, 18(10): 67-68.

[22]　江阴收听收看无锡市大运河文化带和大运河长江国家文化公园建设工作领导小组会议[N]. 江阴日报, 2022-06-17(A1, A2).

第八章　江苏文化和旅游融合的镇村域实践

第一节　文化和旅游融合的镇域实践

一、吕四港文旅资源基础

吕四港镇隶属于江苏省南通启东市，地处黄海之滨，紧靠南黄海畔的吕四渔场和吕四渔港，拥有丰富的海洋水产资源和海滨旅游资源。吕四港镇区域总面积 219.6 平方千米，常住人口 19.3 万人，是江苏省启东市第一大镇。目前全镇年海洋捕捞产量约占江苏省海洋捕捞产量的三分之一。

吕四港镇，因传说中吕洞宾四次光临而得名，相传吕四又是仙鹤驻足的地方，故又名鹤城，至今已有 1400 余年的历史，自古被誉为"黄海明珠"，有浓郁的"吕祖文化"。壮丽的大海风光、浓淳的民俗风情、丰盛的海鲜美食，孕育了吕四港镇浓厚的"海文化""渔文化"。"吕四渔民号子"等民俗精品沉淀了浓厚的渔家文化，被列入江苏省非物质文化遗产名录。

唐代吕四因渔业等较为发达，有"东南一巨锁""小扬州"等美称。到宋代，吕四的渔业和海运已"相当发达，拥有大小海船 4000 余只。每逢鱼汛，各地船船云集吕四渔场"，并有大量渔货运销内地，吕四渔盐等在当时经济中占重要地位[1]。

在渔业与渔民现代化的进程中，吕四从事捕捞的渔民在生产、生活和信仰等方面逐渐形成了较为独特的习俗。

（一）造船习俗

与陆地居民重视造房一样，江苏南通等地渔民在造船方面也非常讲究并且隆重。这个地区海洋渔民造船，从开始建造到交付使用，共要在铺置、上大肋、上金头、冠戴时庆贺四次。南通海安老坝港一带沿海渔民造渔船时，多选择双号日子，船主与老大双双拜神。镶龙骨、上梁、闭龙口时也都摆酒宴，以示庆祝。船体完成排斧嵌缝时，一工匠带头，另外数十人排列两旁，一边跳跃着敲钉，一边有节奏地打号子，甚是隆重。

新船造好后，船主需置备酒席款待造船工人。席间要敬请大师傅为船命名。

名字一经命定，就不会更改，哪怕是几经买卖。江苏渔船有大名和小名之分。大名一般重复船主的字号或店号，小名一般反映船主的特点或在造船过程中给人印象最深的事。小名一般幽默通俗，便于人们平时呼叫，有的则有一定讽刺意味。名字随工匠师傅怎么取，但不能犯忌讳。南通海安新船造成后，"由领头师傅手持板斧敲击，随口喊出船名，一斧定音"，启东每条渔船都有俗名（即绰号）。此由"促狭大匠点上大香大烛，拈阄决定"。如喜欢打人的就择名为"等打脸"，菜办得好的就择名为"八大碗"等；在启东不仅每条渔船都有自己的名字，连渔船上的一些部件和用具也有特定的代用名词。渔民对此常以十二生肖代称之，如小篷索称"鼠尾子"，墙垛称"老母猪肚子"，船槽称"马嘴"等。

20世纪50年代渔业合作化后，海安、启东等渔业社队统一以数字序号给渔船命名，70年代南通各地按要求给渔船统一编号。于是，给渔船取大名、小名或绰号的习俗也渐行消失。

（二）吕四开船节

每年三月开春后，吕四渔港便迎来盛大而特有的开船节日。旧时开船前，各船都会忙着摆酒设供，敬奉天地和各路神灵，并杀鸡挂红，敲锣打鼓，燃放鞭炮。在船头、桅杆、铁锚、舵杠上贴符之余，还要办开船酒、张网酒。届时，请老大入席坐头位，煮熟的鸡头规定给老大吃，猪头则供天地神灵。上鱼时，鱼头须对着老大，渔民们相互祝酒，希冀能开网大吉、满载、平安等[1]。

（三）吕四渔民号子

吕四古称"东瀛洲"，唐五代时仅是一片沙洲，后水草茂盛，在那居住的渔民日渐增多。渔民下海捕鱼时，要出力、出劲，就必须打号子，于是产生了渔歌。"吕四渔民号子"既是一种与传统海洋捕捞作业相匹配、作为传递劳动信息、协调劳动节奏的号令，也是为渔民劳作抒怀、交流情感的娱乐形式，更是一种能够完整记录吕四传统海洋捕捞作业全程的音乐史料。"吕四渔民号子"是在劳动中产生的原生态渔歌，这无疑是一笔宝贵的文化遗产。中华人民共和国成立后，南通非常重视对"吕四渔民号子"的保护工作，进行过几次采风活动，如1962年由江苏省音乐家协会张仲樵带领王小桃、郭真、费承坚等音乐工作者到吕四地区采风，搜集整理了吕四渔民号子10多首，这为今后相关的海洋文化产业提供了重要的文化素材。

吕四渔民号子主要反映吕四一带渔民出海捕鱼劳作过程。吕四渔民号子大致可分四篇，包括"出海篇、打鱼篇、接潮篇、归港篇"等。"出海篇"由打草号子、拢绳号子、扯篷号子、点水号子、起锚号子、盘车号子等组成。打草号子、拢绳号子等是在出海前准备工作中的号子；而扯篷号子、点水号子等则属出海的号子。"打鱼篇"由网绷号子、拉网号子、收渔号子等组成。"接潮篇"由接潮号子、挑鲜号子等组成，"归港篇"由称鲜号子、补网号子等组成。这些号子都以吕四民歌的基调为主要音乐元素演变而成，不同的场面、不同的作业产生不同节奏、不同旋律的号子，跌宕有致，辉映成趣。

吕四渔民号子没有规定的乐谱及刻意的艺术雕琢，在使用过程中，表现的是一种即兴填词，灵活多变的表演方式，即在音乐旋律基本不变的情况下，演唱者可以根据不同的场景、不同的感受随意填词演唱，演唱中可随意添加倚音、波音等装饰音，完全是一种在生活、劳作中即景生情、即兴抒发的演唱形式。

（四）渔业生产中的习俗与禁忌

渔船在海上生产时，必须绝对服从老大的权威和指挥。渔船赴远洋捕捞时，往往几十条船结成一个船帮统一行动。船帮在出海前要公推一位总老大。一般总老大所在船的桅杆上挂有显著标志，俗称"旗船"，全帮的船都听旗船的指挥行事。

渔船从海上捕捞归来，本村的人要敲锣打鼓迎接，叫"接潮"。如在海上遇到风险又满载而归的，得胜渔船往往会在大桅上扯起"得胜旗"，其迎接的场面则更热烈。其中，启东吕四渔民开船和进港卖鱼时都要放鞭炮。出海后每张一网烧一次香，还要用猪头、公鸡敬海龙王等；如东春汛开始，前一汛（或一潮）取得丰收的，要赶紧出捕第二趟。第二趟时要披红挂彩、鸣鞭放炮，是为"复栈"，寓为再来个满载而归。

淡水捕捞的渔民也常聚居在一起，形成船帮。帮与帮之间有较固定的生产水域和生产手段，互不侵犯；每个帮内也有公认的帮头。帮头组织祭祀、指挥生产、协调解决内外矛盾等。帮内各渔船生产时互相照应。有时两只船还结为"对子船"，四条联为"一带"。其捕捞习俗有旋网、敲惊、箦箔、扳罾、鱼鹰和池鱼等。海安捕捞习俗上还有掏螃蟹、套草虾、放长鱼篓子等老玩意。

渔业生产中的禁忌主要表现在讨口彩与重忌讳两个方面。其一为讨口彩。渔民在海上捕鱼做事都要讨口彩、说吉利话。如船到抛锚时要大声说"一锚得中"。打桩时则要齐声打彩话号子："打得好，张得好；打得深，张万斤；大斗打，小斗摇，这块地，出金苗；这块泥，是好泥，打好户，张虾皮；这块沙，是好沙，打好户，张好虾。"

其二为重忌讳。江苏渔民生产有四忌：一为"七不出八不归"。渔民最忌"7、8"两日，故渔家逢七不出海，逢八不回来。另也忌14、24，认为亦是不吉之日。二为根据渔船大小、出海远近、捕捞目标等配备上船人数。渔船上一般 9 人、11 人，人多也可以。但较忌讳同一船上是 8 人、10 人、14 人等偶数。若遇船上人数为忌讳之数，则可带一小动物如鸡、猫、狗等随船出海，以充当 1 人。三为祖孙三代不同船。四是湿衣不上船。

二、吕四港文旅融合新业态

千年的历史积淀，赋予了吕四得天独厚的文旅资源：源远流长的吕祖文化留下了许多神秘的故事传说，海港、海盐、海运、海防文化留下了诸多历史遗存遗迹，如三清殿、集庆庵、慕仙楼、进士府、沈公堤、挡浪墙等。依托老街、庙宇、古桥、名人，吕四已经形成了一系列具有古镇特色和历史文化底蕴的景观。

吕四港镇坚持文旅融合发展，仙渔小镇随着神鲜街、仙鹤池、望海楼、吕洞宾雕像的初展，吕四渔港海洋风情区也正逐步从蓝图变为实景。

吕四港镇围绕"建设世界一流港口，发展千亿临港产业，打造美丽生态港城"的发展目标，突出基础设施建设和产业招引建设两大重点，加强基础设施建设、招商引资和项目建设，保障土地、资金、服务，推动文旅融合的高质量发展。

未来，吕四将按照"千年港镇，海天渔国"总体规划，以渔港、古镇和吕祖文化为发展特色，完善景区配套设施，修复古镇景观，提升旅游服务水平，构建集海鲜美食、古镇体验、吕祖文化体验、渔港休闲等功能于一体的千年古镇渔业休闲港和滨海历史文化名镇，吸引越来越多的游客到吕四领略旖旎的海洋风光和千年古镇的韵味。

（一）渔文化的开发和保护

在渔文化的开发、保护过程中，基于三个结合的原则，一是保护、弘扬、发展非物质文化遗产与群众文化工作相结合。在"吕四渔民号子"的挖掘整理过程中，不仅收集整理原生态的号子渔歌，而且还以这些古老的原生态文化为素材，加以创新发展，创作新的作品，让渔民号子在参与群众文艺演出活动中普及传唱。组织吕四渔民号子专场演唱比赛，在赛事中发现传承人，培育传承人，增强群众对传唱渔民号子的兴趣，同时提升吕四渔民号子在年轻一代中的亲和力与知名度。二是保护、弘扬、发展非物质文化遗产与旅游文化相结合。吕四人让原生态渔民号子的演唱走上海滨浴场、沙滩游艇，丰富了旅游项目，增加了旅游收入，更让游客品味了这一独具特色的海洋文化大餐。目前，吕四渔民正着手将一些过去海洋作业过程中的劳作场面，改编成由游客参与的旅游娱乐项目，以进一步提高该文化项目的生存价值和利用价值。三是保护、弘扬、发展非物质文化遗产与家庭文化相结合。吕四的文化工作者在当地挖掘了二十多个家庭作为渔家特色文化户，对其保留下来的具有吕四渔家特色的民居、家居摆设、传统的捕捞工具乃至服装服饰等，进行重点保护。引导年轻渔民对传统习俗产生兴趣，将非物质文化遗产的保护与家庭文化建设结合起来，达到了弘扬发展非物质文化遗产固本、植根的目的。

（二）特色产业链集群发展

在长三角区域内，吕四的区位、岸线、交通、土地等优势，奠定了其承载高质量产业的基础：园区大唐吕四港电厂保障供电供热，广汇能源提供天然气供应，胜科污水处理厂日处理能力 2 万立方米。另外，《长江三角洲区域一体化发展规划纲要》提出，规划建设南通通州湾长江集装箱运输新出海口。交通运输部印发的《关于协同推进长三角港航一体化发展六大行动方案》指出"努力实现长三角港航更高质量一体化发展""推进南通港通州湾港区航道、码头等建设"。江苏省委明确提出要把通州湾打造成为江苏新出海口，而吕四则是承担这一使命的"起步区"和"最前沿"。这为吕四建设"东方大港"，带动区域经济发展奠定了制度优势。

近年来，吕四港依托航道、公路、铁路、航空、水路等交通优势，宝贵岸线优势和土地稀缺资源，推进要素优化配置，形成产业分工协作布局。渔港经济区是吕四港承载产业的重要组成部分，按照"国内一流、国际知名"的发展定位，全力打造具有浓郁地方特色和渔乡古镇风情的现代化、多功能、综合性渔港。区域内仙渔小镇为全省首批建设的 25 个特色小镇之一，重点打造海洋捕捞、综合物流、加工研发、生产销售、休闲旅游、养生文化于一体的海洋综合产业体，形成以江海美食为特色的江苏省渔业转型旅游示范区和国家文化产业与渔业结合示范基地。渔港项目占地约 3.6 平方千米，2009 年框围建设，2011年工程完工，形成渔港岸线约 7663 米，2013 年 10 月基本具备渔船靠泊、装卸、补给功能，可停泊渔船约 2300 艘，年鱼货卸港量可达 30 万吨，2019 年渔业交易额为 45 亿元，是国内规模最大、布局最合理、功能最完善的综合性人工渔港，目前正在对加油、制冰等配套设施进行完善。吕四港区 10 万吨级进港航道总长约 53.4 千米，根据交通运输部要求，航道按两个阶段建设，一期工程先按 5 万吨级建设，已于 2015 年 12 月 15 日通过交工验收；第二阶段工程达到满足 10万吨级散货船单向乘潮通航的要求，已于 2019 年 3 月 6 日通过了交工验收。为了保证航道的正常通航，目前正在进行航道的日常维护疏浚。

闻名中外的吕四渔场孕育了源远流长的吕四海洋渔业。早在隋唐时期吕四就有海上捕捞的渔民，到宋代吕四渔业已相当发达。到了近代，清末状元张謇首创吕四渔业公司，成为中国现代渔业的倡导者和开拓者，给吕四海洋渔业增添活力与生机。目前，以吕四为主的启东市海洋捕捞量占江苏省的 1/3，海水养殖、海产品加工出口使吕四的海洋渔业产业链越拉越长。在渔业生态保护的基础上，吕四海洋渔业正伴随着吕四港的开发迈入新时代。

吕四的传统产业电动工具产业起始于 20 世纪 70 年代的天汾小镇，从小批农民陆续外出维修小五金，到 20 世纪 80 年代中后期在全国各地形成从事电动工具营销和维修网，再到 90 年代中期在外从事电动工具经销的天汾人陆续返乡创业办厂，逐步形成生产、销售、出口产业集群[①]。

三、吕四港文旅融合的不足

（一）特色创新不强

特色产业的发展需要有创新力，需要有创新团队，需要有高新技术人才为支撑，为特色产业发展提供保障。要想在产业市场立足，更加具有竞争力，就必须与当下互联网大趋势相融合，加大产业研发和创新，创新自己独特的品牌特色产业[2]。近些年来，吕四港镇依托区位优势、制度优势大力发展产业链集群，通过自身产业科技研发，打造了生态农业、文化产业、电商平台等多样化的产业链，顺应乡村振兴战略打造一村一品的乡村产业，但基于渔业文化的文旅产品开发层次不高，最主要原因在于对高科技创新人才、科技企业的吸引力相对薄弱。海洋产业的科技支撑较弱，专业人才缺乏，受沿海地理位置偏远、配套生活环境不完善以及传统产业发展前景吸引力和薪资待遇低等问题影响，传统产业的企业在创新过程中遭遇了操作工人与技术人才双缺的瓶颈问题，高层次海洋科技企业、高层次海洋科技人员与高素质劳动力队伍明显缺乏。

（二）基础设施建设有待进一步完善

吕四港镇通过近几年的不断建设与发展，加大了在基础设施建设上的投资，建设改造了乡村道路、乡村污水处理，乡村垃圾分类处理、乡村绿化整改等一系列的改善改造工作，让小镇基础设施建设得到很大提升，小镇乡村环境得到很大改善。但是公共设施基础服务不能更好地满足客流量大的需要，在卫生医疗、公共服务、教育等方面存在差距。

---

① 赵征南. 吕四：江苏新出海口从这里起步[EB/OL]. https://wenhui.whb.cn/third/baidu/202101/19/388765. html[2022-10-8].

四、相关启示及发展对策

文旅融合受到市场需求、产品创新和技术进步等多重因素影响，要想提升文旅融合水平就必须深入挖掘地域特色文化，对旅游要素进行系统分析，通过文化要素与旅游要素的有效融合，实现文化产业与旅游产业的相互渗透相互影响，最终形成新业态、新功能和新产品[3]。

（一）改变观念，坚持市场导向

改变观念，增强服务意识，坚持市场导向。渔港小镇的文旅融合，在开发渔文化、创新渔旅融合业态的基础上，仍应增强服务意识，提升服务质量，以游客为导向，吸引游客、留住游客。将服务意识的培训融入生产生活的实践中，提升从业人员的内在动力，切实提高旅游从业人员的素质，提升市民的整体素质，形成一种好客、友善的氛围。让来自五湖四海的宾客都能感受到热情和友善。

同时，重视文旅融合市场的需求调查，特别是渔文化旅游产品的市场需求，关注市场规模、季节性变化、特殊需求变化，及时调整产品类型、供给规模；可以将渔文化旅游产品的开发融合到渔港生产发展的各个环节，通过文旅融合，让渔民既是生产者也是旅游从业者，扩展其收益渠道，激励其发自内心地提高服务技能，并能更好地应对文旅产品需求的季节性变化和突发事件的影响。

（二）创新体制，重视人才引进

创新体制，重视人才引进。推进人才发展体制改革和政策创新，要深入实施人才优先发展战略，形成具有国际竞争力的人才制度优势。降低人才进入门槛，提高人才奖励待遇，多样化人才激励方式。设立人才开发资金，用于引进高管人才、领导人才的安家补贴、生活补贴、科研启动经费、科研成果奖励等。大力开展专业技术教育和职业技能培训，形成一批支撑产业发展的专业技术骨干群体和熟练技术工人队伍。构建人才发展系统，重视人才引进渠道、人才培养方式、人才激励差异化、人才考评公平公正等，切实把人引进来，把人留下来，为渔港文旅融合发展、造福当地居民做贡献。

（三）创优环境，提升公共服务质量

政府积极引导民间资本投入公用设施建设，通过减免税费，或补贴的形式促进公益事业成长。同时要想方设法延长公交车运行时间，方便游客出行，提

升本地居民工作和生活的自由度，从而提高服务质量，促进经济转型发展。建设规划必须顺应互联网时代发展的要求，以人性化、舒适化、现代化为着手点，坚持高标准严要求高质量建设为根本点，从环境改造设计、基础设施建设改造、建筑风格设计、资源利用改造、功能布局人性化设计等多个方面进行建设规划。从而从根本上改善公共服务质量。

（四）加大宣传，创新宣传理念

加大宣传，创新宣传理念，在差异性、多样性、互补性等方面发力，挖掘旅游潜力。要通过网络媒体等新兴数字传播媒介传播关于吕四港镇文化资源、自然环境、风物特产等方面的文字材料、影音材料，形成外界公众关于吕四港镇的积极正面的形象，唤起人们旅游的愿望[4]。

建议重视公共关系营销，依托渔港经济的快速发展，建立积极明确的渔旅融合形象，依托各新闻媒介对吕四港港口发展的推介，宣传渔旅融合形象；通过与企事业单位的合作，特别是与科研院所的合作，发展渔港经济的同时，深挖鱼文化产品、创新文旅融合业态，树立渔旅融合形象的业界口碑。

（五）重视区域化融合发展，优化现代海洋产业集聚

加强产业融合规划，紧抓互联网时代的特点，实现产业现代化升级创新，明确产业发展主要方向，打造特色产业。形成以"互联网+农业产业链""特色电商+双创"发展为主导，农旅产业为基础，商旅产业为辅助，文旅产业为创新的三产融合的产业发展格局[2]。

重视产学研合作，坚持科技引领，发展生态养殖、水产苗种、水产流通，重视品牌建设，培养多元化融合主体[5]，让渔民分享产业融合的发展成果。

依托现有沿海产业带、城镇带、风光带，优化海洋经济发展布局，突显海洋经济发展主题，梳理构建海洋经济集聚带的空间布局及产业分布。推进渔港扩建、发展远洋渔业、设施渔业基地建设和高效特色水产品养殖。以渔港为中心，建设海产品加工、贸易、旅游、餐饮等综合性渔港经济区。

综上，对于吕四港镇而言，如何将优质资源转化为产业发展优势，在江苏新出海口建设中贡献更多力量，在长三角一体化发展中展现更大担当，是新时代赋予吕四的新使命。吕四将建设成为以高端装备制造、新材料、新能源为主的上海北翼临港产业基地；以粮、棉、油、糖、冷链为主的上海北翼重要的港口物流中心和汽车及零配件的物流基地；以"滨海特色、工具名城、文化古镇"为主导，文旅产业较为鲜明、港口经济较为发达、集疏运体系较为完善，集生活配套、生产服务、生态宜居为一体的上海北翼新型海港城市。

第二节　文化和旅游融合的村域实践

李巷位于南京主城南部溧水东南部白马镇石头寨，隶属溧水区白马镇石头寨社区，距溧水城区 26 千米，距南京中心城区 60 千米，属低山丘陵地区。自 2017 年 10 月 3 日红色李巷开村运营以来，累计获得中国美丽乡村百佳村、南京十大红色文化地标、南京市廉政教育示范基地、南京市青少年教育基地等 20 余项国家及省市区荣誉。党性教育基地、廉政教育基地、爱国主义教育基地挂牌。2020 年 7 月被公示为全国第二批乡村旅游重点村，其红色文化和乡村旅游发展都已成为区域性品牌，深化文化和旅游的融合是必然趋势。

一、红色李巷文旅融合基础

南京溧水李巷历史底蕴深厚，旅游资源丰富。抗日战争时期曾作为苏南抗战指挥中心，是当时新四军主力部队（十六旅）的驻地，苏南区行政公署领导机关驻地，中共苏皖区党委领导机关驻地。李巷还成立了抗战时期溧水区第一个农村党支部，陈毅、江渭清、钟国楚等新四军领导者曾在此战斗、生活过，被史学界称为"苏南小延安"。李巷周边仍保留着李氏宗祠、陈毅暂住地旧址、李坚真居住地旧址、江渭清居住地旧址、钟国楚居住地旧址、新四军十六旅旅部旧址，旅部医院、修械所、被服厂等许多红色遗址。依托特殊的历史文化资源，红色李巷成为颇具影响力的革命传统教育、爱国主义教育基地。李巷进行了红色李巷二期和三期系列改造工程，建设了包括李巷青年旅社、新四军历史研究馆、党史学习教育馆、李巷大舞台等一批场馆载体[6]。不断改善李巷硬件设施，完善红色培训体系、丰富景区业态，加深多方合作。新华报业传媒集团、中国共产党江苏省委员会党史工作办公室、中国共产党江苏省委员会省级机关工作委员会、江苏省文化和旅游厅、江苏省第二师范学院，以及新四军军部旧址纪念馆等多家单位加入李巷"朋友圈"，携手共建全国有影响力的红色教育基地。国家开发银行、中信银行、中国工商银行等多家银行为李巷项目提供不低于 20 亿元的授信贷款，在此共建教育实践基地，打造红色文化地标[7]。2021 年 5 月在南京文化艺术中心首演的大型红色原创史诗剧《红色李巷》，把李巷故事搬上了舞台，是南京首部新四军题材的史诗剧。围绕红色李巷，溧水还打造了包含 77 处革命遗址的"红色矩阵"，开发了贯穿全区的"红色专线"，不断扩大李巷作为红色文化地标的影响力[8]。

结合当地乡村振兴工作，李巷充分挖掘了文旅融合资源。传统豆腐制作技艺是区级非物质文化遗产，每年举办非遗活动（含表演、展览、比赛、传承培训）约 20 次，具有一定的地方影响力。

此外，李巷位于石头寨社区，地处茅山余脉，其丘陵地势适合蓝莓和黑莓"两莓"生长。自 20 世纪 80 年代，李巷就开始种植蓝莓，2018 年建设了 4700 亩蓝莓基地，1900 亩黑莓基地，李巷所属的石头寨社区被誉为全国黑莓"第一村"，蓝莓"第一村"，"两莓"产业产值达 5000 多万元[9]。2019 年，石头寨村实现全村农民人均可支配收入约 2.6 万元、连续 3 年增幅 10%，村集体稳定性收入较 2015 年增长 4 倍[10]，石头寨村被评为"中国美丽乡村百家范例"。2020 年全村"两莓"产业产值达 6000 多万元，旅游产值达 1650 万元。2021 年平均亩产 1000 斤，人均年收益超过 1 万元。一年一度的蓝莓采摘节至 2022 年已连续举办了 9 届，每年吸引了数万游客前来观光旅游。2022 年李巷所在白马镇蓝莓鲜果产值达 1.6 亿元，蓝莓果汁、果酱、果酒、果干、原液等深加工产品总产值约 4.2 亿元，带动农户户均增收 1.2 万元左右[11]，"两莓"的产业形成了完整的产业链，拓展了富民渠道，提升了当地的乡村经济水平。溧水采摘蓝莓休闲游线已成为南京 6 月热度最高的乡村游线之一，蓝莓文化节也推出了一系列旅游活动，还带动了乡村餐饮、民宿等业态协同发展，进一步放大了蓝莓产业的富民效应。

李巷自 2017 年 10 月对外开放以来，到 2022 年接待了游客 200 余万人次，旅游收入超过 6000 万[12]，平均每月接待游客 2 万多人，年度平均培训 12000 余人次。自"红色李巷"开村运营以来，直接带动本村及周边村民 100 多人就业，为李巷全村 263 户村民户均增收约 1.3 万元。李巷里有 6 家饭店，其中 5 家是李巷村民自己开的。规模最大的饭店自李巷整治以来，收益越来越好，最多的一天营业额超过 2 万元[9]。李巷获得了中国美丽乡村百佳村、南京十大红色文化地标等 20 余项国家及省市区荣誉。红色李巷所在白马镇，2020 年被国务院批复建设全国首批国家农业高新技术产业示范区。李巷所在的溧水区居民收入增幅位居全省第一，群众获得感排南京全市第二，综合实力百强区排名从 2015 年的 70 位跃升至 2019 年的 52 位，成为长三角高质量发展速度最快的区之一，为文旅融合进一步发展奠定了良好的基础[7]。

二、红色李巷文旅融合现状

2017 年 3 月，红色李巷启动核心区农村基础设施、村庄生态环境、旅游配套设施建设提升和历史人文发掘一期工程，出现了一批文旅融合业态。2022 年 9 月，红色李巷片区成功入选江苏省首批省级红色旅游融合发展示范项目[13]。

（一）李巷文旅融合产品主要类型

1. 文化参观游览景点

文化参观游览景点是红色李巷的主要传统景点，包括陈毅等新四军将领在李巷的红色旧居、李氏宗祠、地下交通站、抗战纪念品、苏南新四军廉政教育馆、收藏馆、瞭望塔等。已形成比较成熟的文化讲解配套服务体系，是红色李巷的文旅融合基础项目。

2. 文旅体验场所

红色李巷结合自己的资源基础，设立了红色书店、李巷民宿、文创店、李巷茶馆、时光杂货铺、李巷豆腐坊、新四军食堂、李巷照相馆、老李匠理发店等，将文化情怀与满足游客需求设施建设相融合，构建红色生活体验馆，和旧居遗址连成一条红色文化体验线。

3. 旅游文创开发

红色李巷将红色文化内容、元素、符号融入旅游产品中，制作红色故事连环画、书籍等文创产品，放在红色书屋进行展览与销售。

4. 文旅主题活动

每年节庆期间，红色李巷都会开展一系列文旅主题活动，如 2020 年"十一"黄金周的"筚路蓝缕 九九同心"红色文化体验，凉棚下组织磨豆腐、包饺子、包蛋饺、花园烧烤等动手益智、老少皆宜的活动。2022 年蓝莓节期间，李巷承办了"李巷十八味"、"莓"好市集、"莓"好 TALK、融媒小记者红色研学活动等"新农人新农创新农味"系列活动，李巷各家村民的拿手菜经过海选、复赛、专业评委综合打分等环节，红烧老鹅、蒜蓉龙虾、红烧鱼头等脱颖而出，成为"李巷十八味"[14]，游客可到当地农家乐一一品尝。通过一系列活动，展示了李巷乡村文旅融合发展的新面貌。

（二）李巷文旅融合业态创新体现

1. 穿越时代场景

时光照相馆为现代游客拍摄战火年代照片，铭刻具有时代感的纪念。文创中心、红色书屋都成为时尚取景的打卡地。

2. 打破产业界限

李巷在发展建设过程中，因地制宜，立足自身特色资源，打破产业壁垒。充分利用红色资源融合、嫁接，在红色旅游、红色教育培训、红色文创产品、红色影视传媒等领域打造出有特色、有知名度的品牌。李巷田园餐厅将乡村的新鲜农产品融入现代需求，推出季节性主题餐饮。利用乡村资源，建设体育健身慢行专用景观道，推动文体旅融合发展。近年来，李巷更是开拓很多其他产业，与红色旅游项目并驾齐驱，以黑莓和蓝莓"两莓"产业为基础，结合红色李巷的理念，将红色、生产、旅游结为一体，形成区域联动效应，提高李巷地区的辐射作用，带动周边村落创新发展，打造红色"文旅融合"新地标。

3. 融合服务功能

李巷作为旅游村，功能需求多样，但村庄空间有限，在进行乡村规划建设时充分整合李巷村民公共文化功能与旅游服务功能的需求，将公共活动空间与游客中心相统一，李氏宗祠与纪念收藏展览相结合，将文化与旅游功能相融合。通过旅游开发，村民对本地红色历史有了更多了解，越来越多的村民们自发加入了红色故事讲解员的队伍，乡风文明不断提升，将旅游与社会功能相融合。

4. 深化研学旅游

结合当下的党史学习教育与素质教育，溧水设计了一系列主题研学旅游课程。其中，"红色李巷—石山下—山凹村"和"中山烈士陵—大金山国防园"2条线路入选南京市党史学习教育首批精品研学线路[10]。今后还要依托丰富的文旅融合资源，结合文化、艺术、旅游、教育、商贸、农业、科技、环保、体育、康养等多种产业与功能需求，不断从受众年龄、群体范围、内容深度、精神层次、生活联系等方面深化李巷研学旅游。

5. 丰富文旅形式

依托李巷的红色影响力，将李巷作为红色主题党团活动的基地。如新华日报 2022 年 3 月 24 日为了迎接党的二十大的召开，在溧水李巷举办了第十二届"新华红"思享会主题活动，唱红歌、上党课、讲党建、共护红色林，并成立了"新华红"党建创新研究院红色李巷分院[15]，颂扬了李巷以红色文化融合引领乡村振兴的发展之路。

同时引进文化创新活动，如 2022 年春节期间邀请全国楹联界、书法界、学界等 30 多位专家、学者和文旅景区代表，举办第二届"中国城门楹联论坛"，开启 2022 年江苏"城门挂春联"等活动，让楹联文化与家国情怀紧密结合，吸引了近 25 万网民[16]，通过中国江苏网、新江苏客户端线上收看直播，扩大了红色李巷的文化影响力。

三、红色李巷文旅融合优化发展趋势

1. 把握文旅融合红色主题

红色文化是李巷文旅的灵魂，李巷不断探索以红色文化引领文旅融合，促进红色文化与其他业态、产品的融合，提升红色旅游综合吸引力。红色李巷的建设体现了"红色资源+绿色田园"的文化赋能乡村振兴，当地特色农产品蓝莓产业得益于游客数量的增多，也实现了价格与品质的双重飞升。因此，要用红色主题串联起周边旅游资源，与其他业态、产品相融合，推动乡村振兴。

2. 拓展文旅融合维度

由于李巷规模有限，要不断向深处整合红色文化旅游资源，创新文旅融合路径。例如，李巷丰富的红色故事，不仅应该撰写书本、绘制图画，还要深入挖掘内涵，编写红色剧本，利用建成的游客中心、李氏宗祠、教育培训中心、李巷餐厅、红色商业街区、5 个新四军旧居、地下交通站、抗战收藏馆、苏南新四军廉政教育馆、李巷民宿、溧水礼物店、李巷照相馆、朴蔚文创、红色书店、李巷茶馆、老李匠理发店、时光杂货铺、李巷豆腐坊、农产品销售中心等设施，打造情景化实景演出，促进红色文化创意深度开发，不断探讨红色文化和旅游、乡村振兴的真融合、深融合的创新路径。游客可以实现沉浸式体验，演出互动性不断增强。

结合溧水打造健康产业的定位，将红色精神与健康产业融合，将红色李巷与健康步道建设结合，开设红色行军体验项目，与举办相关主题活动，多方提升红色李巷地标与品牌知名度。

从时间维度来讲，可以在炎热的夏季开发夜游李巷，结合科技手段，打造光影场景讲述李巷的历史故事和未来发展。

3. 合作打造文旅融合精品

红色李巷作为自然村，其规模有限，突破规模的另一个重要途径是合作，如 2021 年五一期间红色李巷和梅园新村、雨花台等知名景区进行红色主题合作，作为重要的红色旅游节点，打造红色精品线路。重温红色印记、追忆峥嵘岁月，喜看沧桑巨变。在区域合作中，以李巷为核心，将回峰山纪念碑、石湫横山人民抗日斗争纪念馆等区内其他红色场馆、景区串联起来，开设旅游线路，让党性教育与乡村旅游深度融合，同时，与研学、党建等基地合作，提高层次，扩大影响。

还可以依托江苏广电石湫影视基地项目，发展红色李巷影视剧本创作与影视节目制作，打造文化节目品牌，多方向拓展红色影视文化产业链条，形成产业精品。

4. 多渠道培育文旅人才

人才是发展的保障，在乡村空心化和城市对人才的虹吸作用下，李巷的乡村振兴和文旅产业需要大量管理、服务、研究、创作人才，尤其要重视通过本地培育和外来引入等多渠道，培养红色讲解员和宣传营销人员。建设一支兼具文化素养、专业技能和创新能力的复合型人才队伍，为李巷文旅产业发展提供强有力的人才支撑。

5. 建设数字化与智慧化文旅

随着互联网+信息化时代发展，文旅产业和乡村的数字化与智慧化趋势成为必然[16]，"红色李巷"目前缺乏独立的数字平台，应该推出全新智慧李巷数字化平台等，在全新的数字生态中，进一步放大"红色李巷"文化影响力。

参 考 文 献

[1] 刘泓泉. 南通渔业现代化研究（1927—2000）[D]. 苏州: 苏州大学, 2015.

[2] 王飞龙. "文旅农"三链融合导向的生态特色小镇优化对策: 以巢湖三瓜公社为例[J]. 老字号品牌营销, 2021（1）: 25-26.

[3] 孙镇, 王茜. 文旅融合背景下乡村旅游核心竞争力的形成与提升研究[J]. 农业经济, 2021（1）: 55-57.

[4] 周立云, 霍兴国. 文旅融合促进区域经济转型发展: 以大同市为例[J]. 中共太原市委党校学报, 2020（6）: 19-21.

[5] 李晓龙, 冉光和. 农村产业融合发展如何影响城乡收入差距: 基于农村经济增长与城镇化的双重视角[J]. 农业技术经济, 2019（8）: 17-28.

[6] 杨长喜, 胡英华. 南京溧水李巷成省市主题教育重要红色阵地[EB/OL]. https://www.toutiao.com/article/6750497846555836932/?channel=&source=search_tab[2023-10-05].

[7] 颜芳, 朱泉, 李凯, 等. 红色李巷再出发, 向着红色文化地标挺进![EB/OL]. https://news.yangtse.com/content/829418.html[2023-10-09].

[8] 董翔, 李立, 周颖. 李巷"走红", 迈向文化地标[EB/OL]. http://www.ce.cn/culture/gd/202105/31/t20210531_36603420.shtml[2023-10-09].

[9] 颜芳, 仇惠栋, 朱泉, 等. 多方携手 释放苏南"小延安"李巷的时代魅力[EB/OL]. https://k.sina.com.cn/article_5675440730_152485a5a02000opw4.html[2023-10-09].

[10] 毕然. 南京溧水石头寨村: 红色沃土上栽出"致富果"|行走新时代鱼米之乡[EB/OL]. http://news.jstv.com/a/20220724/1b2d58a8dfd54eed8ea1dfeae9b988cb.shtml[2023-10-09].

[11] 孔伟, 毛潇潇. 溧水蓝莓出口供不应求、富民持续发力: 小小"蓝果子", 何以走红海内外[N]. 南京日报, 2023-06-30（A02）.

[12] 洪姝翌. "文化+"留住最美乡愁[N]. 江苏经济报, 2022-02-28（A3）.

[13] 郭一飞. 再获殊荣! 红色李巷成功申报江苏省首批红色旅游融合发展示范项目[EB/OL]. https://www.xhby.net/index/202210/t20221012_7723199.shtml[2023-10-09].

[14] 胡英华, 毛潇潇, 高萌钰. 2022 中国·溧水蓝莓节开幕, 三条新采摘游线路亮相[EB/OL]. http://www.njdaily.cn/news/2022/0607/4463689313926840878.htm[2023-04-02].

[15] 潘瑞凯, 徐路平, 于萌萌. 乡村振兴, 李巷闪耀那抹"红"[N]. 新华日报, 2022-03-24（6）.

[16] 华诚, 刘洁, 郭玲玲, 等. 红色李巷书翰墨 红色楹联庆强国: 第二届中国城门楹联论坛开启 2022 年江苏"城门挂春联"[EB/OL]. https://www.163.com/dy/article/GS7OPGI70514TTJH.html [l2023-04-02].

第九章　江苏文旅融合的主题实践

文化是人类在改造世界的对象性活动中展现的，体现人的本质、力量、尺度的方面及其成果[1]，在文旅融合语境中，文化与经济是对立统一的。在文旅融合的产业场域，狭义的"实体文化"（entity culture）作为旅游的内容决定着融合的主题，并通过"有机文化"（organic culture）的引导，使文旅融合在事业场域得到升华，最终成为广义文化的一部分[2]。2022 年 11 月 23 日，江苏省文化和旅游厅公布了南京市秦淮区等 16 家单位为首批江苏省文化和旅游产业融合发展示范区，本章将要介绍的是江苏不同主题的文旅融合实践，根据"实体文化"的历时性特征，将这些主题概括为传统文化、红色（新民主主义革命）文化（狭义）和先进（社会主义革命和建设）文化（狭义）三部分。

第一节　传统文化与旅游的融合实践

我国传统文化积淀深厚，有许多具有旅游吸引力的内容，包括文化遗址、文物古迹、传统文艺、民间习俗、民族风情等物质与非物质文化，此外还有依托传统文化资源建设的博物馆、艺术馆、文化公园、历史和文化街区、文创产品等现代造物。文化源于生活，也只有在生活中，文化才有价值，才能传承、发展。面对日新月异的现代生活，《中共中央关于党的百年奋斗重大成就和历史经验的决议》中提出"推动中华优秀传统文化创造性转化、创新性发展"的智慧主张。旅游作为现代大众生活的重要组成部分是中华优秀传统文化融入现代生活的重要载体。

江苏努力推动传统文化与现代生活深度融合，以新理念引领新发展，以新举措推动新提升，以新常态催生新业态，开展了很多卓有成效的文旅融合实践。

一、传统物质文化与旅游的融合实践

（一）传统物质文化

传统物质文化是人类社会发展过程中形成的关于物质生产的智慧及其成

果，既包括在物质文化发展过程中形成的保存至今的各类实物遗产，也包括在现代社会新造的反映传统文化特征的各类实物。其中，实物遗产也就是物质文化遗产，是指具有历史、艺术和科学价值的文物，包括古遗址、古墓葬、古建筑、石窟寺、石刻、壁画、近现代重要史迹及代表性建筑等不可移动文物，历史上各时代的重要实物、艺术品、文献、手稿等可移动文物，以及在建筑式样、分布均匀或与环境景色结合方面具有突出普遍价值的历史文化名城（街区、村镇）[①]。反映传统文化特征的现代造物则包括所有具有准确的传统文化符号的，能够满足实用、观赏、游憩、娱乐等需要的建筑、器物、艺术品、景观、社会环境等。

（二）江苏传统物质文化与旅游的融合实践

江苏是文物大省，现有苏州古典园林、明孝陵、大运河等世界文化遗产 3 处，全国重点文物保护单位 226 处，国家历史文化名城 13 座，中国历史文化名镇 31 个、名村 12 个[②]，国家三级以上博物馆 41 家，三级以上珍贵藏品 20 余万件。这些珍贵的文物资源也是发展文旅产业的宝贵资源，江苏坚持宜融则融，努力以旅游为载体带动文物资源"活起来"，其实践主要围绕以下两个方面展开。

一方面，提高遗产保护利用水平。首先，继续推进文物古迹的挖掘研究和保护利用，开展考古遗址展示利用示范项目遴选，总结经验，宣传推广。其次，努力提升国家考古遗址公园、工业遗产和传统村落的保护、建设和展示水平。最后，努力推进大运河沿线重点文物资源的保护利用，编制大运河江苏段文化遗产保护传承规划，参与筹建（中国）大运河博物馆，举办大运河文化旅游博览会和大运河文物精品展等。在此基础上，江苏将"吴韵汉风"与"水韵江苏"相融合，发展遗产旅游、研学旅游等新业态，打造彰显传统文化特色和人文精神内涵的文化旅游精品。

另一方面，拓展文博场所旅游功能。江苏不断推动文博场馆完善展陈设施、拓展旅游服务功能、丰富文化和旅游产品供给，使其成为游客喜爱的文化休闲、体验空间；引导文博单位深度开发文创旅游商品和纪念品，推出兼具文化内涵、审美价值和使用价值的文创精品；努力将更多的文博场所纳入旅游线路，研发跨区域、跨行业的博物馆研学线路、课程和活动产品。

---

① 国务院关于加强文化遗产保护的通知[EB/OL]. https://www.gov.cn/zhengce/content/2008-03/28/content_5926.htm[2019-12-31].

② 江苏省文化和旅游厅 领导讲话 江苏省文化和旅游厅党组书记、厅长杨志纯在 2019 年全省文物工作年会上的讲话. http://wlt.jiangsu.gov.cn/art/2019/4/1/art_73153_8898370.html[2019-12-31].

（三）"甘熙宅第"的文旅融合实践

1."甘熙宅第"概述

金陵甘氏为江南望族，清嘉庆四年（公元 1799 年）迁居南捕厅，始建"友恭堂"，后不断扩建，渐成规模。因甘熙为晚清著名的学者与南京方志学家，在家族中名望最高，甘氏后人便将宅第命名为"甘熙宅第"，民间俗称"九十九间半"。"甘熙宅第"于 1982 年由南京市文物部门在文物普查中发现，由位于今南京市中山南路南捕厅 15 号、17 号、19 号和大板巷 42 号、46 号的四组多进穿堂式古建筑构成，是南京地区规模最大、保存最完好的古民居建筑群。"甘熙宅第"一经发现即被列为南京市文物保护单位，1995 年升级为江苏省文物保护单位，2006 年被国务院公布为全国重点文物保护单位。"甘熙宅第"以精巧的构造、质朴的雕饰被吴良镛先生誉为"甘熙故居，民俗瑰宝"，具有很高的历史价值、文化艺术价值和旅游价值。

2."甘熙宅第"与旅游融合的实践经验

为充分保护和利用"甘熙宅第"这一宝贵资源，再现明清时期江南民居建筑的风貌与居住民俗，南京市以"甘熙宅第"为载体建立了南京市民俗博物馆，并于 1992 年正式对外开放。现在，"甘熙宅第"是保护、研究、展示南京地区有代表性的物质和非物质遗产项目的专业性"双博馆"（南京市民俗博物馆、南京市非物质文化遗产馆），宅第本身既是展陈设施，也是最重要的展品。在文旅消费升级、产业融合发展的双重背景下，"甘熙宅第"进一步拓展了其文化体验、休闲与消费价值，并带动整个熙南里历史文化街区发展，走出了一条文旅融合的产业化发展之路，为传统物质文化与旅游的融合发展提供了经验。

（1）遗产保护为先。"甘熙宅第"被发现时大部分建筑为百姓居住，人为的损坏和白蚁的侵蚀使这座近 200 年的巨宅岌岌可危，政府投入大量资金对宅第进行保护与发展规划编制、居民及工厂搬迁、古建筑维修和环境整治。2001 年，国家专门立项对"甘熙宅第"所在的南捕厅地区进行保护，根据《南捕厅历史街区传统民居维修设计方案》，在南京市文化局、文物局的直接指导下，经过一年多的动迁和维修，宅第得到了全面抢救。2006 年，《南捕厅历史街区整治保护方案》公布，南京市政府投资 1.5 亿元用一年时间按照 4A 级景区的标准对南捕厅地区进行拆迁改造。2008 年进一步完成了宅第后花园部分的修缮及假山驳岸堆砌、东门南门围墙建设、绿化景观建设等环境整治工程。一系列工程将以"甘熙宅第"为核心的南捕厅历史街区打造成为融特色居住、旅游、文化、休憩等功能于一体的历史文化风貌区。

（2）文化价值为核。开发者对遗产的价值有科学的认知，明白其商业价值是以文化价值为基础的，在开发中能够做到以遗产的文化价值为核。"甘熙宅第"与明孝陵、明城墙一起并称南京三大明清景观，其建筑风格显示出强烈的南京地方特色，是展示老南京生活方式的重要场所，具有较高的历史、文化和科学价值。"甘熙宅第"的开发属于城市历史街区模式，除宅第本身作为博物馆集中展现其价值外，宅第周边建成大型仿古街区——熙南里。熙南里一期和二期都是单体独栋建筑，通过一个休闲景观区域相连。三期与宅第隔南捕厅相对，为联排楼房建筑，第一排为临街商铺，第二排为办公楼。为突出街区的文化风貌和历史价值，所有建筑均不超过三层，清一色的"青砖小瓦马头墙，回廊挂落花格窗"，与宅第建筑保持风格上的统一。其商业定位也非常明确，"只租不售，瞄准老字号，引进地方风味饮食、手工艺及其他地方产品商家，彰显南京传统地域文化特色"。

（3）游客体验为重。一方面，博物馆将物质文化遗产与非物质文化遗产充分结合，不仅依托甘氏宅第对甘氏家族历史与地方民居建筑文化和居住民俗进行文献与实物展示，还将南京地区有代表性的传统民俗文化和非遗项目充分融入其中。南捕厅 17 号以"金陵工巧"为主题，展示了秦淮彩扎（花灯、风筝）、葫芦彩绘、根雕、民间布艺（含布贴画）、南京剪纸、面塑、泥塑、空竹、木雕、金陵竹刻、微雕、戏剧脸谱、南京本钟、南京绒花等 15 项南京地区的民俗类非物质文化遗产。博物馆邀请近 20 位非遗传承人常驻其中，现场展演非遗绝技，游客可以近距离观赏非遗手工制作过程，与传承人面对面交流非遗技艺，选购心仪的非遗作品。大板巷 42 号原为甘熙住所，现在是南京地区世界级非物质文化遗产——云锦、古琴、剪纸、金陵刻经的展示厅，除基本陈列外这里每月会举办至少一个专题展，让观众常看常新。南捕厅 15 号建筑的东偏院以"梨园雅韵"为主题，将院中花厅改建成了一个能容纳 100 多名游客的"老茶馆"，博物馆在这里组建了票房，在南京市文化和旅游局的支持下，聘请江苏省京剧院、南京白局剧团的十多名演员，每周六、周日为游客进行公益演出，恢复了当年京、昆票友活动的盛况，游客可以通过"南京非遗馆"微信公众号提前了解演出节目单。此外，博物馆经营的地方小吃因选料精细、口味地道在游客中小有名气。南捕厅 15 号的二进大厅是甘氏家族接待宾客、举行重要活动的场所，在妥善保护文物的基础上，为满足现代人的怀古心理，博物馆还面向社会承办婚礼、寿礼等传统庆典服务。

另一方面，博物馆在设施与服务上也做了很多提升游客体验的改进。为了使游客能够获取更丰富的多媒体展陈信息，博物馆安装了电子资源自助浏览终端；为了使游客能够获得更逼真的临场体验效果，博物馆在一些展览中配备了音效[3]；为了使听障人士也能够享受到讲解服务，博物馆还准备了手语导游；此外，游客还可以通过"南京市民俗博物馆"微信公众号免费收听语音导览。

这些措施既起到了更好的公共传播与教育效果，又提升了游客的旅游体验，使"甘熙宅第"成为文化旅游精品。此外，博物馆还发挥场地多、研究与传播力量强的优势，每年在馆内、外举办非遗宣传主题活动 300 多场，既充分发挥了博物馆的公共教育功能，也起到了积极的旅游宣传作用。2018 年，经专家和市民票选，博物馆荣获"南京十大文化地标"和"南京十大历史文化地标"两项殊荣。"500 娃娃学非遗"活动被专家评审为"江苏省博物馆青少年教育十佳示范项目""南京市博物馆青少年教育十佳示范项目"。

（4）互利共赢为本。"甘熙宅第"的文旅融合实践兼顾了相关各群体的利益诉求，以互利共赢为本保障了其产业化发展道路的成功。首先，对于原本身居陋巷的当地居民来说，拆迁补偿极大地改善了他们的居住条件；其次，对于亟待保护的物质与非物质文化遗产来说，博物馆为收藏家和传承人提供了展示其收藏与技艺的舞台，对物质与非物质文化遗产的保护与传承起到了积极作用；再次，对广大的社会公众来说，博物馆的建立与历史街区的建设为公众提供了一个休闲、求知的好去处；最后，对于"甘熙宅第"所有者的政府来说，通过文旅融合的产业化发展道路，一方面获得了可观的经济收益，另一方面也提升了城市形象与竞争力，增强了人民的幸福感，获得了广泛的社会效益。

二、传统非物质文化与旅游的融合实践[①]

（一）传统非物质文化概述

1950 年，日本在《文化财保护法》中第一次使用了"无形文化财"这一术语，这一术语经过不断发展，于 2003 年被联合国教科文组织在《保护非物质文化遗产公约》中正式确立为"非物质文化遗产"。2005 年，我国在国务院办公厅颁布的《国家级非物质文化遗产代表作申报评定暂行办法》中，将"非物质文化遗产"界定为：各族人民世代相承的、与群众生活密切相关的各种传统文化表现形式（如民俗活动、表演艺术、传统知识和技能，以及与之相关的器具、实物、手工制品等）和文化空间。传统非物质文化术语的变迁反映了世界对这类文化认知的发展与深化。一方面，对这类文化的关注由原先的文化事象本身扩大到其文化空间，反映了认识的深化。另一方面，"遗产"一词强调了这类文化的传承性，虽然其传承现状不尽相同，有些濒危而亟待保护，有些则仍是关乎现代人类幸福与认同的不可或缺的精神生活内容。最后，无论是"文化财"还是"文化遗产"皆是对这类文化的现代价值的发展的认知，文旅融合就是基于这样的认知提出的。

---

① 本节内容依据江苏非物质文化遗产网站（http://www.jsfybh.com）相关资料统计。

（二）江苏传统非物质文化及其与旅游的融合实践

自 2001 年昆曲入选联合国教科文组织首个中国"人类口述和非物质遗产代表作"以来，目前全省共普查记录非物质文化遗产 28922 项。其中，入选联合国教科文组织"人类非物质文化遗产代表作名录"（2003 年）10 项，入选数量居全国之冠；入选国家级、省级、市级非物质文化遗产名录 1967 项，其中包括昆曲、京剧、苏剧等传统戏剧 55 项，古琴艺术、江南丝竹、海州五大宫调等传统音乐 120 项，中国剪纸、桃花坞木版年画、苏绣等传统美术 296 项，中国雕版印刷技艺、中国传统木结构营造技艺、南京云锦织造技艺等传统技艺 619项，端午节、秦淮灯会、苏州甪直水乡妇女服饰等民俗 151 项，白蛇传传说、梁祝传说、董永传说等民间文学 235 项，苏州评弹、扬州评话、扬州清曲等曲艺 82 项，龙舞、竹马、跳马伕等传统舞蹈 188 项，建湖杂技、金坛抬阁、沛县武术等传统体育、游艺与杂技 78 项，中医传统制剂方法、中医诊疗法、唐老一正斋膏药制作技艺等传统医药 138 项等。江苏利用这笔宝贵财富与旅游展开了多种模式的融合实践，不但提升了江苏旅游产品的品位，而且使传统非物质文化焕发出时代的生机。

1. 博物馆模式

博物馆以保护、教育、欣赏为目的征集、收藏、研究、展示人类及人类环境中的物质与非物质遗产，是一种为社会及其发展服务的、向公众开放的非营利性常设机构[4]。特别是对于那些传承出现困难甚至已经消亡的传统非物质文化而言，博物馆展示不失为一种保护、宣传和价值转化的积极手段。博物馆一方面可以发挥其实物搜集的传统优势，尽可能将承载传统非物质文化的相关实物收编保护；另一方面更可运用现代技术对传统非物质文化进行全景式记录，尽可能反映其活态特征。现代博物馆不断提升展陈技术、健全服务设施，在传统功能的基础上延伸出游憩、体验、研习等新功能，成为传统非物质文化与旅游融合的主要模式。例如，中国昆曲博物馆是全国唯一以保藏、陈列、研究、展演昆曲的历史、文化和艺术为宗旨的博物馆。在文旅融合理念指导下，博物馆努力探索昆曲文创，开发了一系列昆曲旅游产品，不但提升了博物馆的影响力，满足了市场的昆曲文化旅游消费需求，而且对昆曲的传承与发展具有积极意义。

2. 节庆活动模式

节庆活动模式是指利用节日、庆典、赛事等大型公共活动，或以特定传统非物质文化事象为主题策划大型公共活动，并在活动期间进行传统非物质文化展演，以形成旅游吸引物。节庆旅游具有文化性、动态性、综合性、周期性和强烈的阈限性等特征，对传承和发展传统非物质文化、提升旅游目的地的形象与知名度有很大作用。例如，2023 年国庆期间，苏州灯会结合国家级非物质文化遗产苏州灯彩及斜塘老街园林式街区建筑特色，从诗歌、书画、乐舞等方面，深入挖掘传统审美精神、审美趣味和审美风尚元素，通过灯彩组景的形式呈现。除了非遗灯彩布置，活动期间还将举办国风市集和互动巡游活动。通过"平台+内容+场景"的深度融合，引入多元化国风潮流元素，更好地满足了不同群体的文旅消费需求。

3. 主题公园模式

主题公园是一种利用现代技术将自然、人文等景物融会在一起，以突出某一个或多个主题的人造景观[5]。主题公园模式通过移植和仿造传统非物质文化的生存环境，系统展示一种或集中展示多种传统非物质文化，以将这类文化集中地、典型地展示给游客，是一种较为集约的开发方式，也是一种较为经济的旅游产品。例如，江苏盐城东台市是董永传说的发源地，在东台西溪旅游文化景区内设有国内首家董永七仙女文化园，其中上演着江苏首部超现实飞天仙幻实景剧《天仙缘》，这部剧以爱情传说与孝贤文化为内核，将现实与神话相结合，集自然景观、立体的歌舞表演、现代声光技术于一体，为游客提供仿佛置身于仙境的旅游体验。

4. 休闲演艺模式

休闲演艺是近年来蓬勃发展的一种文化旅游产品，它既可以作为独立的节目在任何恰当的场景下演出，也可以与一定的环境相结合进行沉浸式的演绎。该模式挖掘地方以表演为主要表现形式的传统非物质文化，或以地方传统非物质文化为主题进行表演艺术创作，最终以舞台表现形式呈现出来，结合精心设计的舞美、化妆和现代技术的美学感官刺激，向游客传递地方文化符号，提升游客的旅游体验。2020 年，江苏省文化和旅游厅组织策划了"看百戏，游江苏"文旅融合主题活动，同时鼓励各地规划建设小剧场，创作高品质旅游演艺节目，涌现出了苏州《虎阜传奇》、扬州"百年音韵——清曲表演"、盐城《只有爱·戏剧幻城》等优质作品。在 2020 年江苏省游客满意度调查中，文化旅游演艺节目获得了较高的评价。

5. 文化生态保护区模式

文化生态保护区是针对传统非物质文化保持得比较完整且具有特殊价值的社区所进行的整体动态保护，这种模式不仅保护了传统非物质文化事象，还保护了传统非物质文化的生存空间，既实现了对传统非物质文化的根本性保护，又由于其所提供的是系统的、本真的传统非物质文化而对游客具有极大的吸引力，通常成为体验式旅游、度假旅游和考察旅游的重要目的地。例如，洪泽湖渔文化生态保护实验区是江苏首个省级文化保护实验区，在梳理大运河文化遗存的基础上对非物质文化遗产进行了生态化保护，建设了洪泽湖渔文化博物馆、洪泽湖渔鼓传承展示馆等文化保护与传承基地；推动了洪泽湖草编、竹编、木船制造、渔网具制造、活鱼锅贴等非物质文化遗产的产业化；整理出版了《洪泽湖大堤石刻遗存》《猎鱼》等反映洪泽湖渔文化的书籍。保护区全面保护与展示了丰富多彩的洪泽湖渔文化，一方面为大运河文化带的建设提供了支撑，另一方面也成为发展洪泽湖渔文化旅游的物质基础。

6. "无限定空间非遗进景区"模式

2021年4月，江苏省文化和旅游厅出台了《江苏省无限定空间非遗进景区工作指南（试行）》，提出了通过拓宽非遗美食体验途径、打造非遗特色酒店和民宿、营造交通非遗体验空间、推出非遗主题旅游产品、增强非遗产品市场吸引力等方式，充分满足游客"求新、求奇、求知、求乐"的心理需求，吸引更多人到江苏感受美的风光、美的味道、美的人文、美的生活，收获美的发现①。

7. 非物质文化遗产创意基地模式

江苏深化各类文化产业园区（基地）创建，探索非遗保护与当代生活融合的新路径，创设了一批可作为非遗体验场所和旅游目的地的江苏省非物质文化遗产创意基地。推动传统工艺产品创新设计和改造提升，对接市场需求研发具有文化内涵的旅游体验产品，努力把基地建设成集文化创意、研学旅游、体验旅游、休闲旅游为一体的文旅综合体。2020年1月10日，江苏省文化和旅游厅认定江苏福佑艺术设计有限公司等5家单位为首批江苏省非物质文化遗产创意基地；2021年1月5日，认定江苏瀚港文化发展有限公司等8家单位为第二批江苏省非物质文化遗产创意基地；2022年12月8日，认定江苏美基文化发展有限公司等8家单位为第三批江苏省非物质文化遗产创意基地。

（三）秦淮灯会彰显文旅融合新生态

秦淮灯彩作为宫廷和府邸的照明装置和特殊装饰早在六朝时期即已出现。唐代元夕观灯习俗形成后，灯彩在元夕这一特定时间走出钟鸣鼎食之家，陈列于街市，变权贵阶层的实用物和装饰物而为普罗大众的审美对象和信仰符号，秦淮河流域形成了"以灯为俗、用灯造景、借灯兴舞"的风尚。在中央政权的推动下，秦淮灯会逐渐发展成为中国持续时间最长、参与人数最多、规模最大的民俗灯会，有"天下第一灯会"和"秦淮灯彩甲天下"之美誉。

1977年，在南京市和秦淮区政府的支持下，夫子庙灯市恢复。1984年，

① 省政府办公厅关于印发江苏省"十四五"文化和旅游发展规划的通知[EB/OL]. http://www.jiangsu. gov.cn/art/2021/10/29/art_46144_10090747.html[2021-12-31].

南京市政府在市工人文化宫举办了中华人民共和国成立以来的首届"金陵灯会"。1985年，官办"迎春灯会"又将会场迁回至夫子庙，此后，官办灯会虽名称几经变化、规模不断扩大，但始终以夫子庙地区为核心。由于前两届灯会的地点、名称等问题，官方将1986年确立为秦淮灯会元年，此后，除1990年停办外，至2021年已历35届。2005年，灯会以"秦淮灯会"之名申报国家级非物质文化遗产，并于2006年进入名录，"秦淮灯会"之名由此法定。

　　秦淮灯会自恢复以来，不断开拓创新，通过灯景融合、文娱同步、招商联动、科技支撑等有效举措，将非物质文化遗产与吃、住、行、游、购、娱等旅游要素深度融合，逐渐成为秦淮旅游的核心支撑和代表作。2018年发布的秦淮灯会大数据显示，31届灯会累计参与人数超过1.2亿人次，其中外地人约占51%，2008年至2017年，灯会期间秦淮区旅游商贸总收入增长5.3倍[6]，秦淮灯会对地方经济的带动作用日益凸显。

1. 灯景融合

　　自1985年"迎春灯会"始，秦淮灯会以夫子庙地区为核心，规模不断扩大。每年灯会主要集中在秦淮河两岸具有代表性的景区（点）举办，从夫子庙广场到龙门街前（1985年）、大成殿和东西市场（1986年）、明德堂（1987年），到白鹭洲公园、瞻园和江南贡院（2003年）、秦淮风光带沿线景区（2004年），到内秦淮河水上游览线（2006年）、东水关公园和中华门城堡（2007），到明城墙和十里秦淮（2011）……秦淮灯会的布展始终与地方旅游的发展相协调。2019年，秦淮区入选首批国家全域旅游示范区，以明城墙为骨骼，秦淮河为血脉，夫子庙、朝天宫和大报恩寺为鼎足，以门东、门西等历史街区和晨光1865科技创意产业园、国创园区等文化园区为支撑，打造了"一城、一河、一庙、一馆、一寺、多街区（园区）"的全域旅游核心吸引物。2020年的秦淮灯会即以"一城、一河"为轴线，以夫子庙、白鹭洲公园、门东、瞻园、愚园等为重点，沿明城墙、秦淮河、历史街巷延伸，通过以点连线、串线成片的全域化灯展布局，串联起秦淮区的全域旅游空间格局。灯景融合将元宵观灯习俗与游园活动紧密联系起来，奠定了秦淮灯会文旅融合的物质基础。

2. 文娱同步

　　秦淮灯会是集灯展、灯市、灯会于一体的盛大节事，为了使游客"慢下来、留下来、住下来、还会来"，最大限度地发挥秦淮灯会的文化和经济效应，秦淮区将传统文化与现代文化、地域文化与民族文化、中国文化与外国文化相结合，在灯会期间同步推出了一系列文化主题活动，使秦淮灯会朝着多元化的方向发展。例如，"醉美秦淮"全国摄影大赛、名篇佳作经典诵读、"灯会30年"回顾展、"印象秦淮"非遗系列展演（2017年），"金陵琴派名家音乐周"、

"当科举遇上交响"新年音乐会（2018 年），"桨声灯影，夜色醉人"经典路线半日游、"人文荟萃，风雅秦淮"深度体验一日游、"一城一河 精彩华章"全域风光二日游等"游在秦淮"系列旅游线路产品（2020 年）等，每年灯会期间举办的文化娱乐活动多达数十项。通过主题旅游产品、传统民俗展演、精品文化展览等，市民与游客从观众变身而为"画中人"，深度体验到秦淮河流域浓浓的年味与深厚的文化，自 2017 年起，秦淮灯会参与人数突破 1500 万人次。文娱同步既丰富了现代灯会的内容，提升了秦淮灯会品牌的形象，又增加了灯会旅游的吸引力。

3. 招商联动

在灯景融合布展与文娱同步策划的基础上，秦淮区在政府的宏观调控和策划指导下，引入公司进行投资，实现社会参与[7]。以"文化搭台，招商唱戏"的形式将秦淮灯会与招商推介、项目签约有机融合，打造了"秦淮招商"品牌，先后举办了中国联通&IBM 认知物联网联合创新中心成立仪式、全球江苏商会嘉宾走进秦淮等多场活动，助力重大项目签约落地。同时，秦淮区还依托秦淮灯会创新"报恩盛典"实景演出、"秦淮礼物"旅游文创商品、"转角·遇见"城市休闲文化空间等新业态，建设江苏首个国家级文化产业试验园区——南京秦淮特色文化产业园。南京秦淮特色文化产业园包括广电越界文化创意产业园、朝天宫历史文化街区、熙南里历史文化街区、南京国家领军人才创意产业园、门西历史文化街区、门东历史文化街区和南京晨光 1865 科技创意产业园等园区，现入驻企业 2500 余家，是文化产业规模化、集约化、专业化发展的典型[8]。

4. 科技支撑

秦淮灯会重点在三个方面运用科技手段予以保障和提升。首先，在灯彩设计与制作阶段，主办方广邀艺术家、工业设计师参与，用创意将艺术与科技相结合，在坚持传统制作工艺的基础上，让灯彩更具时尚感；其次，在亮灯仪式与灯彩展示中，无人机、机器人、水幕、投影、3D 等科技元素的运用大大提升了观灯体验，网络直播更是让身处世界各地的线上观众与线下观众一起感受到了秦淮灯会的热闹氛围，与科技携手让秦淮灯会更具现代性与国际化；最后，科技也是秦淮灯会保障工作的坚强后盾，南京城管执法总队首次将全国首创的"精靓系统"应用于灯会保障，电力、消防、安保等工作也依托大量先进科技手段支持。

第二节　红色文化与旅游的融合实践

随着红色旅游的兴起，红色文化研究迅速升温[9]。为了更鲜明地反映"实体文化"的阶段性特征,本节将准备介绍的红色文化特指形成、发展于新民主主义革命时期的革命文化。红色文化在革命斗争时期和民族复兴过程中起到了团结军民、鼓舞人心、坚强斗志的作用,在社会主义现代化建设的今天,红色文化被赋予了新的时代内涵,展现着新的价值。2004年,国家旅游局提出"要积极发展红色旅游",以红色文化资源为旅游吸引物发展红色旅游,不仅能够满足旅游者对革命历史的求知欲,通过重温革命传统振奋精神,还能够实现身心的放松,不仅具有重要的政治意义,还具有深刻的文化意义和显著的经济意义[10]。本节介绍江苏在狭义的红色革命文化与旅游的融合方面展开的实践。

一、江苏红色文化的保护与开发

江苏是我国最早传播马克思主义、建立党组织的地区之一,是新四军抗日救国的重要根据地[11],一大批烈士为革命献出了宝贵的生命。江苏是一片红色的热土,在百年征程中形成了丰富的红色遗产。为保护利用革命文物,江苏采集建立了革命文物名录,不断推进革命文物的抢救、保护和展示提升工作。2021年,江苏省文化和旅游厅、省文物局正式面向社会公布了第一批革命文物名录,这些革命文物见证了自1840年以来江苏大地上波澜壮阔的革命历史,展示了江苏红色文化资源的丰富谱系,彰显了周恩来精神、雨花英烈精神、新四军铁军精神和淮海战役精神等最具江苏特色的革命精神。其中,不可移动革命文物447处,包括全国重点文物保护单位21处[①],省级文物保护单位69处,市县级文物保护单位357处。不可移动文物主要是名人故居、革命领袖和先烈的安葬地和陵园、重大事件发生地等大量见证中国革命史的遗址和纪念地。可移动革命文物8759件(套),包括一级文物337件(套),二级文物1217件(套),三级文物7205件(套)。可移动文物主要是大量珍贵的历史见证物等。这些文物涵盖中国共产党成立后反帝、反封建、反对官僚资本主义的各个历史时期的红色遗产:一是中国共产党成立初期领导的早期土地革命、工农红军革命活动遗址、遗迹和人物事迹;二是抗日战争时期中国共产党领导的新四军、八路军抗日活动遗址、遗迹和人物事迹;三是解放战争时期淮海战役、渡江战役以及解放上海战役的战场遗址、前线指挥地遗迹和人物事迹;四是中国共产党倡导和支持的反法西斯国际、国内统一战线革命活动遗址、遗迹和人物事迹;五是日本侵略者、汪伪政权和国民党反动政权遗留的重大历史证据[②]。具体表现为五个主题:一是东进序曲。江苏是新四军抗日斗争的主战场,留下了韦岗战斗、

---

① 江苏公布首批革命文物名录[EB/OL]. http://wlt.jiangsu.gov.cn/art/2021/4/22/art_694_9764599.html [2019-12-31].

② 江苏红色旅游——透视历史上的激荡风云[N]. 中国青年报,2013-10-25(07).

黄桥战役、沙家浜军民鱼水情、车桥战役等物质和精神遗产。二是决战淮海、大军渡江。解放战争中的淮海战役、渡江战役都发生在这里，并留下了碾庄战斗、十人桥、渡江第一船和人民海军诞生地等遗物、遗址。三是英杰辈出。周恩来、瞿秋白、恽代英、张太雷等一批无产阶级革命家诞生于此，刘少奇、邓小平、陈毅、刘伯承、粟裕等在此指挥过一些著名的军事战斗，留下了许多英杰们生活、战斗的遗迹。四是烈士永垂、同胞长眠。分别以雨花台烈士陵园和我国第一座抗战史系列专题馆——侵华日军南京大屠杀遇难同胞纪念馆为代表，展现无数志士仁人坚定的革命信念和视死如归的大无畏精神，揭示侵华日军的反人类暴行。五是统战奠基。以梅园新村中共代表团办事处为中心，展示我党与各民主党派在白色恐怖中携手合作结下的深厚情谊。

江苏在持续开展革命文物调查、征集、认定工作的基础上积极发展红色旅游，开发了一批经典红色景区和精品红色旅游线路，推动革命文物保护利用水平持续提升、革命文物教育功能不断增强。江苏现共有 11 大景区、26 个景点被列入全国红色旅游经典景区名录，分别是：南京市红色旅游系列景区，包括梅园新村纪念馆、雨花台烈士陵园、侵华日军南京大屠杀遇难同胞纪念馆、渡江胜利纪念馆、南京条约史料陈列馆 5 个景点；江苏新四军红色旅游系列景区，包括镇江市句容市茅山新四军纪念馆、盐城市新四军纪念馆、泰兴市新四军黄桥战役纪念馆、常熟市沙家浜革命历史纪念馆、常州市新四军江南指挥部纪念馆 5 个景点；徐州市淮海战役纪念馆、邳州市禹王山抗日阻击战遗址纪念园；南通市海安县苏中七战七捷纪念馆；淮安市红色旅游系列景区，包括淮阴区八十二烈士陵园、周恩来纪念馆和故居、黄花塘新四军军部旧址、新安旅行团历史纪念馆 5 个景点；南京市中山陵；宿迁市雪枫公园；泰州市中国人民解放军海军诞生地纪念馆；常州市瞿秋白故居、张太雷故居及恽代英纪念广场；南通市如皋市中国工农红军第十四军纪念馆；连云港市赣榆区抗日山烈士陵园。

江苏红色旅游经过多年发展已逐渐成熟，不少红色旅游资源已与地缘人文资源、生态自然资源融为一体，并形成了一批有一定影响力和吸引力的研学旅游产品、观光旅游产品和休闲度假产品。江苏有两条旅游线路被列入全国红色旅游精品线路：一条是南京—镇江—常熟线；另一条是泰州—盐城—淮安—徐州线[12]。2019 年，为庆祝中华人民共和国成立 70 周年，江苏省文化和旅游厅发布了三条学习体验线路，分别是"七十年峥嵘岁月 六百里水韵康庄""红色经典传薪火 古城运河展新姿""揽沿海生态风光 看改革开放新篇章"，涵盖了梅园新村纪念馆、周恩来故居、周恩来纪念馆、苏皖边区政府旧址、新四军重建军部旧址、新四军重建军部纪念塔、新四军纪念馆、新四军题材全史馆等红色旅游景区（点）。2021 年，结合党史学习教育，江苏统筹革命文物保护利用和红色旅游发展，面向全国推出 12 条江苏"红色之旅"线路，遴选发布以省内短程游为主的 20 条红色旅游精品线路、20 个红色研学旅游项目，一批革命博物馆、纪念馆入选全国"建党百年红色旅游百条精品线路"，上半年携程平台"红色之旅江苏馆"线上浏览破千万。2022 年 5 月 10 日，为充分展示中国共产党带领人民在革命、建设、改革、新时代各个历史时期的奋进历程，推动党史学习教育常态化、长效化，从革命精神中凝聚前行力量、汲取奋进力量，充分发挥红色旅游对爱国主义教育和革命传统教育的重要作用，进一步激发红色旅游市场活力和潜力，围绕"缅怀革命先烈、赓续红色血脉、传承红色基因、见证时代进步"主题，江苏省文化和旅游厅、江苏省总工会、江苏省文物局联合遴选推出"信仰长存 美丽金陵"等 20 条"喜迎二十大 见证新江苏"红色旅游精品线路。为推动江苏红色旅游高质量发展，2022 年 10 月 9 日，江苏省文化和旅游厅公布了南京市溧水红色李巷片区等第一批江苏省红色旅游融合发展示范项目 7 个，南京市高淳西舍等第一批江苏省红色旅游融合发展培育项目 8 个。

此外，江苏还积极与周边省份合作，开发区域红色旅游产品。2009 年 5 月 23 日，江苏、山东、安徽 3 省 18 个市、18 个县旅游局及 36 个红色旅游经典景区负责人联合签署了《鲁苏皖红色旅游区域联合宣言》，标志着全国最大的红色旅游区域联合体正式诞生。江苏、山东、安徽将共同保护红色旅游资源，打造红色旅游精品线路；连接近程红色旅游景区，推出多条区内红色旅游线路；共同培育红色品牌，塑造"东进序曲 决战淮海"红色旅游主题形象；共同开放旅游市场；共同推介红色旅游，将每年 8 月的第一个周日确定为红色旅游日[9]。此后，江苏省联合山东省，开发了"济南—济宁—枣庄—临沂—连云港"红色旅游线路，也被列入全国红色旅游精品线路。2019 年，江苏省又联合安徽省、浙江省和上海市打造"长三角高品质红色旅游示范基地"，共同推出"上海一大会址—浙江嘉兴南湖—淮安周恩来故里—皖西大别山红色旅游精品线路"，共享市场信息，共塑整体区域市场品牌形象，讲好长三角红色故事。

二、江苏红色旅游景区建设的茅山实践

（一）茅山红色旅游资源

茅山新四军纪念馆于 1985 年建成，坐落于句容市茅山镇。馆中陈列抗战史料、英烈人物资料约 3000 件，反映了以茅山为中心的苏南抗日根据地的光辉历程。王必成、吴仲超、段焕竞、江渭清等新四军高级将领亦安葬于此。1998 年，纪念馆正式对外开放，平均每年接待国内、外观众约 20 万人次，已成为南京、常州、镇江等市大中小学、部队院校和企事业单位的爱国主义教育基地。2001 年，纪念馆被评为"江苏省优秀博物馆"，被中宣部命名为"全国爱国主义教育示范基地"。

1985 年，镇江市人民政府在韦岗建造了韦岗伏击战纪念馆，该馆由韦岗战斗胜利纪念碑和韦岗战斗纪念室两部分组成。纪念碑高 25 米，碑顶为步枪造型，碑身两侧分别镌刻陈毅、粟裕赞颂韦岗战斗的诗篇。韦岗战斗纪念室则以翔实的图片资料生动再现了新四军转战苏南进入茅山地区在抗击日军的第一战中取得胜利的光荣战绩。

1995 年，为纪念世界反法西斯战争胜利 50 周年，经省、市批准，在距新四军纪念馆东 300 米的茅山北麓望母山顶建成一座宽 6 米、高 39.13 米的"苏南抗战胜利纪念碑"，碑体阴刻陈毅、粟裕等老一辈革命家率领抗日将士英勇抗日的祭文。2003 年，投入约 2200 万元的苏南抗战胜利纪念碑二期工程实施，具体包括胜利广场、小号手景点、陈毅粟裕铜像、艺术喷泉、望母石景点、颂泉、牌坊、办公楼、停车场等的建设工程以及台阶改造、绿化亮化工程等。竣工后的苏南抗战胜利纪念碑景区景观质量大大提升，功能设施配套齐全，"丰碑奇号"景观被评为"句容十景"。2006 年，"丰碑奇号"景观成功申报吉尼斯世界纪录，景区知名度和美誉度进一步提升。

2008 年，茅山新四军纪念馆为曾经在茅山地区抗战中做出卓越贡献与牺牲的新四军将领拓建了茅山新四军将帅馆。整个展厅分为元帅、大将、上将、中将、少将以及牺牲未授衔将领等部分，展出历史照片和珍贵文物史料约 1500 件，集中展现了新四军将领抗战的光辉历史生活和卓越功勋。

2013 年，根据习近平总书记在第十八届中央纪委第二次全体会议上做出的重要讲话精神，镇江市文化局与镇江市纪委策划建设了新四军廉政馆，展示抗战时期新四军和华中抗日根据地党风廉政建设的光辉成就，对于推进反腐倡廉有重要意义。

（二）茅山红色文化与旅游融合的"双色"模式

江苏将乡村振兴与红色旅游相结合，以旅游带动革命文物"活起来"，助力乡村振兴，推动革命文物更好地服务于经济社会发展大局。作为抗战时期全国六大山地根据地之一，以茅山新四军纪念馆为圆心的红色文化都市圈是全国红色旅游精品线路的重要节点城市，茅山新四军纪念馆也被列为全国红色旅游经典景区。为更好地带动句容茅山乡镇地区的旅游发展，帮助茅山老区农民提高收入，扩大茅山新四军红色旅游在全国的影响，句容茅山新四军纪念馆通过多方努力，于 2010 年在茅山风景区筹办茅山红色旅游观光农业基地，被列入江苏省丘陵地区农业综合开发项目。基地东南侧紧靠茅山"三宫五观"之一的"乾元观"，基地东南山脚下还有三个天然形成的溶洞，分别是柏枝洞、王官洞以及老君洞。另外，新四军纪念馆通过招商引资共同开发的方式投资 3000 多万元在纪念馆东侧兴建了 15000 平方米的五星级旅馆,从而完善了整个旅游区的相关配套设施[13]。句容已将白兔镇柘溪村"巫恒通旧居"、中心村句容农村第一个党支部——"大支里党支部"、茅山镇丁庄村"地下交通站"、茅山风景区"铁军营"、"新四军修械所"等革命遗迹串联成线,打造成享誉省内外的精品红色旅游线路。

在镇江市文化广电和旅游局的领导下,茅山新四军纪念馆还主动为革命遗址所在地陈庄的振兴发展建言献策,走出了"红色+乡村"("红绿双色")的高质量旅游发展模式,全面提升了句容红色旅游、乡村旅游的复合效益。其实践经验可概括为以下两方面。

一方面,景区助力改善乡村基础设施。陈庄位于九龙山腹地,自然环境与农业景观优美,但交通闭塞,旅游设施严重不足,近年才接入区域供水系统。随着遗址保护项目的落地,遗址保护区周边的环境也得到了整治,步道等旅游休闲设施逐步配套完善,陈庄面貌焕然一新,引起媒体争相宣传报道。陈庄的变化激发了地方政府投资红色旅游的热情,先是创新打造了一条从国道延伸到九龙山腹地,绵延数十千米的彩色福道,这条福道现已成为网红打卡路,随后又不断加大基础设施建设力度,星级厕所、上千平方米的大型停车场等项目纷纷落地。遗址保护利用触发的红色旅游机遇,使陈庄的整体发展环境得到了显著提升,2020 年 8 月陈庄入选江苏省"特色田园乡村省级试点村庄"。将红色革命遗产与绿色生态资源相结合进行"红绿双色"文旅融合发展的模式在实践中获得了成功。

另一方面,文旅融合优化乡村振兴发展模式。随着新四军纪念馆主动将革命遗址保护利用纳入地方乡村振兴整体发展规划,陈庄打造了"红绿融合"的振兴发展模式,构建了以革命遗址群、生态农场、乡村民宿、森林抚育为内容的大红色文化旅游区。这些乡村振兴发展点连点成线、连线为面,逐渐形成整体发展效应,村庄的发展吸引了当地青年才俊和外出务工人员纷纷返乡创业、就业。现在,平均每天都有数百名红色培训学员或普通游客观众来陈庄学习、休闲,他们不仅可以通过公共服务中心的宣传展板看到陈庄因红色文化融入乡村振兴带来的村容村貌及发展模式的显著变化,更能通过"瞻仰革命遗址""重走铁军路"等活动深刻体悟到红色文化已内化为陈庄乡村振兴最亮的时代特色。

三、江苏红色研学旅行的沙家浜实践

(一)红色研学旅行

红色研学旅行是依托红色旅游资源开展的游览观光、参与体验和学习研讨等旅行活动,将红色革命教育融入旅游活动之中,通过营造切身体会,激发旅游者的内在情感，实现红色革命教育的可视化、具体化，是一种新的爱国主义教育方式。

（二）沙家浜红色旅游资源

沙家浜是抗战时期重要的敌后抗日游击根据地，老一辈革命家谭震林、叶飞等在此留下了革命的足迹，2015 年入选国务院"国家级抗战纪念设施、遗址名录"。早在 1971 年，沙家浜镇（当时叫横泾公社）就开设了"沙家浜革命传统陈列室"，并举办"横泾地区抗日斗争展览"，展出由新四军老战士捐赠的手枪、《大众报》《江南》半月刊、军用水壶等，从民间征集到的铁筛、榔头、铁墩、风箱等原新四军修枪所用工具，新四军后方医院使用过的医疗器具以及曾护送过新四军伤病员的交通船只，普通老百姓捐赠的蚊帐、藤椅、棉胎等革命文物。20 世纪 80 年代初，一些新四军老战士陆续回到沙家浜，重访当年战斗过的地方。沙家浜人由此萌生了旅游开发的念头，并在景区规划中特别规划了革命传统教育区，让旅游者在参观游览的同时接受爱国主义教育。

沙家浜红色文化的主要载体是纪念馆和瞻仰广场，这也是景区的核心标志性景点。1988 年，在原陈列室的基础上当地政府建立了"沙家浜革命展览馆"。1990 年，时任全国人大常委会副委员长的叶飞同志重游沙家浜时，挥毫题写了"沙家浜革命传统教育馆"的馆名，展览馆遂于次年易名"沙家浜革命传统教育馆"。2001 年，纪念馆被正式命名为"沙家浜革命历史纪念馆"，并配套建造了碑亭和瞻仰广场。2005 年，沙家浜镇投入 2000 多万元建造沙家浜革命历史纪念馆新馆，新馆占地面积 6400 平方米，展馆面积 2400 平方米，设有"烽火沙家浜""京剧沙家浜""情系沙家浜"3 个展馆、12 个板块，紧扣"芦荡火种，鱼水情深"主题，立足苏、常、太，并延伸至整个东路抗战史，突出了沙家浜儿女在党的领导下团结抗日的斗争史迹，同时展示社会主义新时期全市各界拥政爱民、拥军优属的感人场面和"沙家浜团"的英雄业绩。纪念馆东侧的瞻仰广场占地 1.33 万平方米，以"军民鱼水情深"为主题[14]。广场中央矗立着以"郭建光""阿庆嫂"等为代表的大型革命人物主雕和象征新四军伤病员群体的 18 根柱雕，置身其中能使人感到心灵的震撼，从而起到精神激励和思想启迪的作用。在文旅融合的大背景下，沙家浜把保护和恢复好革命历史原貌和挖掘好红色文化旅游资源进行了有机结合，进一步增强爱国主义和革命精神的感染力和教育性。沙家浜革命历史纪念馆让参观者真正感受到了"历史再现后灵魂受洗礼"的震撼，自建成开放以来先后被常熟市、苏州市、江苏省命名为爱国主义教育基地，被江苏省命名为学校德育基地，被国家命名为爱国主义教育示范基地和国防教育示范基地。

沙家浜既是全国红色旅游经典景区，又是国家湿地公园。沙家浜景区以沙家浜革命历史纪念馆为基础逐步发展而成，并在同济大学等单位的规划设计下逐步合理景区布局、优化景区功能，在保持"红色基调"的前提下，充分利用湿地生态资源，走"红绿结合"发展之路，主打"民俗风情、水乡风光、田园风味"，培育了"风起芦苇荡，心动沙家浜"旅游品牌。如今的沙家浜风景区已经建设成为以沙家浜革命历史纪念馆为核心，集沙家浜国防教育园、沙家浜江南水乡影视基地、红石民俗文化村、芦苇水陆迷宫区、水生植物观赏区、美食购物休闲区等于一体的红色旅游景区，荣获全国百家红色旅游经典景区、国家 5A 级旅游景区、国家城市湿地公园、全国科普教育基地等称号[15]。此外，沙家浜景区还充分利用京剧《沙家浜》的传播效果，举办阿庆嫂民俗风情节、沙家浜红色旅游节等，获得了游客的广泛追捧。通过一系列有效举措，景区接待量稳步提升，2019 年共接待游客 212.77 万人次，自营收入超过 1.15 亿元[16]。

（三）沙家浜红色研学旅行

研学旅行和营地教育是"文旅+教育"的重要手段，瞻仰广场、廉政教育馆、禁毒教育馆、国防教育园、伤病员墓地、芦荡剧场、法与生活体验馆等都是沙家浜景区重要的参观教育景点，是党员干部、青少年和部队官兵接受爱国、爱党、党性、国防教育的理想环境，使沙家浜景区走出了一条有沙家浜特色的红色研学旅行发展之路。

沙家浜景区常态化举办各类纪念活动。2019 年，景区先后举行了"缅怀革命先烈 传承红色精神"清明祭扫活动、纪念渡江战役胜利暨苏州解放 70 周年升旗仪式、庆祝中华人民共和国成立 70 周年升旗仪式、"薪火传承沙家浜 峥嵘岁月忆江抗"庆祝新"江抗"成立 80 周年等活动，推出了"清风正气 浩荡恩来——周恩来家风图片巡展"、庆祝夏光 110 周年诞辰图片展等。

为在校学生的社会实践注入红色基因。例如，举办"绘质兰心画蓝花 百娃写生芦苇荡"儿童湿地绘画活动，为苏州大学、上海理工大学的相关课题研究提供田野。沙家浜景区积极探索开展研学旅行，开发了"红色总动员"等具有沙家浜特色的红色+科普研学课程，打造了"沙家浜红绿新学堂"等研学实践项目。项目整合了革命历史教育、素质拓展、湿地科普、水乡文化体验等资源，通过观看讲述沙家浜故事的实景剧、学习湿地水鸟知识、参与国防园军事体验项目、观看国防教育电影、做一回小小新四军等活动，寓教于乐，起到了很好的育人效果，每年接待在校学生研学旅行超 20 万人次[16]。

为党员干部的红色培训提供理想场所。沙家浜风景区依托苏南东路抗日根据地与阳澄湖地区的抗战历史资源、芦苇生态湿地资源和新农村典型资源等，将沙家浜精神——坚定不移的理想信念、坚忍不拔的奋斗精神、坚不可摧的鱼水深情、坚守不渝的清廉品质——与时代内涵相结合，于 2016 年成立了沙家浜培训中心，努力打造"红色引领、立足苏南、特色鲜明、锤炼有效"的党性现场教育基地和党员思想传播基地。由沙家浜风景区设计开发的"沙家浜精神的理论内涵与当代价值""革命人生的三次选择"等精品党课已成为省干部教育名师名课推荐课程。2019 年，沙家浜培训中心共开展培训 872 批次，参训规模达 3.2 万人次[16]。景区获评苏州"海棠花红"先锋阵地、江苏省及苏州市干部党性教育基地、苏州市统一战线传统教育基地、江苏省党史学习教育基地、江苏省党员教育实境课堂示范点等。

用高科技手段增强游客的教育体验。为了向游客现场展现革命年代沙家浜军民智斗敌伪的英雄故事和精神风貌，沙家浜风景区打造了《智斗胡司令》和《芦荡烽火》两场大型实景演出，运用高科技特效手段重现了革命战争的真实场景。例如，《芦荡烽火》在湖面演出区域内配备了特制的摩托飞艇，结合火烧、气爆、火爆、水爆等特效技术，再现了惊险刺激的战斗场面，使游客获得了身临其境的体验，有助于激发其爱国图强的赤子之情。

2017 年，沙家浜风景区入选教育部首批"全国中小学生研学实践教育基地"。当前，沙家浜风景区正由观光型景区向观光体验、休闲度假型旅游地过渡，沙家浜以红色旅游促进了地方旅游业的高质量发展，推动了文旅深度融合，形成了全域旅游的新格局。

第三节　先进文化与旅游的融合实践

本节所述之先进文化是狭义的先进文化，特指在社会主义革命和社会主义建设时期，中国共产党领导人民群众创造的灿烂辉煌的社会主义先进文化[17]，具体包括社会主义新农村建设文化和城市经济社会发展文化。

一、乡村旅游助力乡村振兴

2015 年 12 月 31 日，中共中央、国务院发布《关于落实发展新理念 加快农业现代化 实现全面小康目标的若干意见》，指出要"大力发展休闲农业和乡村旅游"。2017 年，党的十九大报告指出，"农业农村农民问题是关系国计民生的根本性问题，必须始终把解决好'三农'问题作为全党工作重中之重"，由此提出实施乡村振兴战略。2022 年，党的二十大报告要求"全面推进乡村振兴"，进一步提出"加快建设农业强国，扎实推动乡村产业、人才、文化、生态、组织振兴"。乡村旅游对乡村振兴具有重要作用，随着文旅融合发展，乡村旅游必然进入乡村文旅新时代。

（一）江苏乡村旅游发展概况

乡村文旅是指以各类乡村为背景，基于其自然、文化、历史资源而产生的对生态自然认知、遗址遗产观光、民俗生产体验等相关产品的消费活动，具有全域性、地域性、历史性和时代性特征[18]。目前江苏共有 39 个村庄入选全国乡村旅游重点村，72 个村庄入选江苏省乡村旅游重点村。在这些村庄中，主题果园、种养基地、亲子研学等传统产品不断升级，文化主题精品酒店、特色乡村民宿、非遗课堂、乡村书屋等新业态层出不穷，为游客带来全新体验的同时，更为乡村旅游高质量发展注入了活力。

江苏各地从政策文件到软硬件配套建设为乡村旅游发展提供了全面保障。江苏省文化和旅游厅联合八部门印发《关于推进乡村旅游高质量发展的指导意见》，对乡村旅游创新发展模式、增强富民效应等方面做出部署安排。常州按照《常州市文旅休闲明星城建设三年行动计划（2020—2022 年）》要求，着力打造"一村一景、一村一业、一村一韵"的常州美丽乡村体系。镇江自 2017 年起专门明确一名副市长分管乡村旅游工作，每年出台乡村旅游年度工作要点。在政策的强力推动下，常州溧阳"1 号公路"、无锡宜兴乡村风景道、盐城东台美丽农路、连云港"大桅尖路"等乡村风景廊道建成；徐州、镇江不断完善游客服务中心、停车场、厕所等乡村旅游接待设施。此外，江苏还实施了乡村旅游驻村辅导员计划，为乡村旅游发展提供人才保障，力争在 2025 年底实现"百名辅导员入驻百村"目标。

江苏各地结合自身优势努力探索各具特色的乡村文化旅游发展模式，目前，江苏各地乡村旅游产业已经形成了生态资源依托型、民俗文化依托型、田园观光休闲型、乡村民宿带动型、景区带动发展型等特色鲜明的发展模式。在首批江苏省无限定空间非遗进景区试点项目中，南京钱家渡村成功入选，这是全省唯一一家入选的乡村旅游景区。

乡村文化旅游的发展为乡村社区带来了物质和精神生活的极大改善。2020年，省级以上乡村旅游重点村吸纳直接就业 2 万人，带动就业 3.3 万人。多彩的文化活动也丰富了村民的日常生活，增进了村民间的交流，增强了村庄的凝聚力①。

---

① 高质量打造希望田野上的"诗和远方"[EB/OL]. http://www.ctnews.com.cn/paper/content/202106/11/content_66393.html[2021-12-31].

（二）黄龙岘茶文化村的典型经验

南京市江宁区立足大都市近郊的区位优势，在全面梳理区内自然、文化、历史资源的基础上，早在 2012 年便推出"世凹桃园""朱门农家""汤山七坊""石塘人家""东山香樟园"等美丽乡村代表作，时称"五朵金花"。"五朵金花"大获成功后，江宁区将其建设经验向全区推广，实施了美丽乡村"千百工程"，构建全域特色美丽乡村，全面推进乡村振兴战略，黄龙岘茶文化村就是其中的后起之秀。

黄龙岘村紧邻江宁西部生态环线①，当地农民世代种茶，村庄四周茶山、竹林环绕，景色秀美。黄龙岘人一直沿用人工开挖茶沟、除草、翻地、修剪茶树，坚持施用有机肥料，其所出产的"龙针""龙毫"两种绿茶连续多年获得省、市、区各级奖项。加之其南接汤铜公路，距南京市区 40 千米，交通便利，区位优越。2013 年，江宁交通建设集团与江宁街道在综合评估当地自然资源优势和茶产业优势的基础上，决定在黄龙岘村发展茶文化生态休闲旅游，打造以茶文化为特色的美丽乡村。黄龙岘茶文化村的成功打造，与其在开发模式、建设理念、品牌塑造等方面的创新密不可分。

1. 开发模式创新

黄龙岘村在科学借鉴"五朵金花"发展经验的基础上，广泛征求意见，经过反复论证，确定了"国企+街道+部门+群众"四方联动的开发模式。

首先，国企发挥公司化运作优势。国企江宁交通建设集团和江宁街道以 9：1 的持股比例共同出资成立黄龙岘建设开发有限公司专门进行黄龙岘茶文化村的开发和建设是乡村建设的一大创新。国企参与开发、建设在两个方面呈现出比较明显的优势。一方面，是国企高效的执行力，黄龙岘建设开发有限公司发挥江宁交通建设集团"敢想敢干、大干快干、苦干实干"的集团精神，仅用三个月的时间就将昔日的偏僻乡村打造成了江宁美丽乡村建设的示范村。另一方面，是国企先进的生产、管理和营销理念。为解决好茶没能带来好效益的问题，公司一方面从高校聘请专家指导、监管生产全过程，帮助村民进一步提升茶叶品质，另一方面以市场化的经营理念，集中收鲜叶，提高收购价格，实现了村民收入与集体资产的共同增长。

其次，街道发挥行政资源优势。为了充分调动村庄社区参与开发的积极性，江宁街道成立了开发建设领导小组，以街道行政、管理和人才资源的下沉激发

---

① 江宁西部生态环线是南京 4 条省级旅游风景道之一，从牛首山脚下的东周线开始，延伸至七仙大福村，依次串联起牛首山、云水涧文化展示中心、龙乡双范精品民宿村、黄龙岘茶文化村、石塘竹海、溪田田园综合体等景区，全长约 60 千米，由江宁旅游产业集团和江宁交通建设集团联合打造。

社区人力、物力、财力资源的投入，形成街道、村庄共建共赢的良性发展格局，从根本上推动乡村振兴。

再次，政府大力支持。黄龙岘茶文化村的开发、建设在规划定位、资金投入以及基础设施建设方面得到了区级相关政府部门的大力支持。

最后，群众主动建设。农民作为乡村的主体，是乡村建设的决定性力量，只有将村民认可转化为其内在愿望的开发、建设规划才能得以顺利实施。在黄龙岘村开发、建设初期，由于自然经济模式下形成的保守心态，以及对未来的不确定，村民普遍处于观望状态，不愿意配合改造。针对这一情况，公司主动就景区开发、建设和管理等规划先后召开三次村民代表大会、两次村民座谈会，广泛宣传、解释相关规划，征求村民意见，形成了符合村庄发展实际和村民发展愿望的建设和管理模式。通过前期的宣传沟通，以及黄龙岘村在开发后显现出的实际经济效益，村民们逐渐从乡村改造的被动接受者变成主动建设者，真正实现了乡村建设外部助力与内生动力的有机结合。

2. 建设理念转变

将与村民基本生活质量密切相关的道路畅通、垃圾处理、河塘疏浚等基础设施的改善和建设放在优先位置。按照规划对村庄公共区域进行景观增绿，统一对村居进行景观化、生态化改造，免费提供果树、茶苗等供村民在自留地或房前屋后栽种，实现"农村环境田园化"。在建设中，改变过去大拆大建的做法，村庄内的房屋只要不是危房、不破坏观景，能保留的尽量保留，尽可能对房屋进行修复，减少新建，最大限度地保持村庄的原始风貌。

采用"以奖代补"的方式引导和鼓励农户根据实际情况开展文化旅游经营活动，对按公司规定申请经营且通过验收的农户分别给予 2 万～3 万元的现金奖励，这一措施既调动了农户参与经营的积极性，又分担了其资金投入的风险。建立经营户短信互动平台，及时了解其经营状况并开展有针对性的指导，定期组织经营户赴先进地区参观学习、开展厨艺比赛等一系列帮扶活动，努力实现村庄服务业的多样化、差别化、特色化发展。

3. 文化品牌塑造

黄龙岘村在建设改造过程中坚持因地制宜，打造地域特色，重点培育"黄龙岘茶"特色文化品牌，通过发展特色优势产业改善当地农业产业结构，通过茶叶生产、景观打造、文化宣传、景区管理"四位一体"打造特色美丽乡村。

黄龙岘村以茶叶产业链构筑为基础，成立茶业合作社，对全村所有茶园进行统一规划管理。借助南京农业大学茶叶科学研究所的科研力量，对"龙针""龙毫"的种植区域进行严格划分。建立黄龙岘茶种、管、养、采、炒"一条龙"标准化体系，转变茶农生产方式，优化茶叶生产模式，不断提升茶叶产量和品质，提高茶产品附加值。

黄龙岘村在自然环境修复、保护和村庄环境整治的基础上，重点挖掘当地历史文化典故，努力实现村庄功能性与观赏性、历史人文风貌与自然生态景观和谐统一。打造了千亩茶园观光道、茶文化风情街道、千年古官道、仙竹林荫道以及诗画黄龙潭"四道一潭"茶文化景观。黄龙岘村对山路、茶道进行修缮、改造与艺术设计，为游客创造了零距离接触茶与竹的自然生态空间，充分彰显了黄龙岘村的文化旅游魅力。黄龙岘村在保持原有生态的基础上，按照星级旅游村的标准，不断完善村庄软、硬件设施。制作了旅游指示系统；配备了 30余辆观光自行车以及 6 辆观光电车；开通了游 3 路旅游专线，实现连通南京主城区的"无缝"换乘；10 处木质售货小站也已投入运营。

黄龙岘村努力扩大茶文化宣传。不但在村庄内建设茶叶研发中心和茶文化博物馆，引入宜兴紫砂茶具制作工艺进行现场展示，还广泛运用现代化的宣传手段，制作宣传片在电视台循环播放，扩大了黄龙岘茶在南京、江苏的影响。

经过几年的发展，在国企、社区、农户的共同努力下，黄龙岘村在产业结构、经济收入和基础设施等方面都发生了翻天覆地的变化。

（1）从产业结构来看，2013 年以前，黄龙岘村以第一产业为主，村民依靠种植水稻、茶叶等经济作物作为其主要的生计方式；黄龙岘作为茶文化村开放旅游后，第三产业得到了迅速发展，农家乐、茶馆、客栈等文旅产业成为村庄新的产业支撑。

（2）从村民个人的就业和收入来看，特色村打造前，村民人均年收入约 1.45万元，其中经营性收入人均约为 5000 元，约 62% 的青年村民外出打工；特色村建成后，村民人均年收入大幅增加，外出打工人员纷纷返乡就业、创业，青年村民外出打工的比例下降至 33.3%。从集体经济发展来看，特色村打造前，该村只有一个茶叶合作社，集体经济效益 946 万元；特色村建成后，村内有茶叶合作社、农家乐行业协会、黄龙岘建设开发有限公司 3 个集体经济组织，集体经济效益达到 1511 万元，增幅达 59.7%。

（3）从基础设施与公共服务来看，以前的黄龙岘村垃圾满地、私搭乱建、公共设施缺乏。通过环境整治、绿化和美化，街道铺设了小青砖、增设了路灯；村中心的空地建成了休闲小广场，配上了木椅木凳、健身器材，供村民、游人休息和使用；原来村庄中心的主干道被打造成了茶文化一条街。农户们真正享受到了城市化的生活服务，实现了农民生活方式的城市化。可见，乡村文旅不仅是乡村振兴的重要手段，也可能成为新型城镇化的重要路径。

凭借浓厚的地方文化特色和形式多样的文旅活动，黄龙岘村的知名度、美誉度和接待量逐年攀升，最高峰日游客量达 5 万人次。2019 年，黄龙岘茶文化村入选首批全国乡村旅游重点村名录。2020 年，黄龙岘茶文化村再次获评"长三角文旅特色美丽乡村"，是江苏省唯一上榜的美丽乡村。文旅融合发展使黄龙岘村真正实现了环境增优、资源增值、农户增收、企业增效、政府增誉。

二、文化和旅游消费城市建设的苏州实践

城市是文化经济最活跃的空间，城市人口是文化旅游最主要的消费群体。旅游业作为五大幸福产业之首，其文旅融合不仅仅是一个产业问题，同时更是一个城市问题。将文旅融合置于生产性城市向消费性城市转化的发展规律之中，将其视为一种先进的城市发展方式，使其发展与城市建设深度融合、高度协同是文旅融合应承担的更大使命[19]。2018 年，在《中共中央　国务院关于完善促进消费体制机制　进一步激发居民消费潜力的若干意见》（中发〔2018〕32 号）中，文化和旅游消费被列为重点任务；2019 年，《国务院办公厅关于进一步激发文化和旅游消费潜力的意见》（国办发〔2019〕41 号）首次在国家层面对文化和旅游消费做出专门部署；2020 年，《关于促进消费扩容提质　加快形成强大国内市场的实施意见》（发改就业〔2020〕293 号）提出"重点推进文旅休闲消费提质升级"。为进一步发挥示范引领作用，推动全省文化和旅游消费扩容提质，2022 年 8 月 30 日，江苏省文化和旅游厅、江苏省发展和改革委员会、江苏省财政厅公布南京市玄武区等 15 个单位为首批江苏省文化和旅游消费示范单位，11 月 29 日，公布徐州市泉山区等 9 个单位为第二批江苏省文化和旅游消费示范单位。

在国家关于消费城市建设的意见指导下，苏州在打造"国家文化和旅游消费示范城市"的实践中，在提升市民文化和旅游消费水平、提高文化和旅游消费对经济发展的贡献度、持续增强人民群众的幸福感方面取得了很多值得推广的经验，也为我国城市产业从工业制造业向文化服务业、城市消费从物质消费向文化消费转化做出了有益尝试。苏州文化和旅游消费城市建设的具体经验如下。

（一）深化产业融合发展

1. 文化产业园区建设

苏州通过多种形式招商，目前已建成多个各具特色的省级重点文化产业示范园区，如由工业遗迹——原苏州二叶制药有限公司老厂房改造而成的姑苏·69 阁文化创意产业园，引入文化生活馆、名人艺术创作及展示中心等打造的李公堤文创街区，以及拥有"水乡周庄""万船娘"等多个知名文化品牌的昆山文创园等。其中，昆山文创园不仅打造了 5A 级景区周庄，还以古镇旅游为核心向周边辐射，形成了一条集食、宿、行、游、购、娱于一体的文化休闲产业链，并牵头开展了江南水乡古镇的联合申遗。

2. 文化旅游演艺发展

苏州利用丰厚的文化底蕴,积极打造中小型、主题性、特色类旅游演艺产品,引导旅游景区、度假区、旅游风情小镇等规划建设小剧场,推出实景演艺项目。目前已培育出"姑苏小剧场"旅游演艺品牌,计划每年至少新推出 10 场包括昆曲、评弹、歌舞等在内的特色演出剧目,致力于将苏州打造成为"百戏之城"。同时,苏州还通过实景演出将昆曲和园林这两个最具苏州特色的文化符号有机结合,演于沧浪亭的园林版昆曲《浮生六记》是国内首个沉浸式戏曲表演,也是"一部戏看苏州双遗"——世界文化遗产沧浪亭和非物质文化遗产昆曲的精品文旅演出,已成为苏州物质和非物质文化遗产结合展演的标杆,在"夜游经济""文旅融合""非遗创新"三个方面成为全国样本。

3. 文化遗产旅游开发

在文化遗产保护的基础上,苏州积极优化文化遗产地和文博场馆的旅游功能,努力开发更受市场欢迎、更具苏州特色的文化遗产旅游产品。例如,围绕国家级非物质文化遗产苏州端午,苏州在盘门景区举行端午民俗文化节,围绕"吴地端午 云游江南"这一主题,举行云游盘门、云游姑苏、云游四海、云游天下四大线下、线上活动;"流动的博物馆"旅游专线是国内首创的博物馆专题文旅产品,该产品将"苏州好行"美食观光巴士变身成为"流动的博物馆",把苏州博物馆、苏州丝绸博物馆、苏州御窑金砖博物馆等串联成线,不仅有专业讲解、博物馆视频导赏和文创展示,还提供博物馆主题特色茶点,让游客在"私人订制"般的文博游览体验中感受苏州文化;"博博生机——博物季"围绕"文博全体验"积极造节,让博物场景、知识输出和文创消费更有仪式感,带动了大众文旅消费的热潮。

4. 打造"一站式"文旅营地

苏州市相城阳澄湖旅游集散中心由著名日本建筑师隈研吾设计,自 2018 年投入使用以来,集散中心共接待游客约 100 万人次。2019 年,集散中心获凡尔赛"全球最美客运站"奖,成为苏州文化旅游的新地标。集散中心将苏州图书馆分馆、苏州市华侨文化交流基地、阳澄湖度假区新时代讲习所、未成年人文明礼仪养成教育实践基地等文化和旅游资源有机整合,是充分考虑了文旅多功能性的体现。在此基础上,还将进一步建设阳澄湖度假区规划馆、文旅融合现场教学点、"长三角区域一体化发展"智库联盟(苏州)站点等,打造标杆级的"一站式"文旅营地①。

---

① 文旅功能融合试点我苏 5 家入选,可游可居打造最美空间[EB/OL]. http://tour.jschina.com.cn/wl/202005/t20200509_2547242.shtml[2019-12-31].

（二）鼓励业态多元创新

1. 发展研学旅游

苏州是国内最早试点中小学研学旅行的城市，2014 年苏州市教育局印发《2014 年中小学生研学旅行试点工作计划》，2017 年《苏州市教育局等 11 部门关于进一步规范组织中小学生研学旅行等社会实践活动的意见》明确了义务教育阶段 4～8 年级、高中阶段 1～2 年级可以用研学旅行的方式开展社会实践。苏州各类教育机构、旅行社主动适应发展需求，不断推出各类研学旅行产品，经过几年的发展，苏州研学旅行形成了由政府、景区、企业"三驾马车"共同拉动的多个口碑较好的品牌。

（1）政府牵头。"常塾·研学堂"。作为全国首批国家历史文化名城，常熟的文旅资源十分丰富，发展研学旅行的条件得天独厚。2016 年，常熟支塘镇蒋巷村成为首批江苏省研学旅游示范基地；2017 年，沙家浜景区入选教育部第一批"全国中小学生研学实践教育基地"。基于此，常熟市旅游局着手打造"道启东南 天下常塾——常塾·研学堂"研学旅游品牌，围绕江南国学、科普教育、江南耕读、江南手作、户外体验五大主题，推出虞山文化研学、名人名园研学等产品，并在全市范围内梳理出 100 多个研学参观点。2019 年，常熟市旅游局联合教育局等单位举办首届"常塾·研学堂'第二课堂'方案征集大赛"，评选出首批 16 门精品课程推广试点。目前，常熟研学游已辐射当地 12 万中小学生，还吸引了来自安徽、上海等周边省市的学生参与。

（2）景区主导。木渎研学游。早在 2007 年木渎景区就推出了研学体验旅游产品"我到木渎考状元"，受到游客欢迎，此后木渎景区又先后推出"我行我绣"和"爱祖国 爱家乡"两个研学旅游产品，形成三足鼎立的研学旅游产品体系。2017 年，木渎景区获江苏省"研学游"教育基地称号，截至 2018 年 10 月，木渎研学旅行项目接待突破 3 万人次。

（3）政府搭台企业唱戏。苏州古城研学之旅。苏州古城研学之旅由姑苏区古城保护委员会和初见书房承办，由"苏州小孩爱古城"和"苏州小孩懂园林"两部分构成，以场景化演绎和手工制作体验等方式培养苏州小孩保护古城的主人翁意识，从小培养热爱家乡的乡土观念。2018 年，苏州古城研学之旅获苏州旅游十大创新产品称号，这也是研学旅行产品首次出现在苏州旅游十大创新产品中。

（4）政企共建。吴文化主题研学旅行产品。自 2016 年始，苏州小鸟旅行社与太旅集团合作，依托太湖及周边古镇资源，结合园博园的户外体育营地，以"旅游+体育+文化"为主线，开展以吴文化为主题的研学旅行项目。政府为旅行社提供场地和基本安全保障，旅行社则尽可能地挖掘环太湖研学资源，开发成研学旅行产品，推向市场实现共赢。

2. 发展乡村旅游

苏州积极推进乡村旅游重点村建设，以首批江苏省乡村旅游重点村昆山市金华村为例，该村位于昆山市张浦镇北侧、吴淞江南岸，村域面积 3.4 平方千米，有农户 1003 户 4150 人，是以"苗木+果林+荷塘+农田"为特色的田园乡村，先后荣获全国文明村、中国美丽宜居示范村、江苏省社会主义新农村建设先进村、省生态村、省三星级康居乡村等 200 多项荣誉称号。

截至 2020 年，金华村已建成 230 亩薰衣草花海、50 亩连片桃园等生态景观和书画艺术主题特色民宿等休闲度假接待设施，并通过对传统公共服务设施进行升级改造建成金华村史馆、田园大讲堂、田园市集、田园村厨、"十里香"特色乡土主题餐厅等，能满足会务、茶歇、餐饮、文化娱乐等的需要①。村内旅游标识完善，停车场地平整，旅游线路设计合理、特色鲜明，消防、卫生、安监等设施完善。还定期举办"金华乡村美食文化节""金华花海节"等特色节庆活动，并与上海书画院合作，开展书画艺术交流、主题写生、书画培训、摄影采风等活动。

3. 发展旅游民宿

苏州积极推动旅游民宿标准化、规范化、特色化发展，强化星级旅游民宿品牌建设。在苏州市吴中区涌现出了篱尘、林屋小筑、虚舍、半山·艺、乡根、筱驻山塘等精品民宿，发展形成东山陆巷、三山岛、金庭明月湾、临湖柳舍、越溪旺山等多个民宿集聚区②。

（三）搭建智慧文旅平台

苏州努力搭建智慧文旅平台，全面整合资源和产业打造在线文旅超市，推动供给与需求精准对接，为来苏游客提供"一站式"服务——"苏州旅游总入口"，通过"多业融合、全域联动"推动苏州旅游业转型升级③。

"苏州旅游总入口"是苏州市文化和旅游局打造的全国首个旅游目的地服务平台，该平台将苏州全域文化和旅游资源整合其中，通过微信公众号、小程

---

① 江苏 22 个村入选首批省级乡村旅游重点村[EB/OL]. https://baijiahao.baidu.com/s?id=164760985789 0695295&wfr=spider&for=pc[2019-12-31].

② 苏州吴中：培育品牌精品民宿 打造品质文化旅游[EB/OL]. https://www.sohu.com/a/260383900_768 668[2019-12-31].

③ 省政府办公厅关于促进文化和旅游消费若干措施的通知[EB/OL]. http://www.jiangsu.gov.cn/art/2020/ 4/1/art_64797_9030730.html[2019-12-31].

序、APP 和网站等方式形成集分时预约、信息查询、产品订购、评价投诉等于一体的一站式线上服务平台。"苏州旅游总入口"与 12306 APP 和移动运营商合作,向购买至苏州铁路车票的旅客和到达苏州古城的外地游客发送公益短信,推广"总入口",引导广大游客、市民购买正规渠道的旅游产品。

自 2017 年 11 月上线以来,"总入口"微信端存留粉丝数达 102 万,手机注册用户达 175 万。基于"总入口"形成的云数据中心可对游客的属性、行为等数据进行分析,形成"大数据"业务决策能力。旅游产品单日最大销售金额突破 150 万元,单月最大销售金额突破 1000 万元,线上商城销售额累计约 7100 万元①。

（四）繁荣夜经济

苏州出台了《进一步激发文化和旅游消费潜力 创建国家文化和旅游消费示范城市行动方案》和《关于加快苏州夜间经济发展的实施意见》,积极开发常态化、特色化夜间文旅体验项目,打造夜间文旅品牌。主要措施包括鼓励博物馆、美术馆等延长开放时间,引导 24 小时书店、深夜电影院等有序健康发展,丰富文化和旅游活动场所的夜间餐饮、购物和演艺等产品供给,打造一批夜间文旅消费网红打卡地等。

姑苏区着力打造"姑苏八点半"夜经济品牌,大力发展以"观前街——平江路""山塘街——石路""南门——盘门""环护城河"水上观光带为核心的夜经济区,围绕夜"秀"、夜游、夜食、夜购、夜娱、夜宿六大主题,以"夜魔方"的概念打造多种组合、多种选择的夜经济产品,为苏州经济社会发展注入新动能②。结合"姑苏八点半"活动,以苏州博物馆、拙政园为代表的一批文博、园林单位以及一些文创企业还在苏州博物馆进行直播,现场展示、销售各具特色的文创产品。通过直播,由传统工艺开发而成的现代文创产品以数字化的形式传播到万千网友面前,传统文化真正地跟现代生活融为一体。此外,依托"姑苏八点半"夜经济品牌,苏州还面向全球以"夜经济标杆项目""夜经济创新项目""夜经济金融合作项目"为平台签约企业 20 家。"姑苏八点半"正通过工业园区、高新区、吴中区、张家港、常熟、昆山、太仓等地的协同呼应成为苏州全域旅游和夜经济的拳头产品。

---

① 江苏 4 个智慧文旅项目入选全国信息化发展典型[EB/OL]. https://baijiahao.baidu.com/s?id=166983762
1081524488&wfr=spider&for=pc[2019-12-31].

② 促进文化和旅游消费,各地这样疫后复"苏"[EB/OL]. https://tour.jschina.com.cn/wl/202004/t20200416_
2531240.shtml[2019-12-31].

参 考 文 献

[1] 肖前. 马克思主义哲学原理下[M]. 北京: 中国人民大学出版社, 1994.

[2] 马波, 张越. 文旅融合四象限模型及其应用[J]. 旅游学刊, 2020, 35(5): 15-21.

[3] 贾鸿雁. 旅游在城市文化遗产保护中的作用与局限: 以南京甘熙宅第为例[J]. 江西财经大学学报, 2009(2): 117-120.

[4] 国家文物局博物馆司. 博物馆工作手册[M]. 北京: 华龄出版社, 2007.

[5] 杨振之. 旅游资源开发[M]. 成都: 四川人民出版社, 1996.

[6] 孙乐, 景明. 2018 南京秦淮灯会亮灯 发布 31 年灯会大数据[EB/OL]. http://js.cnr.cn/2011jsfw/rdcj/20180212/t20180212_524133149.shtml[2019-12-31].

[7] 杨宇轩. 游客满意视角下的旅游节庆活动开发: 以秦淮灯会为例[J]. 大众文艺, 2019(8): 247-248.

[8] 中国旅游研究院文化旅游研究基地, 河南文化旅游研究院. 中国文化旅游发展报告 2019-2020[M]. 北京: 中国旅游出版社, 2021.

[9] 吴娜. 社会主义核心价值观引领红色文化创新发展研究[D]. 南昌: 南昌大学, 2020.

[10] 颜敏. 江苏红色旅游区域合作探析[J]. 特区经济, 2010(9): 143-145.

[11] 孟国忠. 江苏红色文化的形态与时代价值[J]. 佳木斯职业学院学报, 2016, 163(6): 90-91.

[12] 黄署生. 红色旅游看江苏[J]. 中国老区建设, 2006(5): 51.

[13] 史绪. 句容茅山休闲农业与红色旅游资源的整合与开发: 以句容茅山红色旅游观光农业基地为例[D]. 南京: 南京农业大学, 2015.

[14] 曹浩亮, 徐国清. 一方革命热土 红色旅游胜地: 常熟沙家浜[J]. 民主, 2010 (7): 39-41.

[15] 许莲. 常熟历史文化资源与旅游开发研究[D]. 桂林: 广西师范大学, 2006.

[16] 国家发展改革委社会发展司. 高质量推动红色旅游创新发展: 沙家浜景区红色旅游发展典型案例[J]. 宏观经济管理, 2021(1): 93.

[17] 问青松. 革命文化和社会主义先进文化中清正廉洁价值观之要素及源流[J]. 学校党建与思想教育, 2020(4): 25-27.

[18] 孙以栋, 俞强. 长三角地区乡村文旅融合高质量发展策略[J]. 江苏行政学院学报, 2020(5): 36-41, 48.

[19] 刘士林. 以消费城市为中心促进文旅融合发展[J]. 人民论坛·学术前沿, 2019(11): 50-55.

第十章　文化和旅游融合人才培养探索与江苏实践

文化和旅游产业融合、高质发展，人才培养是其中的关键动力和根本保障。文旅融合时代的发展模式创新、管理创新、服务创新和应用技术创新，需要大批文旅复合型、创新型人才。在文旅融合背景下，为适应文化和旅游行业发展新要求，我国旅游教育在发展过程中必须思考至少三大问题：①人才培养基础如何？②培养何种人才？③如何培养人才？带着对这些问题的思考，本章首先分析当下人才培养的现状、机遇与挑战，从而审视与反思文旅融合人才培养的基础性问题；而后基于人才培养的理念构建、应对路径视角，剖析在文旅融合人才培养的方向性问题上如何进行突破并获得实现；最后，选取江苏省不同类型高校，在不同层次人才培养中的现实实践作为案例对象，进行分析与讨论，以期为江苏文旅融合人才的高质量培养与发展提供理论与实践探索依据。

第一节　文旅融合人才培养基础：审视与反思

一、文旅融合人才培养的现状

（一）囿于"小旅游"的旅游人才培养

《国家中长期人才发展规划纲要（2010—2020）》将人才界定为："具有一定的专业知识或专门技能，进行创造性劳动并对社会作出贡献的人，是人力资源中能力和素质较高的劳动者"。方法林等[1]则将旅游人才定义为"具有一定的旅游专业知识或专门技能，能够胜任其所在旅游岗位能力要求，进行创造性劳动并对旅游企业发展作出贡献的人"。从人才和旅游人才的定义不难看出，人才的概念囿于各个专业领域，旅游人才也主要从业于"小旅游"这一行业框架，这也是因为旅游及旅游活动所对应和指向的行业是相对清晰的，包括提供旅游产品和从事旅游服务的大中小旅游企业，如景区、旅行社、饭店等，以及从事旅游规划或政策制订的各个旅游管理部门等。

自改革开放以来，人才始终是支撑我国旅游产业发展的重要力量，而旅游人才的培养也始终是我国传统旅游教育的重要工作。纵观我国旅游人才培养历程的变化，正是受到我国旅游产业发展和高等教育强国建设两个重要因素的影响，具体历程大致可以分为三个阶段。

第一阶段，时间为1979～1998年。1979年上海旅游高等专科学校的成立，是我国高等旅游专业人才教育的开端，在这20年间，得益于改革开放，我国社会经济开始迅速发展，尤其是20世纪90年代，我国现代旅游业快速增长，旅游中高等院校积极响应产业需求。以1991年为例，我国旅游中高等院校及开设旅游专业的普通高等院校共266所。其中高等院校68所，中专20所。职业中学178所。在校学生共计58141人，其中高等院校7567人，中专3701人，职业中学46873人[2]，这些院校为我国旅游产业的发展培养了早期的行业精英。

第二阶段，时间为1999～2015年。1999年起，我国开始实施高校扩招，同时旅游产业高速发展，我国旅游教育招生规模随之增加，并逐步跃居世界第一，同时形成了本科、研究生、高职高专、中等职业教育4个层次的培养体系建设。至2015年，全国共有1610所普通高等旅游院校招收旅游管理类学生，其中有146所高校（院所）具有旅游管理专业（或相关方向）硕士招生资格，115所高校具有旅游管理专业（或相关方向）博士学位授予点。旅游中职教育共有学校789所，招生人数9.3万人。从人才培养结构上看，2015年全国旅游专业研究生（含博硕士、专业硕士等）与本科生、高职高专、中等职业教育的招生人数比为1∶24.49∶48.85∶40.95，基本呈底部收缩的金字塔结构[3]。

第三阶段，时间为2016年至今，以2015年11月《国务院关于印发统筹推进建设世界一流大学和一流学科建设总体方案的通知》为标志，将原有的"985工程""211工程"等重点建设项目，统一纳入世界一流大学和一流学科建设，这也标志着原有高等教育资源上的"马太效应"被遏制，各个高等院校和学科专业面临着新一次的"洗牌"。在"双一流"建设背景下，我国旅游人才培养也进入了提质转型阶段，旅游相关专业开始重视特色化与差异化发展，尤其是2019年，教育部开始启动一流本科专业的"双万计划"，这一特征更加显著[4]。

（二）专注文化产业发展的文化人才培养

从人才培养的角度来看，早期文化人才的培养与旅游产业并没有直接的联系。改革开放以来，文化人才的培养集中在艺术类高校、高中职院校等；文化人才的主要市场需求集中在文化行业，大中专毕业生进入以文化行政部门及事业单位为主，主要从事财政支持的公共文化服务业务，绝大部分人员及其业务与旅游领域没有太多关系。这些"体制内"人员的在职培训以文化文物系统内部的政策学习、文化业务技能培训为主，也不涉及旅游业务培训内容[5]。

21世纪以来，我国文化产业快速发展，但2010年前后，学界对于文化产业就业水平的总体判断发生了显著转变，认为2010年之后"文化产业人才匮乏"

成为主要矛盾，这说明我国文化产业人才的培养与相关领域的需求存在严重脱节[6]。对文化产业来说，人才是制约中国文化事业繁荣发展与文化产业提质增效的重要因素，据不完全统计，目前全国有100多所大学拥有艺术类单独招生资格，培养文化艺术的专门人才；有300多所大学开设有文化产业管理、公共事业管理、艺术管理等本科专业，培养涉及文学、艺术学、传播学、管理学等毕业生；不足3所大学开办了国际文化交流、国际文化贸易专业。

党的二十大报告指出要"完善人才战略布局，坚持各方面人才一起抓"，这意味着急需培养和储备多层次、多学科、多样性的文化事业及文化产业人才。并且，随着我国社会主义进入新时代，文化事业和文化产业的发展不再仅仅是文化领域自身发展的问题，人才培养也不仅仅是教育自身发展的问题。要打通教育体系人才供给与中国社会经济发展需要之间的鸿沟，贯彻新发展理念，厘清文化事业与文化产业发展客观属性，从文化创作孵化、文化艺术生产、文化经纪、文化组织管理、文化贸易与交流、文化传承与保护等文化事业与文化产业的实际出发，贯通人才培养与成才的全过程[7]。

综上可以看出，从人才培养的现状看文化和旅游的融合问题，两者最初的关系并不紧密，甚至在旅游产业和文化产业发展的各自领域内，人才培养似乎都能找到进一步深入发展的方向。但是，事实上，文化和旅游市场早已发生实质性的联系，尤其是以旅游演艺、城市主题公园、文旅小镇、主题酒店、博物馆旅游等为代表的文化旅游成为新时期旅游业发展的重要力量。新时期文化和旅游的融合性特征日益凸显，这就倒逼普通中高等院校的旅游及文化相关专业必须反思人才培养实效与市场需求的不匹配问题，并为此做出改革。

二、文旅融合人才培养的机遇

（一）文旅融合为旅游人才"+文化"培养提供新动能

2009年，《文化部 国家旅游局关于促进文化与旅游结合发展的指导意见》的发布标志着政策层开始推动文化产业与旅游产业融合，文化和旅游人才培养融合。该意见明确提出积极培育文化旅游人才，联合编制文化旅游人才培训规划，确立一批文化旅游实践基地和文化旅游人才培养院系（专业），加强文化旅游人才培训。同年12月，《国务院关于加快发展旅游业发展的意见》明确把提升文化内涵贯穿到旅游各环节和旅游业发展全过程。2018年，国务院组建文化和旅游部并明确指出其目标是"增强和彰显文化自信，提高国家文化软实力，推动中华文化传播和革命精神传承。"2019年，《文化和旅游部关于促进旅游演艺发展的指导意见》提出"发挥旅游演艺作为文化和旅游融合发展的载体作用"，在价值理念、目标导向、实施路径等方面都体现出文化与旅游有机融合的精神[8]。2021年，文化和旅游部发布《"十四五"文化和旅游发展规划》，提出"要求坚持以文塑旅、以旅彰文，推进文化和旅游融合发展"。

事实上，文化始终是旅游的灵魂，旅游一直以来也是文化的重要载体。所有的旅游吸引物，无论是自然的、历史的、有形的，抑或是人文的、现代的、无形的，都具有文化的属性和特征。正是文化的地域差异，形成了游客对目的地的最初向往。而对于那些根植于特定地方、特定人群中的礼仪民俗、风土人情、生活习惯、特色美食、语言表达、物质景观等，只有通过来自不同地域的游客，才能将这些特定时空中的文化传播出去，并与其他地方的文化产生碰撞，塑造新的文化。如此往复，文化得以传播、传承与发展。

但是，因为片面追求经济收益，忽略了对文化内涵的挖掘、塑造与旅游化表达，使传统旅游停留在浅层次的观光游览，并在游客心中形成了"上车睡觉、下车撒尿、走到景点拍拍照"的刻板印象。经济发展阶段性规律表明，在工业化后期和后工业化社会，身心健康与精神文化成为人民对美好生活需要的主要诉求。通过旅游，人们开阔视野、陶冶情操、增进交流，尤其是观赏博物馆、美术馆、科技馆、文化中心、主题公园、红色旅游景区、历史文化街区、观看旅游演艺、体验非遗等，越来越成为中国都市人喜爱的旅游体验项目。通过旅游，优秀文化得以传承，国家记忆得以建构，游客的文化素养得以提升，进而国家认同感和民族凝聚力也得以进一步增强。旅游与文化在旅游全产业链中的充分、深度融合，丰富旅游发展的文化内涵，才能为游客提供更好的旅游产品，并逐步改变传统"走马观花"式的旅游体验，为提升国民文化素质、助力传播中国形象、发展旅游强国发挥作用。

可以说，文旅融合政策的推动、旅游市场文旅融合的必然趋势，为新时代旅游管理人才培养充分"+文化"提出了明确的需求和要求，突破了囿于"小旅游"框架发展的狭隘基础，为新时代"旅游+文化"人才培养提供了新动能。

（二）现代科技革命为新型旅游人才高质量培养提供助力

"十四五"时期，文旅融合的实践将进入实质阶段，"十四五"将成为实打实的文旅融合新时代，但文旅融合绝不仅仅是简单的旅游文化化或文化旅游化。一二三产业融合的推动，为文旅融合发展提供更多新场景，农旅、商旅、康旅、体育旅游、工业旅游、研学旅游新业态不断涌现，使得传统旅游六要素拓展了"商、养、学、闲、情、奇"新要素，旅游专业化细分和市场细分程度不断加深，这就要求文化和旅游本着"宜融则融，能融尽融"的原则，从新业态、新场景、新体验等方面不断创新和升级优质旅游产品。

正是由于新业态下的旅游业在经营内容、经营方式、技术手段上，都与传统旅游业有本质的不同，这就要求未来的旅游人才培养向文旅复合型人才培养发展的基础上，适应新业态的变化与要求。目前而言，互联网已经成为大众依赖的高效沟通媒介，移动消费与支付颠覆了传统的商业模式；大数据、云计算、物联网等技术的应用显著加速了我国旅游业标准化、品质化、智能化的进程；可以预见，在"十四五"期间，现代科学技术的变革与快速发展将对文旅产业的生产方式、新产品形态、消费模式、营销模式，以及管理模式等带来全方位的变革。因此，未来的旅游业人才除了需要掌握旅游业最基本的专业知识，还需要具有将旅游及其他资源整合在一起，开发符合客户需求的旅游产品的设计开发能力，满足个性化、品质化、情感化等服务需求[9]。旅游业人才除了要有在策划、设计、产品、营销等方面的创新创意能力外，还需要具有互联网运用、收集与处理一定的数据信息的能力。这些需求传导至旅游管理专业的人才培养体系中，既是一种倒逼，更是一种助力，推动旅游管理专业的人才培养的模式、内容、形式、知识结构等均须与时俱进，培养既懂旅游专业知识又懂文化专业知识，既有理论素养又通现代科技的复合型人才，实现人才培养的"旅游+文化+科技"高质量发展之路。

三、文旅融合人才培养面临的挑战

（一）旅游教育国际化发展环境复杂多变

改革开放以来的 40 余年，我国旅游产业快速发展，并深度融入了全球化体系。1978 年全年入境旅游人数为 180.72 万人次，至 2019 年全年达 14531 万人次，翻了 80 倍。我国最早的出境游是 1983 年 11 月 15 日，第一批内地公民共 25 人从广州出发前往香港旅游探亲，2019 年我国出境旅游人数已达 15463 万人次，与 1983 年相比有天壤之别[10]。出入境旅游业的飞速发展，为我国旅游教育及其国际化发展带来了积极影响。但是，随着全球化形势的不确定性风险增加，无论是全球旅游人口的流动，还是旅游资本的流动，都将面临极大的不确定性，这就导致未来的文旅融合型人才培养及其国际化发展将在复杂的国际环境中持续。

（二）文旅融合人才培养理论研究较为薄弱

人才培养的教学改革与学术研究对探索和指导人才培养实践、总结人才培养经验等具有重要的理论和现实价值。以中国期刊网为检索源，发表时间设置为 1993 年 5 月 1 日至 2020 年 12 月 9 日，以"旅游管理"和"人才培养"为主题检索，共有 4018 篇论文；以"酒店管理"和"人才培养"为主题检索，共2636 篇论文；以"文化产业"和"人才培养"为主题检索，共 2731 篇论文；

而以"文旅融合"和"人才培养"为主题检索，仅有 54 篇期刊论文。从图 10-1 可见，近年相关论文发表的数量呈现陡升现象，尤其在 2019 年、2020 年成果数量增长迅速，尽管如此，文旅融合人才培养的理论研究成果仍显匮乏。

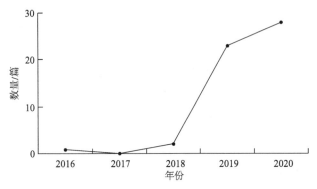

图 10-1　2016～2020 年文旅融合人才培养相关论文数量变化

（三）旅游学科边界拓展与体系构建不同步

我国第一代旅游研究者多是从其他学科"跨越"进入旅游研究领域的，使得我国各高校的旅游管理专业发展所依托的学科背景各有差异，有的依托地理学，有的依托管理学，有的依托历史学，有的依托经济学等；也导致早期的旅游学研究需要大量借鉴地理学、管理学、历史学、经济学等一级学科的知识，来审视和研究旅游领域的问题[11]。随着旅游产业的发展，旅游现象和问题日趋复杂，越来越多的学科视角融入到旅游领域，如社会学、伦理学、生态学、景观学、美学、人类学等。尤其是在我国文化和旅游融合的时代趋势下，旅游学科的边界日益拓展，旅游研究的成果日益丰富、多样化。

然而，在具体的学科体系分类当中，虽然国内有很多学者明确提出旅游学科成熟度的诸多要素越来越饱满[12]，旅游已成为具有一定的共同理论基础及研究领域相对一致的学科集合[13]，但总体来看，学界基本上倾向于认为旅游正朝着一级学科的方向发展，却尚不足以成为一门学科或者最多只能算是"前学科"[14]。旅游教育依赖学科建设才能不断提升，但也正是由于目前的旅游学科体系发展仍不够成熟，大家对旅游学科的概念体系与研究对象的认识就存有差异，进一步导致各个高校往往根据行业分类而不是知识结构来进行课程与专业设置，从而无法保障高质量旅游人才培养实效。

（四）旅游管理专业地位与大众认知存有分歧

目前，中国香港地区，以及韩国、美国、英国、法国等国家的高等院校已经形成较为完整的、涉及学士、硕士、博士 3 个层次的旅游管理专业人才培养方案。2017 年全国开设旅游管理类本科专业（主要包括旅游管理、酒店管理和会展经济与管理等 3 个专业）的普通高等院校有 608 所，开设旅游管理类高职专业（主要包括旅游管理、导游、旅行社经营管理、景区开发与管理、酒店管理、休闲服务与管理和会展策划与管理等 7 个专业）的普通高等院校有 1086 所，开设旅游相关专业（主要包括高星级饭店运营与管理、旅游服务与管理、旅游外语、导游服务、会展服务与管理等 5 个专业）的中等职业学校有 947 所[15]。专业数量的快速增加表明旅游管理专业的地位在全球范围内得以提升。尤其是在 2012 年颁布的《普通高等学校本科专业目录》中，旅游管理专业被确立为管理学学科门类下的第九大专业类，包括旅游管理、酒店管理和会展经济与管理 3 个基本专业以及旅游管理与服务教育 1 个特设专业，如表 10-1 所示。这表明旅游管理专业脱离了工商管理长期的"阴影效应"，专业地位得以明确地提升。

表 10-1　旅游管理专业在普通高等学校本科专业目录中的变化

目录颁布年份	学科门类及代码	专业类及代码	专业及代码
1998	11 管理学	1102 工商管理类	110206 旅游管理
2012	12 管理学	1209 旅游管理类	120901K 旅游管理
			120902 酒店管理
			120903 会展经济与管理
			120904T 旅游管理与服务教育

再从大众对旅游管理专业的认知来看，由于大众普遍将旅游等同于游玩，因此认为旅游管理不是一个"严肃"的专业，形成了固有的对专业理解的严重错位。这种错位进一步造成了大量旅游管理本科新生都是由专业调剂而来，在本科阶段的学习态度上表现出"不情不愿""目标茫然"等现象。毕业进入各类旅游企业后，又发现本科生、大专生、高职高专等不同学历层次的员工在薪酬、晋升等方面并无明显差别，导致本科生形成了"专业知识无用""本科学历无用"的想法，从而转向其他行业，专业的忠诚度和认可度极低。据统计，旅游管理本科毕业生的行业就业率为 10%～20%，5 年后行业流失率高达 90%～95%[16]。可见，旅游管理专业人才培养的"出路"并未获得认可，这与专业地位的提升是有分歧的，甚至是相悖的。毕竟，人才培养是专业发展的核心使命。

（五）旅游教育、师资能力与人才社会需求存有错位

人才培养，关键在教育和教师。旅游教育扩张是为了满足快速发展的旅游

市场需求，但为何大量的旅游企业还是很难找到所需要的人才？为何旅游专业培养出来的人才从事相关行业的较少，且流失率较高？这说明旅游人才供给和需求在培养实效上发生了错位对接和不平衡。目前的旅游教育普遍把学生培养成旅游服务的提供者，这使得旅游专业教育把学生当成客体而非旅游主体，我们应该反思如何把学生的个人价值与行业价值融合起来，反思旅游专业学生的核心竞争力是什么，进而明晰专业的人才培养目标到底是什么。

教育的具体实施者是教师，好的人才培养方案不一定就能获得好的培养质量，因为需要一流的教师队伍去实现这个方案，所以教师队伍素质和能力直接决定着高校和专业的办学能力和水平。文化和旅游要实现高质量融合发展，需要一大批既懂文化又懂旅游的优秀人才，这就对教师队伍能力和水平提出了新的更高的要求。但事实上，不同类型的学校，对专业教师的要求不同，就造成了师资能力水平的参差不齐。其次，我国高校普遍重视新进教师的学历与学位层次，新教师入职后，高水平课题申报、论文发表等也是教师获得个人成长与发展的重要指标，这也使得很多青年教师手握着高学历学位证书，却严重缺乏教学和行业经验，重理论、轻实践。新时代对高质量文旅人才的需求和要求，实际上是倒逼培养人才的教师们必须首先突破传统的小旅游框架，紧跟文化和旅游融合新变化，具备新思维、新理念，了解新市场、新形势，掌握新技术、新知识。

第二节　文旅融合人才培养方向：理念与路径

一、文旅融合人才培养的理念构建

（一）构建人才培养的"全球化"理念

经过改革开放 40 多年的发展，我国已经成为全球最大的国内旅游市场和全球最大的出境客源市场，在入境旅游接待人数上也位居全球前列。世界经济论坛《2019 年旅游业竞争力报告》显示，中国旅游业综合竞争力提升至全球第13 位。在经济规模上，我国已经是世界旅游大国，但还不是旅游强国，与西班牙、法国、德国、日本、美国、英国、澳大利亚等旅游强国相比仍有较大差距。我国旅游业还存在国际吸引力不强、国际调配力不足、国际话语权不大，缺乏强大的国际旅游枢纽与世界著名旅游品牌，国际游客人均消费较低，旅游产品缺乏价格优势，旅游科技含量不足，环境污染与食品安全压力较大，旅游供需结构矛盾突出等问题。2018 年全国旅游工作会议提出，2040 年将我国建设成为世界旅游强国。"强"意味着旅游经济数量与质量的统一、产业规模与效益的统一。要成为旅游强国，我国要不断提高国际旅游吸引力、旅游要素调配力和国际旅游话语权[17]。所有这些都离不开具有"全球化"视野的旅游管理人才的有效支撑。

此外，从旅游与世界和平的关系来看，1980年《马尼拉世界旅游宣言》提出"旅游可以成为世界和平的关键力量"；宋瑞教授也指出在面对新的全球发展形势，构建人类命运共同体，旅游可从不同方面发挥更加重要的作用[18]。国际旅游活动中，人们走出国门，走向世界，通过人际接触与交往，实现对异域人群和文化的交流、包容与欣赏，促进不同政治制度和意识形态之间的沟通与理解，从而创造世界和平的氛围。那么，作为文旅人才培养的政策、方案制定者、实施者，在面对"百年未有之大变局"之时，更要在人才培养过程中首先构建"全球化"理念，坚持以人为本，以全人类的共同利益福祉为核心价值观，积极主动地向世界旅游产业健康可持续发展贡献中国人才的智慧。

（二）构建人才培养的"系统化"理念

由于旅游研究中使用的理论或知识仍然主要来自管理学、地理学、经济学、社会学、心理学等学科，旅游自身的学科体系架构仍然需要学界的共同探索与努力来逐步推进；与此同时，旅游的学科和产业边界却在不断拓展，尤其是跨入人文旅融合时代，全域旅游新理念以及旅游新兴领域不断涌现。但是，在现有的培养体系中，对如旅游公共服务管理、休闲与运动管理、文旅融合管理等关注还有不足。这就造成了传统旅游人才（旅行社、酒店等）培养过剩，新兴领域人才供给不足，导致专业人才结构性失衡[19]。那么，在文旅融合发展趋势下，除了要强化旅游业政治、文化和社会属性的研究和学习，更要提炼出旅游学科自身的价值、内容、体系，提升学科地位，获取更多的教育资源，实现旅游教育自身的"知识架构的系统化"。

在人才的实际成长中，理论知识、实践技能以及综合能力的提升离不开终身教育，也就是说除了学校教育之外，还有社会教育以及其他各类教育培训活动将对人才的发展起到重要作用。制定终身教育政策，构建终身学习社会，是当今世界教育改革和发展的共识和共同趋势，我国在终身教育的政策与实践方面也在积极探索。那么，要想培养出既懂理论，又有行业经验的高级专业人才，必须有学历教育、企业教育以及各类教育培训活动的系统化的学习经历，即"培养渠道的系统化"，贯穿人才培养与成长的全过程，从而有效保障未来旅游行业人才的整体质量。

（三）构建人才培养的"现代化"理念

"科技现代化"作为"新四化"之一，正在快速渗透、改变文化和旅游产业的发展。以 5G、人工智能和大数据为代表的科技创新对文化产业的产业业态、文化创作、传播方式、管理体制等多方面形成了深刻的影响，推动中国特色社会主义先进文化的日益蓬勃发展。现代科技革命的重大变革与创新也同时对旅游产业的供给与需求形成了深远影响，例如，信息技术在旅游目的地信息系统、旅游环境监测系统、酒店管理系统、旅行社信息管理系统等中的全面应用；大数据技术对旅游者海量信息抓取与分析的强大能力；移动互联网对旅游目的地营销、形象传播的巨大作用；人工智能在客户画像、在线销售、线下迎宾、游客互动等多个领域的广泛应用；等等。

可以说，以人工智能、区块链、混合现实技术、云计算、通信技术和互联网等为代表的技术变革和创新，对未来的旅游行业人才提出了明确的、更高的要求。构建人才培养的"现代化"理念，研究现代科技在旅游行业人才培养中的具体作用和实际应用，具有重要的理论与现实意义[20]。

（四）构建人才培养的"融合化"理念

2018 年 10 月，《教育部关于加快建设高水平本科教育全面提高人才培养能力的意见》（教高〔2018〕2 号）决定全面加快建设高水平本科教育、全面提高人才培养能力，掀起了一场"质量革命"。新文科是相对于传统文科而言的，是以全球新科技革命、新经济发展、中国特色社会主义进入新时代为背景，突破传统文科的思维模式，以继承与创新、交叉与融合、协同与共享为主要途径，促进多学科交叉与深度融合，推动传统文科的更新升级，从学科导向转向以需求为导向，从专业分割转向交叉融合，从适应服务转向支撑引领。旅游、文化等相关专业作为新文科的一部分，又处在文旅融合的时代背景下，必须树立"学科融合化"发展理念，培养具有跨学科、跨专业的大文科意识的理论与实践复合型、创新型的行业人才。

就旅游管理专业来说，产业发展中的跨界融合不断加剧，在大的格局上，旅游与生态建设、美丽乡村、乡村振兴、基础设施提升、新型城镇化、产业转型升级、脱贫攻坚有完美的结合点，特别是地方政府推动发展方式转变和经济结构调整，为旅游业带来了新的发展机遇。在小的方面，旅游与个体消费升级密切相关，从简单的观光休闲，到休闲度假、亲子娱乐、蜜月婚纱、教育研学、健康养生等，旅游的功能得到极大扩展。这些跨界融合的深入发展，要求旅游管理专业人才必须了解甚至熟练运用工科、农科、商科、医科等学科的相关知识与工具，才能有效推动"旅游+"的深度融合和发展。

二、文旅融合人才培养的应对路径

以上分析了文旅融合人才培养面临的基础性问题以及培养理念的转变，但是在实操中，真正实现新时代"文旅人"的培养，并非一件易事，不是简单地依靠发展理念、思维的改变就可以的。新时代"文旅人"的培养是一个新课题，更是一件系统性工程，本研究提出新时代"文旅人"培养的"金字塔"体系结构，具体如图 10-2 所示。

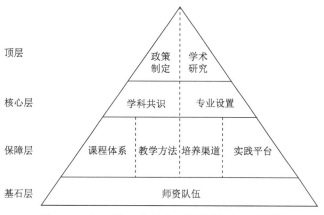

图 10-2　新时代"文旅人"培养体系层次结构

新时代"文旅人"人才培养体系分为 4 个层级：

顶层包括政策制定和学术研究，通过政策对新时代"文旅人"人才培养提供体制保障、机制引导方面的指导，学术研究包括旅游学科领域的科学研究以及教学改革研究，主要为推动旅游学科的发展以及文旅人才培养的教学改革提供理论研究的成果指导，顶层设计对于"金字塔"结构的长远发展具有重要意义。

核心层和保障层对"金字塔"的稳定性起到重要的支撑作用，其中，核心层包括学科共识和专业设置，与文旅人才培养的质量相互影响，保障层包括课程体系、教学方法、培养渠道、实践平台等，直接保障文旅人才培养目标能否有效实现。

基石层指的是师资队伍，也是"金字塔"结构的基底，师资队伍越强大，"金字塔"越稳定。

4 个层级，9 项具体内容，形成了应对新时代文旅人才培养的坚固"金字塔"体系，以下将对这 9 项内容提出具体的发展建议。

（一）优化顶层设计，加强理论研究

尽管文化和旅游行业在逐步相互交融，文化和旅游相关机构、部门也自上而下完成了合二为一，但是，相关发展政策、发展机制等还有待完善，而这些政策和机制还并未传导至旅游教育领域。那么，政策制定者更需高屋建瓴，以旅游为主要工作职能的部门要自觉将文化诉求融入其中，以文化为主要职能的部门要将旅游的诉求充分考虑，在"文旅人"培养这样的专项问题上，应共同开展工作，充分调查和了解文化和旅游行业人才需求、供给现状等基础性问题，从政策顶层设计层面打破文化和旅游人才各自培养的藩篱，为旅游教育中的"文旅人"培养提供政策指引[21,22]。

前述指出文旅融合人才培养的理论研究较为匮乏，面对新时代"文旅人"培养方面的一系列问题，如文化和旅游行业的人才存量如何？人才层次如何？人才地域分布如何？不同类型人才的供需平衡是否存在问题？高校与政府、企业等用人单位如何建立协同培养机制？不同层次/类型人才的培养模式、培养特色等问题？新时代文旅人培养的国际环境、制度环境、社会环境、市场环境、行业环境、教学环境等如何？……这些问题都需要学界在实践求索中加强相关理论研究，为人才培养的具体行动提供理论架构与指导。

（二）推进学科建设，提升社会贡献

学科建设是人才培养的重要基础，学科建设的水平决定培养人才质量的高低，同时人才质量的高低又反映学科建设的水平，成为衡量学科水平的重要标准。教育部发布的《2014年高考普通高等学校本科专业目录》中，旅游管理已经升格为专业类，与工商管理平级，但在国务院学位办的专业目录里，旅游管理仍是二级学科。这就造成了旅游管理在学位学科和本科专业中的级别不同，会给旅游管理学科的发展造成混乱，不利于人才培养。事实上，旅游产业和学科在我国走过了近40年的发展历程，保继刚教授指出旅游已经成为具有一定的共同理论基础及研究领域相对一致的学科集合[11]。张朝枝教授也提出形成一级学科，关键是寻找形成旅游学科的"逻辑起点"，或者说建立核心概念体系与确定明确的研究对象。他认为"体验""非惯常环境""流动性""生产性消费"等几个核心概念可能成为旅游学的逻辑起点，围绕这些核心概念进行旅游研究与教育，有利于加快旅游以及学科共识的形成[14]。因此，无论是突破学科发展的瓶颈，还是满足旅游人才质量的需求，旅游学科的升级以及旅游教育和旅游研究的持续健康发展都迫在眉睫。

旅游学科在建设和发展过程中，除了要有明确的、可持续的研究方向，如旅游产业经济、生态旅游、旅游地理等，更要对接国家战略和产业发展形成学科方向，提升旅游学科服务社会经济发展的能力[23]，这对提升学科地位、形成学科集群、提高学科影响、积累学术成果等具有重要的现实意义。学界应共同努力，尽早厘清旅游学科的核心概念、基本理论、旅游学科的核心方向、对其他学科的知识输出、服务社会经济发展等问题，加快形成旅游学科建设一级学科的共识和认同，只有这样，高质量的文旅人才培养才有了成熟的学科依托。

（三）调整专业设置，明确培养特色

专业建设既是学科建设的基本载体，也是人才培养的基本单元。《普通高等学校本科专业目录（2020年版）》明确了旅游管理类专业包括旅游管理、酒店管理、会展经济与管理、旅游管理与服务教育在内的专业体系，这4个专业的教学方法、研究问题等有较大的差异；同时，随着文旅产业融合、全域旅游模式普及、以国家公园为主的自然保护地体系的建立与发展，文化旅游、生态旅游、研学旅游、公共服务管理等专业人才需求迅速扩张。现有的专业设置可能无法完全满足市场的快速变化，需要适当地对现有专业体系进行优化与调整，才能更好地体现不同专业的人才培养方向和重点。

人才培养方案是专业进行人才培养最重要的理论架构，具有系统性、前瞻性的特点。由于我国旅游教育分为中等职业、高等职业、本科、研究生、硕士专业学位[旅游管理硕士专业学位（MTA）]等不同层次的学历教育，培养的学校既有985、211等品牌高校，也有一般性高等学校和普通中等学校等，各个学校的人才培养基础、培养目标、培养模式、评价体系等千差万别。不同类型的学校，应在《旅游管理类教学质量国家标准》中规定的培养目标基础上，结合自身的办学优势制定兼具创新性和特色性的人才培养方案，相应制定详细的人才培养计划。只有具有自身的特色，才有可能建设成为旅游管理类的一流专业，才有可能培养出高质量的人才，两者相辅相成。

（四）完善课程体系，促进学科交叉

2018年，《普通高等学校本科专业类教学质量国家标准》（上、下）中的"旅游管理类国家标准"明确了旅游管理类专业必修课的范畴，包括旅游学概论、旅游接待业、旅游目的地管理、旅游消费者行为4门专业核心课程，以及具有各专业特色的3门专业核心课程，其中旅游管理专业特色核心课程为旅游经济学、旅游资源管理、旅游法规；酒店管理专业特色核心课程为酒店管理概论、酒店运营管理、酒店客户管理；会展经济与管理专业特色核心课程为会展管理概论、会展项目管理、会展策划与设计。这样就形成了"4+X"的旅游管理类核心课程体系，这一课程体系的重构为旅游管理类一流本科课程打造指明了方向[21]。

但是，文旅融合发展对原有的课程体系提出了新的要求，因为课程建设是人才培养的核心要素，其质量水准直接决定了人才的培养质量。在文旅人才培养的时代背景下，课程体系的完善和优化应围绕培养高质量文旅人才为目标，充分体现文化和旅游学科作为新文科的特点和行业需求，充分考虑文化和旅游融合对相关课程体系改革的需求，进而进一步优化课程体系，在原有的课程体系基础上，调整课程体系结构，增加文化素养类课程，将文化教育和旅游教育有机结合，重视学生文化自信、人文精神、家国情怀、文化知识、文化传承与创新能力的培育[24]。

同时，也要适当增加学科交叉类的课程，因为文化旅游已经进入"以资本、创意和科技为驱动的 2.0 版本"，在文化旅游发展中具有资本运作、创意策划、智慧科技等能力的复合型人才将受到市场的欢迎[5]。那么，不同层次的旅游管理类专业应该有意识地根据自身发展定位与特色，增加艺术类、设计类、技术类等课程，运用现代信息技术增强专业的技术含量并强化学生应用能力的培养，促使文旅人才的核心知识与能力培养在课程体系中得以充分体现。

（五）构建多元课堂，革新教学方法

提高课程建设水平，已成为教学改革中迫在眉睫的重要工作，教育部也明确提出淘汰"水课"、打造"金课"，合理提升学业挑战度、增加课程难度、拓展课程深度，切实提高课程教学质量。其中，推动旅游课堂的教学革命就成为打造旅游"金课"的重要路径之一。因此，在优化课程体系之后，要进一步对课程开展的方式、方法等进行完善。

鼓励构建校内与校外、线上与线下、理论与实践等多元课堂协同发展的课程教学模式。以校内教学为传授课程知识信息的理论课堂主阵地，鼓励采用翻转课堂、线上和线下结合的混合式教学等模式；以校内实验室、校外实习实训基地为提升课程实操技能的实践课堂主阵地，拓展课程教学空间和延伸教学活动；鼓励教师改革和编写高质量、高水平的课程精品教材和教辅资料，通过建设慕课、微课、短视频以及移动教学平台等，发挥纸质教材和线上资源在学生自主学习课堂中的重要作用，促进优质的课程资源能够跨越时空进行实时共享。

在校内课堂教学中，应改革传统照本宣科的讲授模式，充分利用互联网、大数据、5G 技术、人工智能、虚拟现实等现代教学理念和信息科学技术，优化教学设计与活动。根据不同课程的实际需求，灵活运用案例教学、项目教学、现场教学、启发式教学、研究性教学等方法，通过教师讲授、提问、学生讨论、辩论、抢答、汇报等形式丰富教学过程，强化教师与学生的互动。鼓励改变传统闭卷考试的单一性考核方式，增加小组研讨、案例报告、实地调研等形式多样的过程性考核，促进学生主动思考与积极探索，培养和增强学生的思辨能力、表达能力、创新能力等。通过革新教学方法和手段，不断提高课程建设的质量和效能。

（六）拓宽培养渠道，注重资源共享

当前旅游市场在人才供给和需求上依然存在较大差距，要更好地培养人才，就需要在拓宽人才培养渠道上下功夫，为人才的培养搭建更多的舞台，让他们在更多的地方去增长自己的见识。可以从以下几个方面着力拓宽培养渠道。

第一，大力推进旅游管理类专业的国际合作，构建国际合作教育平台。国家合作教育有四种模式，包括互派学生模式、合办学院模式、分段合作模式、境外实践模式[25]。目前来说，旅游领域的国际合作办学以学生出境学习与交流为主，且主要是与部分发达国家院校的合作较多。随着"一带一路"倡议的深入推进，可以更多地开展与"一带一路"共建国家和地区的合作交流，既鼓励把学生送出去，也通过完善各类政策，吸引境外的学生来学习，既培养服务"一带一路"区域旅游发展的专业人才，也将我们优秀的文化和旅游理念、技术等传播出去。通过国际合作拓宽人才培养渠道，能够极大提升人才的国际视野，熟悉处理国际旅游的各项事务及规则，了解国际多元文化及复杂环境，培养具有国际竞争力的文旅人才。

第二，在国内，也要同时推进旅游管理类专业的院校之间的人才培养合作，如合作办学、互派学生等，开展多渠道、多层次、多形式、多方位的合作与交流。尤其是鼓励经济欠发达地区到经济发达地区、旅游发展新兴地区到成熟地区的学习，为提升区域旅游的发展水平和改善区域旅游发展不平衡问题奠定人才基础和提供智力支持。

第三，增加培训渠道，通过与政府、企业、旅游组织、研究机构等共建，形成合作教育模式，定期邀请专家到院校开展培训、讲座、指导等，通过专家学者讲学的形式，为人才打开课堂之外新的视野，也让他们能够更好提升文化素养，增强产业感知。

第四，在各类合作与交流中，注重旅游管理类专业院校之间的教育资源、课程资源、人才资源、企业资源有效共享，推动社会优质教育资源共享，有效丰富优秀人才培养需要的教育教学资源，进而提高人才培养质量。

（七）丰富实践平台，重视双创教育

实践平台是人才将理论知识应用于产业现实的重要物质载体，应丰富多样化的人才培养实践平台，将这些平台实实在在地用于实践教学，提高人才的实践能力。目前，旅游管理专业类实践平台主要包括校内实践平台和校外实习实践基地。在校内，通过建设高水平实验室，辅助具有很强实操性的课程进行实训，如餐饮、客房实验室要满足酒店管理校内实训的需求，智慧旅游实验室满足学生了解和学习景区运营与管理、大数据、虚拟现实等技术实操的需求等；在校外，建设满足高质量人才培养需求的校外实习实践基地，主要包括酒店类、景区类、旅行社类、规划策划类、运营类、智慧技术类等，为学生提供参与产业实践的机会和平台。

当今时代是知识经济时代，也是以创新为动力的时代，那么，在文化和旅游领域势必要培养一批高层次、高技能以及拥有创新创业能力的应用型人才，这就需要在人才培养中整合创新创业教育，将其与专业教育、课程教学有机融合[26]。除了依托传统的校内外实践教学平台，鼓励建设文化和旅游创新创业基地、文化和旅游产业学院等，推动文化和旅游创新创业精神和能力的培养。通过开展创新、创业、创意类项目或竞赛，如导游风采大赛、线路设计大赛、旅游营销大赛、旅游创意策划大赛、旅游创新创业大赛等，在实战中提高学生的实践应用能力。

（八）强化师资队伍，夯实培养基础

师资队伍是推动学科、专业、课程、人才培养走高质量发展之路的坚强基石。从专业层面看，应打造一支具有合理规模、结构、水平等的教师队伍，并建立师资队伍建设和发展的基本标准，本科专业可参考《旅游管理类教学质量国家标准》中对教师队伍的要求，主要包括教师队伍规模与结构、教师队伍背景与水平要求以及教师教学要求与发展规划。鼓励教师参与各类教学改革课题与项目研究、参与学术和教学培训、研讨会，参与各类教学创新竞赛，参与研究型、精品、课程思政、慕课、微课等各类课程建设。加强专业教师梯队的培养，重视高层次、高水平教师人才的引进和培养，重视中青年骨干教师的培养，形成优秀的教师团队。鼓励教师将理论与实践充分结合，建立一支高素质创新创业教育教师队伍，为培养高素质创新型人才奠定师资基础。强化对教师教学质量的监控，加大对优秀教师的奖励力度，激发教师潜心教学的主动性和积极性。

从教师个人来看，作为新时代的旅游管理类专业教师，应提高自我要求，紧跟行业新变化，具备创新、跨界思维，具备自我提升、持续发展以及知识传播的能力和水平。首先，主动、及时了解文化和旅游行业的最新发展和动态，掌握行业新理念、新趋势、新常态、新案例，突破"小旅游"的狭窄边界，更新知识储备，融合多学科知识，掌握新技术和新手段，构成多维的知识传授体系，并将相关信息补充到教学内容中，以免教学内容与时代发展脱节。通过完善自身知识结构和体系，突破自我，创新教学方式、方法，以"金课"标准进行课程建设，全面提升教学质量和水平。其次，主动、积极与企业对接，参与企业实践，了解产业前沿，积累产业经验，提升为产业和社会经济服务的能力，通过完善自身的实践知识结构，保障实践教学的效果[16]。再次，多与学生主动接触、沟通，关心学生成长和发展，鼓励学生参与各类创新创业课题和项目研

究，参与教师的课题和项目研究，激发学生参与创新、创业的热情，形成良好的科教融合氛围，提高学生的实践创新能力。

第三节　文旅融合人才培养实践：案例与讨论

一、本科层次人才培养

1. 案例对象简介

以江苏省某公办应用型高校旅游管理专业为例，介绍文旅融合人才培养的实践情况。该校是一所以培养高素质应用型人才为任务的公办全日制普通本科院校，是教育部应用科技大学改革试点战略研究单位、中国应用技术大学（学院）联盟创始单位、长三角地区应用型本科高校联盟主席单位。旅游管理专业在该校获评校级特色专业、优秀教学团队、重点专业等称号，现为国家一流专业建设点。

2. 文旅融合背景下专业发展思路与"双创"教育特色

该校旅游管理专业坚持立德树人，坚定"四个自信"，特别注重在人才培养全过程中植入并落实"文化自信"，在"文旅融合"背景下助力专业人才的创新创业能力培养，帮助学生通过习得"旅游+"的文旅产业融合发展相关知识，以更好树立未来从事文旅工作的文化自信和职业素能。

为顺应新时代文化自信背景下文旅融合发展趋势，该校旅游管理专业秉持应用型旅游管理人才培养方向，强化立德树人根本宗旨，坚持"文文互鉴""文理交叉"发展路径，努力探索并实践"旅游+"应用型专业人才的培养模式。自2014年以来，专业将"创新创业"教育作为主要抓手，积极推进产业转型发展背景下"旅游+"专业人才培养模式的实践，取得了阶段性成效。

3. 主要工作路径

（1）以文化自信为指引，打造"文旅融合"核心课程群。新时代"旅游+"产业转型的重要路径是文化和旅游产业的融合发展，"文旅融合"既是产业转型的方向，也是"旅游+"融合业态创新的基础。"文旅融合"时代对人才素质和能力的要求更加趋于跨领域、跨专业、复合型，要求专业课程设置摈弃"重经济管理、轻文化技术"的传统理念，加大文化、技术、创新类课程比例。目前，专业已经初步形成"文旅融合"核心专业课程群，包括旅游学概论、旅游目的地管理、旅游消费者行为、旅游文化学、民俗与旅游、旅游规划与开发等，充分体现了专业教学当中文旅融合的核心理念。

（2）以业态创新为坐标，实践"多元合作"育人新模式。行业标准和行业交融是业态创新的基础。专业在建设过程中引入旅游行业标准,专业课程与职业资格证书对接,吸收旅游行业专家参与人才培养方案的制定,引入企业行业专家参与课程建设、教材编写和课堂教学。坚持"开放办学、协同育人、借力发展"的思路,在打破专业边界和课堂边界等方面做了许多探索,初步形成了"政-产-学-研"相结合的多元化合作育人模式。与南京市博物总馆共建市级工程中心"南京历史文化资源创意与旅游开发研究中心",与绿色国际旅行社合作建设就业基地,与华泰万丽酒店合作开发课程等。

（3）以课程创新为平台,探索"产教同步"教学新改革。通过教学手段改革和课外专题辅导等途径,不断丰富学生的专业知识背景,提高学生的产业认知。在我国旅游产业转型发展的背景下,指导教师注重在课堂上将旅游行业的最新动态,如将"旅游+""全域旅游""智慧旅游""互联网+"等概念及时介绍给同学,并引导和启发同学们对旅游产业转型发展相关问题的关注与思考,帮助同学们进行相关问题的研究。

4. 主要工作成效——系列创新创业成果

自 2013 年以来,专业教师先后指导学生申报了大学生创新创业训练计划项目近 20 项,获省级立项支持并如期完成研究工作;指导学生撰写并发表研究论文近 20 篇。在创新研究的基础上,先后有多篇毕业论文在江苏省普通高校本科优秀毕业设计(论文)评选中分获一、二、三等奖。

在创新研究成果不断丰富的基础上,专业师生致力于将理论成果转化与创业实践相结合。2015 年,在多位教师共同努力下,指导学生创业社团"极客旅行"工作室正式成立,依托线上与线下资源,开展了线路组团、签证服务、导游培训、研学旅游等一系列"线上到线下(O2O)"旅游服务。工作室成功注册"南京极客旅游文化发展有限公司",培养了近 70 名在校学生进行各项创新实践活动。

2016 年,"极智旅游"创业团队与校外企业导师团队共同进行产品设计和技术攻关,着手开发"极智旅游"微信小程序。小程序以智慧旅游导览为核心功能,旨在通过 GPS、GIS 等技术应用的融合与创新,将定位触发、语音导览、线路规划、服务引导等主要功能进行平台集成,同时关注使用者的游览偏好,从而为游客提供个性化的自助综合导游导览服务。由"极智团队"开发的微信小程序产品设计方案得到了南京众多景区的认可,并获得南京谷龙投资管理有限公司 30 万元资金支持。创业团队正式注册了"南京途易旅游发展有限公司",并完成了中山陵、玄武湖、栖霞山、梅花山、明孝陵、银杏湖等六个主要景区的资源开发和产品上线,试运行以来用户数量累计已突破 5000 人,产品服务深受游客喜爱。其中,玄武湖景区还将小程序作为官方推介的导览工具嵌入其微信公众号加以推广。目前，小程序的服务升级与产品优化正在有序进行。

2020年，学生成立"红石榴"工作室，启动创业项目"'红石榴'文旅融合项目开发与运营"，该项目以"互联网+"技术集成为开发手段，打造集饮食、住宿、交通、游览、娱乐、特色购物等于一体的文旅产品推荐应用平台，旨在为游客提供优质的民族地区特色文旅产品和服务。有了技术和经验的积累，在此基础上，学生们进一步打造了"玩转金陵——一个好玩有趣的智慧旅游平台"，参加"挑战杯"江苏省大学生创业计划竞赛并获得了金奖。

5. 案例讨论

该校旅游管理专业从课程体系、育人模式、教学过程等方面充实了应用型高校旅游管理专业的内涵，探索"文旅融合"的人才培养道路，其特色主要体现在：

（1）高度重视在理论课程学习中培养专业人才的文旅融合思维。通过文旅融合类相关理论和实践课程的开设，引导学生全面掌握文旅融合的重要价值，通过课程知识的传授、案例经验的学习等，指导学生对文旅融合的现实科学问题进行研究，并撰写与发表科研论文，培养学生更好地具备新时代大学生所需要的文化和旅游素养以及跨学科的思维和能力。

（2）高度重视在实践中培养专业人才的文化传承与传播能力。通过创新、创业等各类大学生项目的开展，学生主动探索文化和旅游融合的新途径、新方法、新创意等，并付诸实践，通过以项目运营为抓手，切实培养学生将各类传统文化、优秀文化、地域文化等通过旅游的途径来表现、融合、传承与传播，这种项目实践的做法值得推广。

二、研究生层次人才培养

1. 案例对象简介

本案例高校为一所江苏省百年高校，也是国家"双一流"建设高校，该校旅游管理专业是江苏省最早创建的高等旅游教育机构，师资力量雄厚，科研成果丰富，在旅游企业管理、旅游地理与旅游规划、旅游信息化与智慧旅游等领域具有突出的研究优势。作为国家首批旅游管理硕士专业学位（MTA）授权点之一，该校MTA教育主要针对旅游职业领域的需要，招收具有一定实践经验，并在未来愿意从事旅游业工作的人员，着力培养具备国际视野与战略思维、较强的专业能力和职业素养、能够创造性地从事实际工作的高层次、复合型、应用型旅游管理精英人才。

2. 人才培养目标

面向旅游企业和旅游行政管理部门，培养具备国际视野和战略思维、良好职业操守与职业素养，掌握旅游专业领域坚实的基础理论和宽广的专业知识，具有较强解决实际问题的能力，能够承担专业技术或管理工作，兼具领导力与执行力的高层次、复合型、应用型专门人才。培养具体目标如下：

（1）热爱祖国、拥护中国共产党的领导，掌握马克思主义基本理论，具备良好的政治素养和职业道德，热爱旅游事业，拥有从事旅游管理工作需要的职业品质，遵纪守法，具有合作精神和创新精神；

（2）具备开放的国际化视野，了解学科与行业前沿与发展趋势，具备前瞻性的战略思维能力，能够把握旅游业发展进程中出现的新现象、新问题和新趋势；

（3）具有扎实的学识修养和专业基础，掌握旅游学和相关学科的基础理论与研究方法，具备从事旅游领域工作需要的专业知识和专业思维；

（4）具有从事旅游调查研究或独立担负旅游行业特定领域方向专门技术工作的能力；

（5）具有旅游业及相关行业的管理能力与工作技巧，能胜任旅游企事业单位、政府部门及旅游相关部门的教学、科研和管理工作。

3. 培养方式

（1）该校旅游管理硕士专业学位研究生采用全日制培养方式。

（2）采用"理论与实践"相结合的课程学习方式，重点培养研究生自主学习能力、实践能力、运用基础理论研究方法解决职业实践中真实问题、具体问题的能力以及创新意识；引导、鼓励学生积极、主动参与教学活动；凸显案例教学在专业学位研究生课程教学中的作用。鼓励开设或选修人文素养类课程及各专业领域交叉选修课程，以利专业学位研究生综合素质的培养。

（3）实行校内学术导师与校外实践导师共同指导的双导师制，并实施导师指导小组制度。校外实践导师参与实践过程、项目研究、课程与论文等多个环节的指导工作，主要职责是指导研究生提高专业实践能力，培养研究生形成良好的职业道德，指导学生体验并形成初步的职业能力，从而与校内导师指导形成相互补充。

（4）突出专业实践的重要地位。按照"优势互补、资源共享、互利共赢、协同创新"的原则，选择培养条件好、导师有丰富行业经验的行（企）业开展联合培养，加大校企合作力度，构建人才培养、科学研究、社会服务等多元一体的合作培养模式，将职业实践、能力提升与学位论文选题相结合。

（5）推进职业资格证书获得工作。鼓励和引导专业学位研究生获得导游、职业经理人、人力资源管理等领域的相关职业资格证书，推进本领域课程和实践考核与职业人才评价标准有机衔接，推进本领域人才培养与特定职业人才工作有效衔接，推进专业学位授予与获得相应职业资格有效衔接。

4. 课程学习与设置

课程学习环节需合理安排课程学习内容和授课时间。课程总学时数一般以一个学年内完成为宜。课程学习环节应注重研究生的自主学习能力、调研能力和实践能力的培养，通过案例分析、社会调查、方案设计、研究报告等多种方式对学习情况进行考核。

MTA研究生课程学习注重科学道德、创新思维与职业素养教育相结合。科学道德与学风教育课程在第2学期开设，是毕业和授予学位的必修环节，不计算学分。坚持以多种形式、多种渠道、多方参与、贴近学生、注重效果的原则，采取集中宣讲和多种形式的宣传教育活动并举，学时在18课时以上，采用开卷考试、撰写文章、课堂讨论汇报等多种形式进行考核。同时，强调将科学道德和学风教育工作贯穿于研究生培养和思想政治教育的全过程。

MTA研究生课程由必修课程、选修课程、补修课程、必修环节四部分组成。必修课程包括公共学位课、基础学位课和专业学位课，其中基础学位课和专业学位课由旅游管理理论与方法、旅游经济与市场营销、旅游规划理论与实践、科技论文写作、遗产保护与遗产旅游、旅游景观文化研究构成；选修课程包括智慧旅游研究、人文地理学原理、城市与区域规划、空间分析与空间结构、组织行为学研究、管理理论前沿研究、市场营销理论前沿研究。

5. 案例特点

该校旅游管理专业历史悠久，已为社会培养了大量的本科、硕士研究生、博士研究生不同学历层次的专业人才。从该专业的人才培养目标、培养方式、课程学习等环节的设置可以看出：

（1）专业高度重视课程学习中学生创新意识的培养。鼓励学生选修人文素养类课程，且必修和选修课程的设置既包含了对学生文化素养的培养，又体现了行业发展前沿，这些都为培养出高层次、复合型、应用型的旅游管理精英人才奠定了重要基础，值得借鉴。

（2）双导师制有利于学生将文旅融合的理论学习应用于实践。校外实践导师具有丰富的文旅项目开发与运营等的实战操盘经验，十分有利于研究生将文化和旅游理论内容运用于项目开展当中，通过实践检验理论知识与行业需求的结合效果，进而培养出具有良好文化素养、行业实战能力和经验的专门人才。

参 考 文 献

[1] 方法林, 宋益丹, 丁洁, 等. 江苏省旅游人才战略发展研究[M]. 北京: 旅游教育出版社,

2012.

[2] 《中国旅游年鉴》编辑委员会. 1992 中国旅游年鉴[M]. 北京: 中国旅游出版社, 1992.

[3] 中国旅游协会旅游教育分会. 中国旅游教育蓝皮书(2016)[M]. 北京: 中国旅游出版社, 2016.

[4] 张朝枝. "十四五"时期旅游教育基本背景及其发展路径思考[J]. 旅游学刊, 2020, 35(6): 12-13.

[5] 毕绪龙. 从人才培养角度看文化和旅游的关系[J]. 旅游学刊, 2019, 34(4): 9-10.

[6] 段莉. 我国文化产业就业与人才问题研究[J]. 华中师范大学学报(人文社会科学版), 2017, 56(2): 83-89.

[7] 李嘉珊. 新时代文化领域人才的培养亟待新作为[EB/OL]. https://www.sohu.com/a/ 201319610_120702[2023-10-07].

[8] 吴理财, 郭璐. 文旅融合的三重耦合性: 价值、效能与路径[J]. 山西师大学报(社会科学版), 2021, 48(1): 62-71.

[9] 刘苏衡, 穆杰, 石洁. 旅游新业态背景下的旅游管理人才需求及培养思路[J]. 智库时代, 2020(3): 239-240.

[10] 中华人民共和国文化和旅游部. 中国文化文物和旅游统计年鉴(2020)[M]. 北京: 国家图书馆出版社, 2020.

[11] 保继刚. 建设旅游管理一级学科, 加快旅游人才培养[J]. 旅游学刊, 2015, 30(9): 1-2.

[12] 刘德谦. 中国旅游 70 年: 行为、决策与学科发展[J]. 经济管理, 2019, 41(12): 177-202.

[13] 郑丹妮, 李春晓, 于赫尧, 等. 学科归属、学科认同与旅游学科建设: "'旅游一代'与旅游学科发展"专题学者对话录[J]. 旅游论坛, 2023, 16(1): 12-26.

[14] 张朝枝. 面向旅游学一级学科的核心课程设置探讨[J]. 旅游学刊, 2015, 30(9): 2-4.

[15] 文化和旅游部人事司. 2017 年全国旅游教育培训统计[EB/OL]. https://zwgk.mct.gov.cn/ zfxxgkml/tjxx/202012/t20201213_919438.html[2023-10-07].

[16] 陈玲玲, 张维亚, 汤澍, 等. 新时代旅游管理专业应用型创新人才培养: 机遇、挑战与路径[J]. 江苏科技信息, 2018, 35(17): 64-67.

[17] 邹统钎, 黄鑫. 从旅游大国加快走向旅游强国[EB/OL]. https://www.gov.cn/zhengce/ 2018-10/07/content_5328238.htm[2023-10-07].

[18] 宋瑞. 构建人类命运共同体, 旅游可发挥重要作用[EB/OL]. https://www.sohu.com/a/ 227221389_126204[2023-10-07].

[19] 余昌国, 曾国军. 旅游管理学科人才培养与产业需求[J]. 旅游学刊, 2016, 31(10): 18-19.

[20] 白长虹. 文旅融合背景下的行业人才培养: 实践需求与理论议题[J]. 人民论坛·学术前沿, 2019(11): 36-42.

[21] 中国旅游协会旅游教育分会. 中国旅游教育蓝皮书(2019-2020)[M]. 北京: 中国旅游出版社, 2020.

[22] 曾博伟, 安爽. "十四五"时期文化和旅游融合体制机制改革的思考[J]. 旅游学刊, 2020, 35(6): 3-6.

[23] 冯年华, 等. 国家战略视角下江苏旅游产业发展研究[M]. 北京: 科学出版社, 2019.

[24] 黄震方, 黄睿, 侯国林. 新文科背景下旅游管理类专业本科课程改革与"金课"建设[J].

旅游学刊, 2020, 35(10): 83-95.

[25] 林健. 一流本科教育: 建设原则、建设重点和保障机制[J]. 清华大学教育研究, 2019, 40(2): 1-10.

[26] 李国庆. 基于校企合作的旅游人才创新创业能力培养研究[M]. 北京: 中国水利水电出版社, 2019.

附录一 国家级旅游休闲街区^①

一、第一批国家级旅游休闲街区（中华人民共和国文化和旅游部，时间 2022 年 1 月 30 日）

1. 北京市东城区前门大街
2. 北京市朝阳区三里屯太古里
3. 天津市西青区杨柳青古镇街区
4. 河北省唐山市路北区培仁历史文化街
5. 河北省承德市双桥区金龙旅游休闲街区
6. 山西省忻州市忻府区古城文旅休闲生活街区
7. 内蒙古自治区呼和浩特市玉泉区塞上老街旅游休闲街区
8. 辽宁省沈阳市沈河区中街旅游休闲街区
9. 吉林省长白山管委会白桦旅游休闲街区
10. 黑龙江省哈尔滨市道里区中央大街步行街
11. 上海市黄浦区思南公馆街区
12. 上海市徐汇区武康路–安福路街区
13. 江苏省南京市秦淮区夫子庙步行街
14. 江苏省无锡市梁溪区清名桥历史文化街区
15. 江苏省苏州市姑苏区平江历史街区
16. 浙江省杭州市上城区清河坊历史文化街区
17. 浙江省宁波市江北区老外滩街区
18. 浙江省温州市鹿城区五马历史文化街区
19. 安徽省合肥市包河区罍街
20. 安徽省黄山市屯溪区黎阳映像街区
21. 福建省福州市鼓楼区三坊七巷历史文化街区
22. 福建省福州市台江区上下杭历史文化街区
23. 福建省泉州市晋江市五店市传统文化旅游区
24. 江西省上饶市鄱阳县饶州古镇旅游休闲街区

---

① 资料来源：中华人民共和国文化和旅游部（mct.gov.cn）https://www.mct.gov.cn/mctso/s?qt=%E5%9B%BD%E5%AE%B6%E7%BA%A7%E6%97%85%E6%B8%B8%E4%BC%91%E9%97%B2%E8%A1%97%E5%8C%BA。

25. 山东省济南市历下区百花洲历史文化街区
26. 山东省淄博市周村区古商城历史文化街区
27. 河南省郑州市二七区德化步行街
28. 河南省洛阳市老城区洛阳古城历史文化街区
29. 湖北省襄阳市襄城区襄阳北街
30. 湖南省长沙市天心区太平街
31. 湖南省常德市柳叶湖区河街
32. 广东省广州市荔湾区永庆坊
33. 广东省潮州市湘桥区牌坊街
34. 广西壮族自治区南宁市兴宁区老南宁·三街两巷历史文化街区
35. 广西壮族自治区桂林市秀峰区东西巷历史文化街区
36. 海南省海口市龙华区骑楼建筑历史文化街区
37. 重庆市江北区大九街旅游休闲街区
38. 重庆市沙坪坝区磁器口街区
39. 重庆市南岸区弹子石老街
40. 四川省成都市武侯区武侯祠·锦里
41. 四川省成都市锦江区春熙路
42. 四川省成都市青羊区宽窄巷子
43. 贵州省黔东南苗族侗族自治州镇远县镇远古城文化步行街
44. 云南省丽江市古城区大研花巷旅游休闲街区
45. 云南省红河哈尼族彝族自治州建水县临安古城主题特色街区
46. 西藏自治区拉萨市城关区慈觉林藏院风情街
47. 西藏自治区昌都市卡若区茶马城街区
48. 陕西省安康市石泉县秦巴老街
49. 甘肃省临夏回族自治州临夏市八坊十三巷
50. 青海省西宁市城西区唐道·637休闲文旅步行街
51. 宁夏回族自治区银川市西夏区怀远旅游休闲街区
52. 新疆维吾尔自治区乌鲁木齐市天山区大巴扎旅游休闲街区
53. 新疆维吾尔自治区伊犁哈萨克自治州伊宁市六星街历史文化街区
54. 新疆生产建设兵团第八师石河子市幸福路步行街

二、第二批国家级旅游休闲街区（中华人民共和国文化和旅游部，时间 2023 年 3 月 1 日）

1. 北京市朝阳区 751 旅游休闲街区

2. 北京市海淀区　华熙 LIVE·五棵松旅游休闲街区

3. 天津市南开区　古文化街

4. 天津市河北区　意风区旅游休闲街区

5. 河北省唐山市路北区　启新 1889 文化旅游街区

6. 河北省张家口市崇礼区　富龙风铃乐谷休闲街区

7. 山西省太原市迎泽区　钟楼步行街

8. 山西省运城市盐湖区　岚山根·运城印象步行街

9. 内蒙古自治区包头市东河区　乔家金街旅游休闲街区

10. 内蒙古自治区巴彦淖尔市　临河区黄河湾步行街

11. 辽宁省沈阳市和平区　沈阳老北市旅游休闲街区

12. 辽宁省大连市中山区　海昌·东方水城旅游休闲街区

13. 吉林省梅河口市　东北不夜城旅游休闲街区

14. 黑龙江省牡丹江市东安区　东一中俄风情街

15. 上海市长宁区　愚园艺术生活街区

16. 江苏省常州市天宁区　青果巷历史文化街区

17. 江苏省苏州市苏州工业园区　李公堤旅游休闲街区

18. 江苏省扬州市广陵区　东关街

19. 浙江省杭州市拱墅区　桥西历史文化街区

20. 浙江省湖州市吴兴区　湖州小西街-衣裳街-状元街旅游休闲街区

21. 浙江省衢州市柯城区　水亭门历史文化街区

22. 安徽省芜湖市镜湖区　芜湖古城旅游休闲街区

23. 安徽省亳州市谯城区　亳州北关历史街区

24. 福建省泉州市鲤城区　泉州中山路旅游休闲街区

25. 福建省漳州市芗城区　漳州古城旅游休闲街区

26. 江西省南昌市西湖区　万寿宫旅游休闲街区

27. 江西省上饶市广信区　望仙谷岩铺老街旅游休闲街区

28. 山东省青岛市黄岛区　金沙滩啤酒城旅游休闲街区

29. 山东省烟台市芝罘区　朝阳街

30. 河南省开封市龙亭区　七盛角旅游休闲街区

31. 河南省焦作市修武县　岸上旅游休闲街区

32. 湖北省武汉市江岸区　黎黄陂路历史文化街区

33. 湖北省十堰市房县　西关印象旅游休闲街区

34. 湖南省永州市零陵区　柳子街

35. 湖南省湘西土家族苗族自治州吉首市　乾州古城旅游休闲街区

36. 广东省惠州市惠城区　水东街

37. 广东省中山市　孙文西路旅游休闲街区

38. 广西壮族自治区桂林市阳朔县　阳朔西街

39. 广西壮族自治区北海市海城区　北海老城历史文化旅游街区

40. 海南省三亚市吉阳区　鸿洲码头旅游休闲街区

41. 重庆市渝中区　贰厂文创街区

42. 重庆市酉阳土家族苗族自治县　酉州古城步行街

43. 四川省乐山市市中区　上中顺特色街区

44. 四川省甘孜藏族自治州理塘县　仁康古街

45. 贵州省铜仁市碧江区　中南门历史文化旅游休闲街区

46. 贵州省黔东南苗族侗族自治州丹寨县　云上丹寨旅游休闲街区

47. 云南省昆明市石林彝族自治县　中国石林双龙旅游休闲街区

48. 云南省大理白族自治州大理市　双廊镇民族文化街

49. 西藏自治区山南市乃东区　昌珠镇扎西曲登

50. 陕西省西安市曲江新区　大唐不夜城步行街

51. 陕西省榆林市榆阳区　榆林夫子庙文化旅游步行街

52. 甘肃省兰州市西固区　河口古镇旅游休闲街区

53. 青海省海东市平安区　平安驿·河湟民俗文化体验街

54. 宁夏回族自治区吴忠市利通区　光耀旅游休闲街区

55. 新疆维吾尔自治区喀什地区喀什市　喀什古城印象一条街-九龙泉特色商业街区

56. 新疆维吾尔自治区和田地区和田市　团城旅游休闲街区

57. 新疆生产建设兵团第十二师 104 团　新天润美食天街

附录二 国家级文化生态保护（实验）区

（数据截止日期：2023 年 8 月 25 日）

序号	名称	地区
1	景德镇陶瓷文化生态保护实验区	江西省景德镇市
2	河洛文化生态保护实验区	河南省洛阳市
3	藏族文化（玉树）生态保护实验区	青海省玉树藏族自治州
4	说唱文化（宝丰）生态保护实验区	河南宝丰县
5	客家文化（闽西）生态保护实验区	福建省龙岩市长汀县、上杭县、武平县、连城县、永定区和三明市宁化县、清流县、明溪县
6	武陵山区（渝东南）土家族苗族文化生态保护实验区	重庆市黔江区、石柱土家族苗族自治县、彭水苗族土家族自治县、秀山土家族苗族自治县、酉阳土家族苗族自治县、武隆县
7	武陵山区（鄂西南）土家族苗族文化生态保护实验区	湖北省恩施土家族苗族自治州、宜昌市长阳土家族苗族自治县、五峰土家族苗族自治县
8	格萨尔文化（果洛）生态保护区	青海省果洛藏族自治州
9	客家文化（赣南）生态保护区	江西省（赣州市）
10	黔东南民族文化生态保护区	贵州省（黔东南苗族侗族自治州）
11	铜鼓文化（河池）生态保护区	广西壮族自治区（河池市）
12	陕北文化生态保护（实验）区	延安市，榆林市
13	大理文化生态保护区	云南省（大理白族自治州）
14	迪庆民族文化生态保护区	云南省（迪庆藏族自治州）
15	齐鲁文化（潍坊）生态保护区	山东省（潍坊市）
16	晋中文化生态保护（实验）区	晋中市，太原市小店区、晋源区、清徐县、阳曲县，吕梁市交城县、文水县、汾阳市、孝义市
17	海洋渔文化（象山）生态保护区	浙江省（象山县）
18	武陵山区（湘西）土家族苗族文化生态保护区	湖南省（湘西土家族苗族自治州）
19	客家文化（梅州）生态保护区	广东省（梅州市）
20	羌族文化生态保护区	陕西省（宁强县、略阳县）

续表

序号	名称	地区
21	羌族文化生态保护区	四川省（阿坝藏族羌族自治州茂县、汶川县、理县，绵阳市北川羌族自治县、松潘县、黑水县、平武县）
22	热贡文化生态保护区	青海省（黄南藏族自治州）
23	徽州文化生态保护区	江西省（婺源县）
24	徽州文化生态保护区	安徽省（黄山市，宣城市绩溪县）
25	闽南文化生态保护区	福建省（泉州市、漳州市、厦门市）

资料来源：中华人民共和国文化和旅游部（mct.gov.cn）https://sjfw.mct.gov.cn/site/dataservice/protect。

附录三　世界文化遗产

（数据截止日期：2023 年 9 月 18 日）

省份	名称	地点	登录年份
云南	普洱景迈山古茶林文化景观	云南省普洱市澜沧拉祜族自治县	2023 年
新疆	长安-天山廊道的路网	遗产分布：中国（河南省、陕西省、甘肃省、新疆维吾尔自治区）、哈萨克斯坦、吉尔吉斯斯坦	2014 年
甘肃	长安-天山廊道的路网	遗产分布：中国（河南省、陕西省、甘肃省、新疆维吾尔自治区）、哈萨克斯坦、吉尔吉斯斯坦	2014 年
陕西	长安-天山廊道的路网	遗产分布：中国（河南省、陕西省、甘肃省、新疆维吾尔自治区）、哈萨克斯坦、吉尔吉斯斯坦	2014 年
河南	长安-天山廊道的路网	遗产分布：中国（河南省、陕西省、甘肃省、新疆维吾尔自治区）、哈萨克斯坦、吉尔吉斯斯坦	2014 年
福建	泉州:宋元中国的世界海洋商贸中心	福建省泉州市	2021 年
浙江	良渚古城遗址	浙江省杭州市	2019 年
福建	鼓浪屿：历史国际社区	福建省厦门市	2017 年
广西	左江花山岩画文化景观	广西壮族自治区崇左市	2016 年
贵州	土司遗址	湖南省永顺县、湖北省咸丰县、贵州省遵义市	2015 年
湖北	土司遗址	湖南省永顺县、湖北省咸丰县、贵州省遵义市	2015 年
湖南	土司遗址	湖南省永顺县、湖北省咸丰县、贵州省遵义市	2015 年
河南	大运河	北京市、天津市、河北省、山东省、江苏省、浙江省、安徽省、河南省	2014 年
安徽	大运河	北京市、天津市、河北省、山东省、江苏省、浙江省、安徽省、河南省	2014 年
浙江	大运河	北京市、天津市、河北省、山东省、江苏省、浙江省、安徽省、河南省	2014 年
江苏	大运河	北京市、天津市、河北省、山东省、江苏省、浙江省、安徽省、河南省	2014 年
山东	大运河	北京市、天津市、河北省、山东省、江苏省、浙江省、安徽省、河南省	2014 年

续表

省份	名称	地点	登录年份
河北	大运河	北京市、天津市、河北省、山东省、江苏省、浙江省、安徽省、河南省	2014 年
天津	大运河	北京市、天津市、河北省、山东省、江苏省、浙江省、安徽省、河南省	2014 年
北京	大运河	北京市、天津市、河北省、山东省、江苏省、浙江省、安徽省、河南省	2014 年
云南	红河哈尼梯田文化景观	云南省红河哈尼族彝族自治州元阳县	2013 年
内蒙古	元上都遗址	内蒙古自治区锡林郭勒盟正蓝旗	2012 年
浙江	杭州西湖文化景观	浙江省杭州市	2011 年
河南	登封"天地之中"历史建筑群	河南省登封市	2010 年
山西	五台山	山西省忻州市	2009 年
福建	福建土楼	福建省漳州市南靖县、华安县、龙岩市永定区	2008 年
广东	开平碉楼与村落	广东省开平市	2007 年
河南	殷墟	河南省安阳市	2006 年
澳门	澳门历史城区	澳门	2005 年
吉林	高句丽王城、王陵及贵族墓葬	辽宁省桓仁县、吉林省集安市	2004 年
辽宁	高句丽王城、王陵及贵族墓葬	辽宁省桓仁县、吉林省集安市	2004 年
山西	云冈石窟	山西省大同市	2001 年
四川	青城山-都江堰	四川省都江堰市	2000 年
河南	龙门石窟	河南省洛阳市	2000 年
辽宁	明清皇家陵寝	湖北省钟祥市、河北省遵化市、河北省易县、江苏省南京市、北京市昌平区、辽宁省新宾满族自治县、辽宁省沈阳市	2004 年
北京	明清皇家陵寝	湖北省钟祥市、河北省遵化市、河北省易县、江苏省南京市、北京市昌平区、辽宁省新宾满族自治县、辽宁省沈阳市	2003 年
江苏	明清皇家陵寝	湖北省钟祥市、河北省遵化市、河北省易县、江苏省南京市、北京市昌平区、辽宁省新宾满族自治县、辽宁省沈阳市	2002 年
河北	明清皇家陵寝	湖北省钟祥市、河北省遵化市、河北省易县、江苏省南京市、北京市昌平区、辽宁省新宾满族自治县、辽宁省沈阳市	2001 年
湖北	明清皇家陵寝	湖北省钟祥市、河北省遵化市、河北省易县、江苏省南京市、北京市昌平区、辽宁省新宾满族自治县、辽宁省沈阳市	2000 年

续表

省份	名称	地点	登录年份
安徽	皖南古村落——西递、宏村	安徽省黟县	2000 年
江西	武夷山（文化和自然混合遗产）	福建省南平市武夷山市、江西省上饶市铅山县	1999 年
福建	武夷山（文化和自然混合遗产）	福建省南平市武夷山市、江西省上饶市铅山县	1999 年
重庆	大足石刻	重庆市大足区	1999 年
北京	北京皇家祭坛——天坛	北京市东城区	1998 年
北京	北京皇家园林——颐和园	北京市海淀区	1998 年
云南	丽江古城	云南省丽江市	1997 年
江苏	苏州古典园林	江苏省苏州市	1997 年
山西	平遥古城	山西省晋中市平遥县	1997 年
四川	峨眉山-乐山大佛（文化和自然混合遗产	四川省乐山市	1996 年
江西	庐山国家公园	江西省九江市	1996 年
山东	曲阜孔庙、孔林和孔府	山东省曲阜市	1994 年
河北	承德避暑山庄及其周围寺庙	河北省承德市	1994 年
西藏	拉萨布达拉宫历史建筑群（含罗布林卡和大昭寺）	西藏自治区拉萨市	1994 年（布达拉宫）
湖北	武当山古建筑群	湖北省丹江口市	1994 年
安徽	黄山（文化和自然混合遗产）	安徽省黄山市	1990 年
北京	周口店北京人遗址	北京市房山区	1987 年
山东	泰山（文化和自然混合遗产）	山东省泰安市、济南市	1987 年
甘肃	莫高窟	甘肃省敦煌市	1987 年
陕西	秦始皇陵及兵马俑	陕西省西安市	1987 年
辽宁	明清皇宫（北京故宫、沈阳故宫）	北京市东城区、辽宁省沈阳市	1987 年（北京故宫）、2005 年（沈阳故宫）
北京	明清皇宫（北京故宫、沈阳故宫）	北京市东城区、辽宁省沈阳市	1987 年（北京故宫）、2004 年（沈阳故宫）

省份	名称	地点	登录年份
新疆	长城	黑龙江省、辽宁省、吉林省、河北省、河南省、北京市、天津市、山西省、山东省、内蒙古自治区、陕西省、宁夏回族自治区、甘肃省、青海省、新疆维吾尔自治区	1987 年
青海	长城	黑龙江省、辽宁省、吉林省、河北省、河南省、北京市、天津市、山西省、山东省、内蒙古自治区、陕西省、宁夏回族自治区、甘肃省、青海省、新疆维吾尔自治区	1987 年
甘肃	长城	黑龙江省、辽宁省、吉林省、河北省、河南省、北京市、天津市、山西省、山东省、内蒙古自治区、陕西省、宁夏回族自治区、甘肃省、青海省、新疆维吾尔自治区	1987 年
宁夏	长城	黑龙江省、辽宁省、吉林省、河北省、河南省、北京市、天津市、山西省、山东省、内蒙古自治区、陕西省、宁夏回族自治区、甘肃省、青海省、新疆维吾尔自治区	1987 年
陕西	长城	黑龙江省、辽宁省、吉林省、河北省、河南省、北京市、天津市、山西省、山东省、内蒙古自治区、陕西省、宁夏回族自治区、甘肃省、青海省、新疆维吾尔自治区	1987 年
内蒙古	长城	黑龙江省、辽宁省、吉林省、河北省、河南省、北京市、天津市、山西省、山东省、内蒙古自治区、陕西省、宁夏回族自治区、甘肃省、青海省、新疆维吾尔自治区	1987 年
山东	长城	黑龙江省、辽宁省、吉林省、河北省、河南省、北京市、天津市、山西省、山东省、内蒙古自治区、陕西省、宁夏回族自治区、甘肃省、青海省、新疆维吾尔自治区	1987 年
山西	长城	黑龙江省、辽宁省、吉林省、河北省、河南省、北京市、天津市、山西省、山东省、内蒙古自治区、陕西省、宁夏回族自治区、甘肃省、青海省、新疆维吾尔自治区	1987 年
天津	长城	黑龙江省、辽宁省、吉林省、河北省、河南省、北京市、天津市、山西省、山东省、内蒙古自治区、陕西省、宁夏回族自治区、甘肃省、青海省、新疆维吾尔自治区	1987 年
北京	长城	黑龙江省、辽宁省、吉林省、河北省、河南省、北京市、天津市、山西省、山东省、内蒙古自治区、陕西省、宁夏回族自治区、甘肃省、青海省、新疆维吾尔自治区	1987 年

省份	名称	地点	登录年份
河南	长城	黑龙江省、辽宁省、吉林省、河北省、河南省、北京市、天津市、山西省、山东省、内蒙古自治区、陕西省、宁夏回族自治区、甘肃省、青海省、新疆维吾尔自治区	1987 年
吉林	长城	黑龙江省、辽宁省、吉林省、河北省、河南省、北京市、天津市、山西省、山东省、内蒙古自治区、陕西省、宁夏回族自治区、甘肃省、青海省、新疆维吾尔自治区	1987 年
辽宁	长城	黑龙江省、辽宁省、吉林省、河北省、河南省、北京市、天津市、山西省、山东省、内蒙古自治区、陕西省、宁夏回族自治区、甘肃省、青海省、新疆维吾尔自治区	1987 年
河北	长城	黑龙江省、辽宁省、吉林省、河北省、河南省、北京市、天津市、山西省、山东省、内蒙古自治区、陕西省、宁夏回族自治区、甘肃省、青海省、新疆维吾尔自治区	1987 年
黑龙江	长城	黑龙江省、辽宁省、吉林省、河北省、河南省、北京市、天津市、山西省、山东省、内蒙古自治区、陕西省、宁夏回族自治区、甘肃省、青海省、新疆维吾尔自治区	1987 年

资料来源：中华人民共和国文化和旅游部（mct.gov.cn）https://sjfw.mct.gov.cn/site/dataservice/culture。